燃費半分で暮らす家
（増補版）

「燃費半分で暮らす―新住協の家づくり」
監修・執筆にあたって

　高断熱・高気密住宅という呼び方は、30年近く前、研究の成果としての在来木造改良工法を、広く世に広めようとして私が作った造語です。その後、「高気密」という考え方が、高温多湿の日本の風土には合うのかという議論が巻き起こりました。

　その議論にも決着がつき、私の提案した工法が平成11年の「次世代省エネ基準」にも取り入れられましたが、東京以南の地域での、基準の低さにがっかりしました。私は「増エネ基準」と呼んでいます。

　私たちは、独自に「Q1.0住宅」と呼ぶ「次世代省エネ基準」より、はるかに性能の高い住宅を提案し、暖房費が半分以下で、家中快適に過ごせる家を提案し、つくり続けています。

　一般社団法人新住協に参加下さる会員の皆さんとともに、今も研究開発を進めています。たぶん、これまでに数十万戸の高断熱高気密住宅を建ててきたと思います。日本中の皆さんにこうした家つくりを理解していただくために、本書は作られました。執筆には私だけではなく、いろいろな立場の人にも参加頂き、「住宅」という多様な価値観を内蔵する問題に取り組んだつもりです。

　しかし、痛感することは、やはり日本の住宅は、その基本性能である「安心して快適に過ごせる家」という点で遅れていると云うことです。私たちは今、冷房の問題に取り組んでいます。これについてもいろいろな主張がありますが、基本はどうすれば省エネで快適化と云うことだ、と考えています。

　私の夢は、こうした住宅を百万戸つくることです。この本を手にして、皆様の住まいの夢を実現していただけることを願っております。

平成29年（2017年）1月　　　　　　　　　　鎌田紀彦

鎌田紀彦
室蘭工業大学名誉教授
（一般社団法人）　新木造住宅技術研究協議会（新住協）代表理事
（略歴）
1947年　岩手県盛岡市生まれ・
1971年　東京大学工学部建築学科卒業・
1977年　東京大学大学院博士課程修了・
1978年　室蘭工業大学建築工学科助教授・
2004年　室蘭工業大学建築工学科教授（その他役員等）
2015年　室蘭工業大学建築工学科名誉教授

高断熱・高気密住宅の第一人者であり、地域の工務店、設計事務所と高断熱住宅の設計・施工を重ね、現場に精通。「良質な住宅をより安価に」をモットーに新住協の指導等でも活躍。

[監修・執筆]　　鎌田紀彦（室蘭工業大学　名誉教授）
[執　筆]　　　松留愼一郎（職業能力開発総合大学校　教授）
　　　　　　　鈴木信弘（1級建築士事務所　鈴木アトリエ）
　　　　　　　佐藤　勉（駒沢女子大学　准教授）
　　　　　　　会沢健二（新住協　常務理事）
　　　　　　　松留菜津子（（一般社団法人）木を活かす建築推進
　　　　　　　　　　　　協議会）
　　　　　　　久保田淳哉（新住協　理事）

出版にあたって

はじめに

　日本で省エネルギーへの関心が高まったのは、1973年オイルショックのときからでした。その頃から資源の有効利用などの問題が取り上げられるようになりました。また、地球環境問題が注目されるようになったのは1990年前後でした。

　そして、平成23年（2011年）3月11日に発生した東日本大震災は、地震や津波の被害もさることながら、原子力発電所事故に伴うエネルギー供給の問題が、改めて大きくクローズアップされました。日本は、省エネ省資源という大きな命題を背負うことになりました。

新住協について

　一般社団法人 新木造住宅技術研究協議会（略して新住協）は、鎌田紀彦室蘭工業大学名誉教授が指導する団体で、北海道からスタートし、今や南は九州まで、工務店・設計事務所を中心に、全国会員735社から構成されています。大学や公共機関まで参加しており、特定の営利団体から独立した活動を展開する、開かれた民間の住宅技術研究団体です。

　住まいづくりの実践現場と研究機関が生きた情報を交換し合い、革新的な住宅技術が生まれてきました。そして、その情報やノウハウを独り占めすることなく、お互い分かち合うことで、より安価で高品質な汎用技術へと育ててきました。

　平成11年（1999年）に「次世代省エネ基準」が施行されましたが、『高断熱住宅』そのものを経験したことのない工務店・設計事務所が多く、建築業界は戸惑うばかりでした。

　建築する側が、省エネの理論と技術をよく理解しないで、きちっとした高断熱住宅が建つわけはありません。

　そういったときに、新住協は、平成15年（2003年）に「そうだったのか高断熱住宅」と題したオープンセミナーの全国展開をスタートさせました。その内容は高断熱高気密の原理原則をテーマとしたものです。以後、毎年行われ、2014年は通算39回（大阪）、40回（名古屋）となるセミナーを開催しております。

　参加者からは「初めて高断熱住宅がわかった」という声が、いまだに多く聞かれるといいます。

本書を読まれる皆様へ

　本書は、こうした活動を踏まえて、得られた高断熱住宅に対する知識を、さまざまな立場の人に、さまざまな角度から理解していただきたいと考えて、あえて複数の人が執筆し、全体を鎌田教授が監修しております。

　読者の皆さんは、項目によって技術的なレベルが同じではないことに気づかれると思います。

　内容は、高断熱住宅を建てよう、またはリフォームしようと考えているユーザーの方から、工務店で建築に携わっている方まで、幅広い立場の人たちを対象としております。

　読者の皆様には、興味を持ったところから読んでいただきたいと思います。最初から順番に読むことはお勧めしません。

増補版出版にあたって

　2015年3月に「燃費半分で暮らす家」を出版しましたが、多くの方々に本書を利用していただき、様々なご意見を頂戴いたしました。

　特にユーザーの方々から、「こういう考え方で家づくりができる工務店を紹介してほしい」といった問合せや、「この考え方でできた家に住む人の感想をお聞きしたい」といった要望も寄せられております。

　本書を再版するにあたりまして、こういった方々のご要望にお応えすべく「この家にして本当に良かった」という住み手の声を中心に、協賛各社の新しいデータを収録し、『増補版』として出版することにいたしました。

　これからも更なる進化をめざして、本書を大切に育てていきたいと思っておりますので、皆様のご協力をお願いいたします。

2017年（平成29年）1月　　　　　　　　市ヶ谷出版社

監修・執筆にあたって		2
出版にあたって		3
目　次		4

1章　高断熱住宅 基礎編 … 7
- 01. やすらぐ家 … 8
- 02. 燃費のよい家を建てたい … 10
- 03. 我慢しなくてもよい省エネ住宅 … 12
- 04. 全室暖房住宅はぜいたくか？ … 14
- 05. 高断熱住宅は夏も快適！ 省エネで冷房病知らず … 16
- 06. 家本体で省エネ〜CO_2ゼロの家も容易にできる … 18
- 07. 百年住宅を目指して〜資産価値の高い家を造ろう … 20
- 08. 日本の木造住宅は断熱材が効いていない … 22
- 09. 高断熱住宅は断熱材が厚いから暖かい？ … 24
- 10. 木造住宅の木材が腐るのは、梅雨や台風のせいですか？ … 26
- 11. もう一つの高断熱工法〜外張り工法 … 28
- 12. 省エネ快適をうたう色々な工法は本当か … 30
- 13. 家は冬を旨とすべし … 32
- 14. 暖房エネルギーはこうして計算できる … 34
- 15. 暖房エネルギーの計算はQPEXでとても簡単にできる … 36

2章　さらに進んだQ1.0住宅 … 39
- 16. かしこい高断熱「Q1.0住宅」(1) … 40
- 17. かしこい高断熱「Q1.0住宅」(2) … 42
- 18. ガラスが変わった … 44
- 19. 窓の方位別にガラスとサッシを変える … 46
- 20. 高気密は24時間換気で空気をきれいに … 48
- 21. 厚い断熱は100年保つ … 50
- 22. 床断熱と基礎断熱 … 52
- 23. とても快適な床下暖房 … 54
- 24. 夏を旨とした今の家造りでは、夏の室内は暑い … 56
- 25. 日除けはガラスの外に … 58
- 26. 家の中の通風を創り出す … 60
- 27. 全室冷房なんてぜいたくか？ … 62
- 28. 高断熱住宅は、熱がこもり暑くなるという批判 … 64
- 29. 全室冷房も可能なQ1.0住宅 … 66
- 30. エアコンは冷房病になるから，できるだけ使いたくない … 68
- 31. Q1.0住宅ができるまで-1　計画編 … 70
- 32. Q1.0住宅ができるまで-2　施工編 … 72

3章　CO_2削減・リフォーム・デザイン … 75
- 33. 省エネは最大の発電所〜原発のない社会を目指して … 76
- 34. Q1.0住宅のCO_2排出量 … 78
- 35. CO_2排出量削減の切り札〜太陽熱給湯とバイオマス燃料 … 80

36. 大地震に対して、実は危険な日本の木造住宅 …………… 82
37. 圧縮GWを壁の上下に詰めるだけで断熱材が息を吹き返す ……… 84
38. 断熱・耐震同時改修は、こうして進められる …………… 86
39. リフォームのお値段 …………………………………… 88
40. シンプルデザインのすすめ …………………………… 90
41. 百年使える家 …………………………………………… 92
42. 柱／梁が見える家 ……………………………………… 94

4章　家づくりサポート・新住協　……………………… 97

43. 儲けるためにつくる家と生き甲斐としてつくる家 …… 98
44. リフォーム後に東日本大震災に遭遇したが暖房なしで暮らす … 100
45. 高齢化社会対応の家造り ～ 技術と技術を超えた対応 …… 102
46. 新住協の高断熱住宅と有名ハウスメーカーの家 …………… 104
47. 工務店もいろいろあるが、あなたはどれを選びますか …… 106
48. 「長期優良住宅先導事業」後のアンケート調査 …………… 108
49. 誰でもが良質な住宅を求められる社会環境を目指して(1) … 110
50. 誰でもが良質な住宅を求められる社会環境を目指して(2) … 112

5章　増補項目　……………………………………………… 115

51. 2020年に義務化される省エネ基準～これで本当に良いのだろうか … 116
52. 国のゼロエネルギー住宅は、省エネ住宅とは呼べない …… 118

この家にして本当によかった 1～5（53～57）

53. 東京のQ1.0住宅は想定外の連続（所沢市） ……………… 120
54. 25万円かかっていた年間光熱費が今はゼロ円（美濃加茂市）… 122
55. あの暑い高崎で難なく夏を過ごすリフォーム住宅（高崎市）… 124
56. 我が家は要塞。住み心地抜群の家（酒田市） …………… 126
57. 海を見下ろす絶景、不利なロケーションを克服した家（八戸市）… 128

6章　Q1.0住宅　事例編　………………………………… 131

事例：01　来場者の絶えないQ1.0住宅のモデルハウス …… 132
事例：02　初めてQ1.0住宅に取り組む ……………………… 134
事例：03　夏を涼しく暮らす(1) ……………………………… 136
事例：04　夏を涼しく暮らす(2) ……………………………… 138
事例：05　いろいろなデザインでQ1.0住宅 ………………… 140
事例：06　地域に根差したデザイン ………………………… 142
事例：07　Q1.0住宅：厚い外壁断熱の住宅 ………………… 144
事例：08　断熱耐震改修のさまざまなケース ……………… 146

7章　あなたの街の新住協会員　………………………… 149

あなたの街の新住協会員紹介 ………………………………… 150

奥　付　………………………………………………………… 165

1章

高断熱住宅 基礎編

01 やすらぐ家

過ごしやすい春や秋と同じように、住宅に断熱や遮熱の工夫をするだけで、夏や冬でも気持ちよく過ごせます。
家は心から「ほっ」とするための場所であり、「我慢」や「苦痛」を伴う修行の場であってはいけません。

冬の寒い日

冬の寒い日、まだ誰も帰っていない家。でも私は玄関の戸をあけると「ほっ」とします。家の中は全体がなんともいえないやわらかな暖かさに包まれています。いやな匂いのしない新鮮な空気に、無垢の木の香りが混ざっているのです。ホテルのように、誰かが整えておいてくれたかのような気持ちの良さです。その中で心までがリフレッシュされます。

私は自宅でリフレッシュします。リゾート地へ行く必要はありません。家の中に入れば、トイレも洗面所もお風呂もどこもかしこも暖かいのです。薄手の冬服で、場合によっては裸足のままで、家の中をゆっくりと歩き回ることができるのです。そう、ゆっくりと。

寒い家では、ゆっくりとは歩き回れません。家に帰るなり、あわててストーブを点火しなくてはなりません。お風呂から寝床へは、走るようにして移動しなければなりません。トイレの中では小さな暖房をつけて用を足し、急いで暖かい部屋へと戻らなくてはいけません。

寒い家では、家中を暖かくするには暖房費がかかりすぎるので、居間や台所、あるいは子供部屋だけを個別に暖めます。加えて、トイレや洗面所はそれぞれ小さな暖房機で暖めます。お手軽なガスや石油のファンヒーターは部屋の空気を悪くしてしまうので、換気は欠かせません。

二時間ごとの部屋の換気？そんなことをしたら、せっかくの暖まった空気がなくなってしまいますから、悪い空気はギリギリまで我慢します。そうやって頑張って暖めても、冷たい窓や壁から熱が逃げて、だいなし。替わりに外からの寒さをどんどんと家の中に伝えるため、そばにいると"ひやっ"とします。

そして、その冷たい窓や壁は盛大に結露してカビだらけ。除湿器をかけていても窓の水滴はいっこうになくならず、その除去が大きな負担になっています。寒い家では家の中なのに、モコモコと厚着をして、また、床も冷えていますから、靴下を二枚に、フェルトの底の厚い室内履きを履きます。

寝る時は、あんかや電気毛布であらかじめ暖めた掛け布団二枚に毛布が二枚、それを鼻の下まで被ります。そうして冬の寒さに耐えるのです。エネルギーの無駄遣いをしないよう、部屋の扉をきっちり閉めるようにと口やかましくいい、暖房機もこまめに入り切りして、節約に励みます。

そういうことが「冬に家に住む」ということでした。伝統的に夏を旨としてきた家は、冬寒い家でした。だから冬の寒さを我慢して住むことは、仕方のないことだと思われてきました。

（写真　会沢健二）

夏の暑い日

　夏の暑い日、私は二階でのんびりと昼寝をします。窓にしっかりと日除けした室内は、一階と二階の温度の差を大して感じません。一台、あるいは二台のエアコンを、暑い時間だけ弱運転で、とろとろと付けているだけでよいのです。

　部屋の温度差などを素早くキャッチする、高機能を持つエアコンなのですが、それをあまり生かすことがなくて、手持ち無沙汰です。外気温が十分に下がったら、窓を開けて涼しい空気を取り入れます。熱帯夜でなければ、換気の窓を開けておくことで、寝苦しくなく過ごすことができます。

　暑い家では、夏の日中に二階へ上がることすらできません。夜に気温が下がったとしても、夜明けの光が屋根や東の壁を照らし始めるともう寝てはいられません。

　西日の当たる熱をはらんだ室内は、エアコンをフル回転させてもなかなか室温が下がりません。トイレや洗面所などに行くと、びっしょりと汗をかき、エアコンのある部屋との温度差で体の調子が少しおかしくなることもあります。

　そういうことが「夏に家に住む」ということでした。エアコンの効いた涼しい部屋か、効いていない暑い場所か、大方の人にとって夏は部屋ごとに付けたエアコンだけが頼りです。

　だから、家の中にも部屋の中にも温度差があり、好きではないと思いつつ、エアコンの強い風にさらされるのは、しかたのないことだと思われてきました。
（松留菜津子）

（写真　会沢健二）

リフォーム奮闘記

　その家をはじめて見た時、解体して更地にするのはもったいないと思いました。築32年でもまだまだ十分現役ですよ、と語りかけていました。

　しかしながら、間取りが今の生活に合わないことや、耐震性の問題、そして何より、断熱性や気密性などの私たちが一番大切にしたい住宅の快適性が劣っているという問題がありました。

　そこで、この家をフルリフォームすることにしたのですが、それが一年にわたる面白くも大変な日々の始まりであるとは、思ってもいませんでした。

　汗と涙と友情、面倒な申請と初めてみる施工法、素人の頑張りとプロのすさまじさ、思いがけずふくらむ工費と深夜にまで及ぶセルフビルド、マックスになるストレスと出来上がった時の歓喜！　夏を中心とした工事でもあり、本当にアツかったな、としみじみと思い出します。

　そのころは、まだ東京では高断熱住宅のリフォームを請け負ってくれる工務店がなく、構造や内装の工事とは分けて発注しました。断熱・気密工事は、短期間で何回か来てくれた専門職人の指導のもと、家族と大学のゼミ生たちで施工を行いました。素人集団にとっては、どれもはじめてのことゆえ、手の抜き方も分からず、教えられたとおり、根気よく断熱材を詰めていきました。

　自分たちで施工したおかげで、断熱・気密の理論と実際の関係がよく理解できました。ゼミの学生さん達には大変な苦労をかけましたが、最後の珪藻土を塗り終え、撮った記念写真のみんなの心からの笑顔が、今でも私の一番の宝です。
（松留菜津子）

02 燃費の良い家を建てたい

価格の高いハイブリッドカーは、価格差をガソリン代で償却するには5年以上かかります。それでも月々のガソリン代が安くなるため買うのでしょう。住宅の燃費（光熱水費）は、毎月ガソリン代の2倍以上かかります。家の燃費を考えましょう。

自動車は燃費競争

エコカーが売れています。ハイブリッド車は高価ですが、毎月のガソリン代が少なくてすむことが魅力なのでしょう。地方都市の標準的な家庭では、年間の走行距離は1〜1.5万km位といわれています。10km/ℓの車で年間1000〜1500ℓのガソリンを消費することになります。

これが、ハイブリッド車になると約半分になり、金額で年8〜12万円節約できることにもなります。もっとも、自動車を保有していない人には、このことはあまり関係ありません。

住宅の燃費にも関心を

しかし、私たちは誰もが住宅に住んでいて、生活にかなりのエネルギーを消費しています。

北海道では一般に、一戸建て住宅で灯油は暖房に年間約1500ℓ、給湯に約500ℓの灯油を使うといわれます。

東京や大阪の温暖地でも、灯油、ガス、電気等、実際の熱源はいろいろですが、灯油換算で暖房に400ℓ（ポリタンク週一缶位）、給湯に400〜500ℓも使います。

トータルでは、自動車のためのガソリンより多く、全部合わせると、金額では自動車の2〜3倍にもなります。

今ある住宅のほとんどは、とても燃費が悪いのです。もっと住宅の燃費（光熱水費）に目を向ける必要があります。

エコカーは動力性能が物足りない。しかし、省エネ住宅は快適で長持ち

エコカーは、燃費は良いが運転感覚は今ひとつといわれます。しかし、省エネ住宅は、家の住み心地が桁違いに良くなります。家の中から寒さがなくなり、とても快適になります。冬、トイレや入浴時の大きな温度差で起こる心臓発作や脳溢血が少なくなると言われるばかりか、毎日の生活がとても快適なのです。

さらに、このような住宅はこれまでの住宅よりはるかに長持ちにもなるのです。しかし、こうした住宅の燃費は、実は必ずしも良くはなっていないのです。

今、日本の省エネ住宅といわれている住宅は、平成11年に国が決めた次世代省エネ基準住宅と呼ばれるものです。この住宅は、北海道では、一般の住宅より暖房の灯油が500ℓほど少なくなります。しかし本州では、家全体を快適にすると、むしろ暖房エネルギーは1.5〜2倍に増えてしまいます。

最近では、大手のハウスメーカーも実質エネルギー消費ゼロの家をようやく売り始めています。これらの住宅は、屋根に大量の太陽光発電システムを乗せ、燃料電池や、蓄電池までも搭載し、とても高価です。最新の省エネ設備機器を使って省エネを計り、太陽

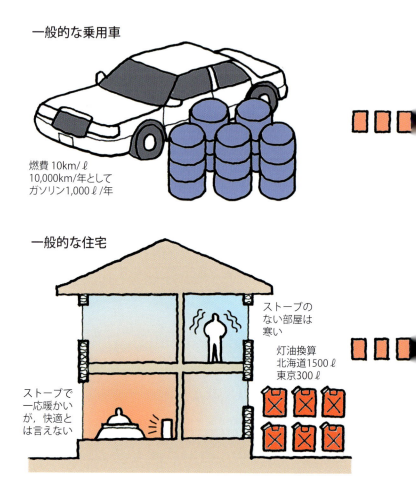

一般的な乗用車
燃費 10km/ℓ
10,000km/年として
ガソリン1,000ℓ/年

一般的な住宅
ストーブのない部屋は寒い
灯油換算
北海道1500ℓ
東京300ℓ
ストーブで一応暖かいが、快適とは言えない

光発電でトータルゼロにするというコンセプトなのです。

　私たちは、こうした省エネ設備に頼るのではなく、住宅本体で省エネになる、もっと効果の大きい省エネ住宅を、安く大量に造りたいと考えています。

一般住宅の半分の暖房費で済む省エネ住宅〜Q1.0住宅を

　地球温暖化を防ぎ、限られた石油やガス等のエネルギー資源を出来るだけ長く使っていくために、世界中で省エネを推進しようとしています。その中で、日本の住宅におけるエネルギー消費は増加し続けており、住宅の省エネ化は世界的に見ても遅れています。

　高価なゼロエネルギー住宅を一軒建てるよりも、出来るだけ安価で、かつ省エネルギー効果の高い住宅を大量に建設し、既存の住宅も、リフォームで省エネ化していくことが必要なのです。私たちは、20数年前に高断熱住宅を提案し、その後この10年は、暖房エネルギーを一般の住宅の半分以下にするQ1.0住宅を提案し、その普及を目指しています。

　燃費が半分で、家の中から寒さを一掃した快適な住宅です。　（鎌田紀彦）

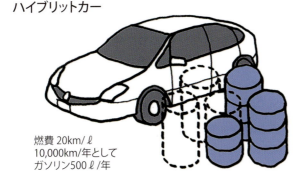

ハイブリットカー
燃費20km/ℓ
10,000km/年として
ガソリン500ℓ/年

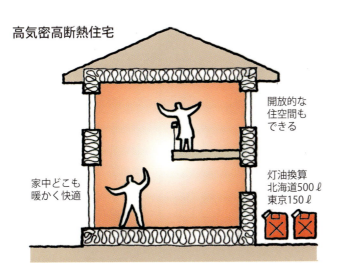

高気密高断熱住宅
開放的な住空間もできる
家中どこも暖かく快適
灯油換算
北海道500ℓ
東京150ℓ

Column

もとが取れなくてもハイブリッドカー

　ハイブリッドカーが売れています。毎月発表される車種別販売台数ランキングでは、トップ3がハイブリッドカーということです。

　ハイブリッドカーは、充電電池とモーターで自動車を駆動する仕組みを付け加えています。このモーターだけでも走行できるのですから、そのコストアップはかなりのものになります。代表的な車種のプリウスで70万円ぐらいになるといわれます。

　ガソリン価格を150円/ℓで考えると、年間走行距離が1万kmとすると、ガソリン代は10km/ℓの普通の車で年間1,000ℓ、15万円になり、ハイブリッドカーで半分になったとすると年間7.5万円ガソリン代が安くなります。元を取るのに10年かかることになり、その間に電池の寿命が来て交換すると30万円以上はかかるでしょうから、結局ハイブリッドカーはもとが取れないということになります。

　それでもこれだけ売れるのは、政策的に減税などによるエコカーブームを創り出したということもあるでしょうが、やはり石油価格の高騰と福島原発事故の影響が大きいと思います。それに加えて地球温暖化に対する不安感も影響していると思います。

　70万円高い車で5年ローンを組んだとして、その支払いは、月1万以上高くなりますが、家計にとってこれは固定費で、毎月のガソリン代は家計の直接支出と考えると、毎月の財布から出るお金が安くなる方が良いと考えているのでしょうか。

　住宅の光熱費についても同じです。新築のとき多少高くても、毎月の支払いが安くなるのですが、今省エネ住宅ブームは感じられません。住宅を省エネ化することによって、いくら節約できるのかが、はっきり見えないことによるのではないでしょうか。

（鎌田紀彦）

03 我慢しなくても良い省エネ住宅

国で決めた次世代省エネ基準住宅は、家全体を寒くない快適な生活をすると、暖房費は1.5〜2倍かかります。これでは増エネ基準住宅でしかありません。これまでの暖房費の半分以下ですむ省エネ高断熱住宅を造りましょう。

冬の寒さは我慢で過ごす

日本の冬はとても寒いのです。北国と呼ばれる北海道、東北や日本海側の地方が寒いのは当たり前としても、東京以南の温暖な地域でも、冬はストーブなしでは過ごせません。

暖房費はかなりの金額になります。だから、ストーブは、必要なとき、必要な部屋だけ着けてエネルギーを節約しています。暖房していても、足下は寒く、空気は乾燥して、とても快適とはいえません。

北海道では、高断熱・高気密住宅（以下、高断熱住宅）が造られ始めてから、この我慢から解放されました。家の中はいつも暖かく快適です。

これまで、居間には大きなストーブをたいて、温度は26〜7℃にもして、冬でも半袖で冷たいビールを飲んでいると悪口を言われていましたが、これには理由があります。

断熱が効いていない家では、床、壁、天井の表面温度が低く、その冷輻射や、窓の寒さが原因で、室温を相当高くしなければ寒さから逃れられないのです。室温をそれだけ高くすると、足下は寒いのですが上半身は暑く、結局薄着することになります。

しかし、トイレや浴室、廊下は寒く、寝室もとても寒いので電気毛布が必要といった生活が行われてきました。

このような生活が、家中寒さを感じなくてすむ生活に変わりながら、暖房費はこれまでより少なくてすむのが、高断熱住宅なのです。

冬の寒さはそれほどでもないから我慢できる？

北海道の人が、東京の親戚の家に泊まると、とても寒くて風邪を引くとよくいわれます。こうした温暖な地域の冬を快適にしようと、東京の人々に高断熱住宅の話をすると、「このあたりの冬の寒さはそれほどではないから、そんなことしなくても良い」とよくいわれました。

このようなことをいう人は、まだ高断熱住宅を体験したことのない人たちです。最近は、温暖な地域でも高断熱住宅が増えてきました。そして、このような住宅に住む人たちの多くは、全室暖房に近い生活をしています。

高断熱住宅は暖房費が安くすむか

国が「次世代省エネ基準」を平成11年に制定し、今、日本では、ほぼこれが高断熱住宅の標準になっています。

大手のハウスメーカーの住宅は、この基準ぎりぎりで満足するようにできています。この基準ができたとき、その内容を詳しく調べた私たちは、唖然としました。

今から25年前に高断熱住宅を提唱した私たちは、「高断熱住宅」とは、今までの暖房費を増やさずに家全体を寒くなく、快適にできる住宅だと考え、断熱材の厚さや、窓の仕様を決めてきました。

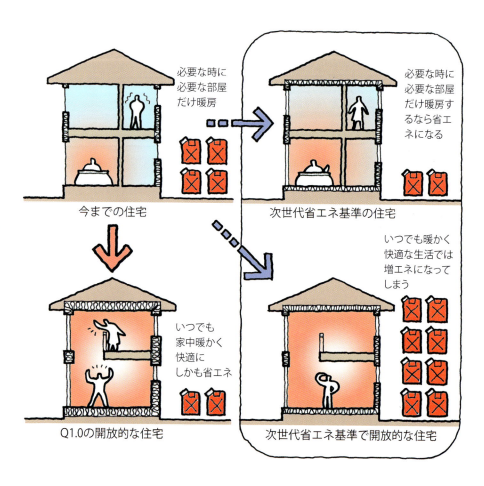

しかし、この基準でそれが実現できているのは北海道だけです。本州の全ての地域で次世代省エネ基準の高断熱住宅を造ると、暖房費はこれまでの1.5〜2倍もかかってしまうのです。それでも、5〜6年前までは、燃料費は比較的安く推移していました。温暖地では、暖房費の差額は比較的少なく、それで冬の寒さを我慢しなくても良くなるならと、許されてきた面があります。

「省エネ基準」が「増エネ基準」になっているのは問題だと、私たちが指摘すると、国は、北海道のような全室暖房が日本全体で行われるとは考えていないと言われました。

結局、これまでのように必要なときだけ暖房すれば十分省エネになるというのです。今まで通りこたつに潜っての生活をすれば良いということです。

我慢しなくても良い省エネ住宅を

国のいうことがまちがっていると思うのは、高断熱住宅に住むほとんどの人たちが、我慢しなくても良い快適な生活を送っていることからもわかります。

高断熱住宅の出現で、私たちは、ようやく冬の、寒さに対する我慢から解放されたのです。また、高断熱住宅で、使わない部屋を閉め切って寒いままにしておくと、その部屋は湿度が高くなり、いろいろなところで結露が生じます。

この現象は、高断熱住宅と同じように気密性の高いマンションでは良く起きているのです。これは高気密にしたことの弊害でもあります。

私たちは、このところのエネルギー価格の急上昇と上昇したエネルギー価格は将来も続きそうだ、という見通しの元に、これまでより暖房費が少なくなるような高断熱住宅にしなくてはならないと考えます。昔よりはるかに高い灯油、ガス、電気を使って、これまでの半分以下ですむ高断熱住宅が、Q1.0住宅です。

（鎌田紀彦）

一戸建住宅での暖房エネルギー消費量

北海道では、一般の一戸建て住宅で、1年間に消費される灯油は、ドラム缶10本（1800ℓ）といわれてきました。

しかし、日本中の各地でどの位の暖房エネルギーの調査はほとんどありません。そこで下図では、各地で、工務店や一般の人たちに聞いた概ねの灯油消費量を図上にプロットしてなめらかな線でつないでいます。だいたい合っているようです。

また、全室暖房の灯油消費量も、24時間家全体を20℃に暖房するという設定ではなく、納戸や使わない部屋は、結露が生じない程度の15〜6℃にする部屋もあり、夜寝ている時間帯は暖房を止める設定とし、24時間家全体の平均温度は18℃ぐらいであろうと考え、その設定で計算した結果です。

高断熱住宅での実測データを元に、全室暖房とはいえ、節約指向型での消費量です。夜中も20℃に設定している人達も結構いるのですが、そのときは10〜20％ぐらい暖房エネルギーは増えることになります。

（鎌田紀彦）

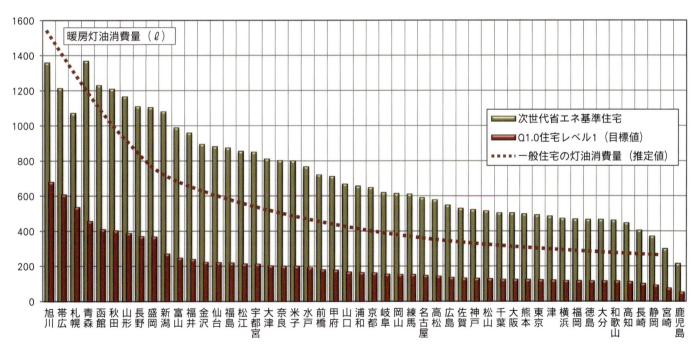

全国の県庁所在都市などについて、QPEX Ver 3.31で次世代基準ぴったりの120㎡モデルプランで暖房エネルギーを計算した。青森、函館以南の都市をその暖房エネルギーの多い順に並べてあります。冬の日射量の少ない日本海側の都市の暖房費が高くなることがわかります。Q1.0住宅の暖房エネルギーは、この次世代基準住宅の暖房エネルギーを1/2〜1/4になるように、目標を設定しています。それは、一般住宅の暖房エネルギーの半分ぐらいにします。

04　全室暖房住宅はぜいたくか？

家全体が寒くないことは、住宅の基本的な性能です。冬の寒い日でも、裸足で家中を歩け、トイレや浴室も快適でヒートショックを感じません。全室暖房住宅は、健康で長生きできる住宅です。電気代等の維持費も安くなります。

家全体が寒くないことが基本で大切

　高断熱の家に、冬の寒い日に外から帰ってきたときの心地よさは、何にも替えがたいものです。ほっとして、心からリラックスします。快適で居心地の良い家ですから、仕事が終わったら寄り道せずに早く帰ります。

　家の中は、寒い冬でも、裸足でフローリングの上を歩けます。床暖房なんて必要ありません。朝起きて、ベッドから裸足で出て洗面所に行き、ヒートショックなく朝のトイレやシャワーをすませます。ゆっくりと、家中を歩き回ることができるのです。靴下やスリッパ履くことも、モコモコの厚着をすることも、その必要はありません。

　家中が寒くないことは、住宅の基本的な性能です。全室暖冷房にすると、1つの階をオープンにするだけではなく、上下階でも温度差のないオープンな空間が可能です。大きな吹き抜けでつながった空間にすることができます。間仕切りも必要最小限度にして、隅々までの広がりを感じられるような家にすることができます。

高断熱住宅で健康な生活

　家の中を快適に、温度のストレスなしで、どこでも自由に歩き回れるのです。こうした家に住むと、室内温度差からくる病気も起こりにくく、一年を通して健康に暮らし、そして長生きができるのです。家の中の温度差が小さいために、ヒートショックのない環境で脳梗塞や心臓発作を防ぎます。

　高断熱にリフォームしたある家を冬に訪ねた時に、その家に暮らすお年寄りが「この家は、寿命が延びます。ありがたいことです。」と、しみじみと話していたことが印象的でした。

　高断熱で気密性が高い住宅に、第1種換気（熱交換型）を設置することで、花粉やPM2.5までも家の中には入らなくすることができます。熱交換型換気扇は、室内から排出される空気の熱エネルギーの6〜8割を回収します。また、同時に水蒸気も回収して室内に戻すため、冬場の乾燥も防ぐ働きをします。省エネであると同時に、フィルターで屋外のホコリや花粉を取り除いて新鮮な外気を取り入れるので、安心です。

　高断熱住宅では、結露が発生しにくいのも特徴のひとつです。窓や壁のそばで"ひやっ"とすることもなく、結

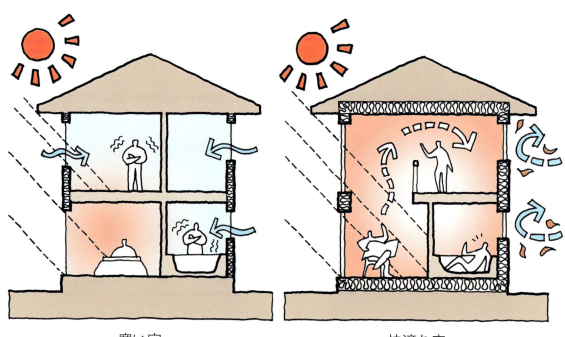

寒い家　　　　　　　快適な家

露もありませんので、カビやダニは発生しません。結露のない、カビやダニのない健康的な家となります。

電気代等の維持費は安い

高断熱となるように最初にお金をかけて家づくりをすれば、後は、電気代等の維持費が安い状態で快適な生活ができます。室内と外部の熱移動が少ないので、冬は、室内の暖かい熱が外部に逃げにくく暖房効率が格段にあがり、暖房費が大幅に少なくなります。夏は、外部の暑い熱が室内に入りにくく、冷房効率が大幅に良くなり、省エネです。

熱交換型換気扇は、昔はファンを2台使うため、電気代が2倍かかっていたのですが、今では1台分よりさらに少なくてもすむ省電力な機器ができて電気代はたいした金額になりません。そのおかげで、室内の空気が清浄に保たれて健康的な家になり、省エネでもあるのならば、安いものだと思います。

日本人は、節約が上手で、すぐに「もったいない」と思ってしまいます。全館暖冷房は、今までのような寒い家暑い家では、確かにもったいないでしょう。家の外にエネルギーをどんどん漏らすばかりであるといえます。

高断熱住宅では、全室暖房住宅は決してぜいたくではありません。電気代等の維持費も安く、少ないエネルギーで家中が暖かくなる省エネ住宅なのです。そして、それは本当に心地良いことなのです。

（松留愼一郎）

全室暖房住宅に住んだことのない人達の云うこと

高断熱住宅の建設が始まった頃、北海道では住宅全体を暖房して快適な空間を作ることに対して、いろいろな異論が出てきました。

「そのような、ぬくぬくとした環境で生活していたら、弱い体になってしまう。」とか、「そのような環境から、外の厳しい寒さに出ると、風邪を引きやすくなる。」等、医者と称する人を含むいろいろな人達が、住宅内環境のあり方についての主張を展開してきました。その根底には「そんなぜいたくをしていいのか」という気持ちがあったのだと思います。

私たちは、あまり取り合いませんでした。全室暖房をしても灯油消費量はむしろそれまでよりは少なくなることがわかっていましたから、やがてそのような主張をする人はほとんどいなくなりました。今では、健康で長生きできると考えられています。実際、温度の低いトイレや、洗面所、脱衣室、浴室などで脳や心臓の発作で倒れる人が一般の住宅では多かったのですが、高断熱住宅では、それがとても少なくなることが実証されてきています。

高断熱住宅が、南の温暖な地域にも建設されるようになりましたが、北海道のときと同じことをいう人達もいるようです。冬の寒さはそれ程ではないから、そんな住宅は必要ないという人達もいます。その人達の冬の生活は、コタツで丸くなって動かない生活なのです。

また、冬より夏が問題だともよくいわれます。これは私たちも同感です。関東以西の新築住宅は5〜6台のエアコンを各室に設置し、エアコンに頼り切った生活を送っています。エアコンは嫌いで、薄着をして熱いのをひたすら我慢している人達もいます。

高断熱住宅は、夏も威力を発揮します。日除けをしっかりして窓からの太陽熱を防ぎ、住宅にこもる熱を通風でうまく排熱するように家を造り、エアコンを上手に使えば、省エネで快適な夏を送れることもわかってきました。

（鎌田紀彦）

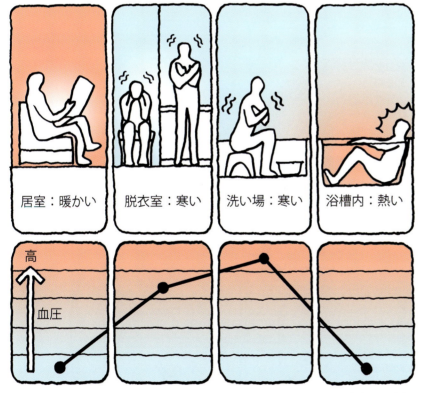

暖房している部屋から寒いトイレに入ったり、入浴のため裸になると寒さのため血圧が急上昇します。このような血圧の急変動は心臓発作や脳いっ血を起こす原因となります。

05 高断熱住宅は夏も快適！省エネで冷房病知らず

猛暑日が続く地域でも、夏対応の設計を行うことで、エアコンをあまり使わずに冷房病知らずの「涼しい家」ができます。全室冷房でも、電気代などの冷房費は、これまでと変わらないか、むしろ少なくてすみます。

夏を旨とした家造りだから、涼しいのか？

高断熱住宅は、夏には熱がこもってとても暑くなるとよくいわれます。そして、夏を旨とする家造りが、暑い地域では必要だともいわれます。しかし、そうした家造りをしているはずの家は、本当に涼しくなっているのでしょうか。

猛暑日では、それら夏を旨として造った多くの家では、2階や西日の当たる部屋は、エアコンをフル回転させても室温はなかなか下がりません。エアコンを効かして涼しくするためには、部屋ごとにエアコンが必要でしょう。トイレや洗面所などではびっしょりと汗をかき、エアコンのある部屋との温度差で体調がおかしくなることはありませんか。

高断熱住宅は、夏は家を閉め切った状態では、室内で発生する熱や窓から入る太陽熱で一般住宅よりも室温は高くなります。このことをさして、「熱がこもって暑い」というのだろうと思います。

しかし、夏は冬と違い窓を開けて生活することができます。上手に通風のよい設計をすれば、熱がこもることはなく、外気温度程度以上の温度になることはありません。

夏対応の設計手法

高断熱住宅では、夏対応の設計手法を取り入れることで、エアコンをあまり使わない「涼しい家」ができます。注意しなければならないのは、床、壁、天井から入ってくる熱よりも、窓から入る熱が圧倒的に多いことです。庇、簾、ブラインド等を窓ガラスの外側に設置して、窓から入る日射を防ぎ、日射を窓の外側でシャットアウトしましょう。

また、窓ガラス自体の性能も上がってきており、夏に外部から入ってくる熱量は、一般の住宅よりも少なくなっています。外からの日射で室温が上がることを防ぐことにより、冷房費用の少ない快適な室内空間で暮らすことができます。

夏でも、必要に応じて窓を開ければ、当然風が通り抜けます。室内の2方向に窓を設ける計画では、室内を風が通り抜け快適です。しかし、これだけでは不十分です。風のない時でも、高低差のある窓を上と下に設けることにより、室内を風が通り抜けるように設計しましょう。こうすれば風のない夜でも、室内の暑い空気は上から抜け、外の涼しい空気が下から入ってきます。家の中に風を創れるのです。

これらは、伝統的な民家等によくみられる手法です。夏対策の伝統的な智恵を、おおいに取り入れましょう。

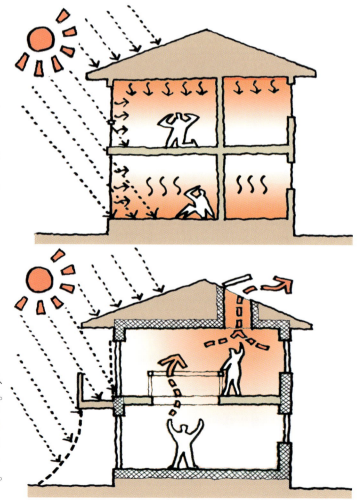

夏の日中
気温：35℃
湿度：50%

暑い家
断熱が薄く日除けも不十分なため、室内はとても暑くなり、壁や天井が熱くなる、エアコンを各部屋につけ暑さをしのぐ。

快適な家
夜中通風良くして、朝はとても涼しい。十分な日除けと断熱で、窓を閉め切ると外の熱風が遮られ、涼しさが午後〜夕方まで続く。

熱帯夜が続く真夏にも、省エネで快適

熱帯夜に近い暑い夜が続いても、夜間に1～2階の窓を開け放しにして外気で住宅内を冷やし、朝になったら逆に窓を閉めて外の熱風を入れないことで室内が快適になります。窓からの日射を窓の外側でしっかりと遮蔽することで、夕方まで家中を涼しくすることができます。日中で多少暑いときにも、エアコンの弱運転で家中を涼しくすることが可能です。

猛暑日で夜の温度が30度近くもあるような熱帯夜が続く関西以西の地域や、ヒートアイランド現象の起こる大都市部でも、一日中小さなエアコン1～2台で家中を快適にでき、またかつ電気代もこれまでと同程度かむしろ少なくて済みます。

窓を閉め切ってエアコンをつけると、断熱材と日除け等のおかげで外からの熱が入ってきにくくなるので、一日中エアコンをつけていても、これまでより電気代は安くて済むのです。

このような家は、関東以北ではほとんどエアコンを使わずに涼しい家にできることがわかっています。

冷風を浴びないエアコンの設置

エアコンを長時間使うと体調を崩す人が多いのですが、これはエアコンの冷風を直接浴びているからです。これを防ぐ工夫が必要になります。

人間に直接風が当たらないように家全体を冷やし続ける方が良いようです。そうすればエアコンは弱運転で動きます。いろいろ工夫していくことによって、猛暑日が続く地域でも冷房病知らずの快適な夏が過ごせると考えています。

（松留愼一郎）

夏の夜間
気温：25～30℃
湿度：80～90％

暑い家
日中の暑さで、壁や天井が熱いままで、風のない夜は窓を開けても通風せず、エアコンが必要。寝室をエアコンで冷やしても、止まるとまた熱くなる。

快適な家
雨や防犯に配慮した窓を家の上下に配置して開け放し、夜中通風によって家中涼しくなる。熱帯夜はエアコンを使うが弱運転で快適。

Column

通風の良い家についての勘違い

温暖地での家造りでは、高温多湿の風土に合わせて、できるだけ涼しい家を造ろうと、各部屋の2～3方向の壁に窓をつけて、風通し良くしようとします。

日中風があるときは、これで十分通風します。しかし、外から入ってくる風は、暑い風です。暑い日の夜は、風がぴたりとやみ、いくら窓を開けても風はそよぎもせず、寝苦しい暑さになります。これでは、通風の良い家も台なしです。

昔の家は、こんな時でも涼しく感じられました。それは、部屋ごとに窓を開けることはもちろんですが、2階の天井付近に熱気を抜く風窓があったからなのです。

日中は暑くても、夜になると、さすがに外は涼しくなります。日中の暑さが残る室内の空気は、外より温度が高く、軽いため、高い窓から外へ抜け、その分1階の窓から外の冷い外気が入ってきます。これが夜じゅう続き、朝までに家の中はすっかり涼しくなります。昔の家は、少なくとも午前中は涼しく過ごせました。

部屋の窓を開けるというのは、平面的な通風のためですが、昔の家は家全体で立体的な、縦の通風を取っていたのです。これを高断熱住宅で取り入れると、朝になったら、窓を閉めて外の熱風が入らないようにすることで、朝の涼しさが夕方まで続くこともできます。

もちろん、窓から日射が入らないようにすることが大事です。こうすることで、高断熱住宅は、暑い日でもクーラーいらずの涼しさを実現できます。ただし、安心して夜中開け放しできる窓を設置することが条件です。

「熱帯夜」は、朝の最低気温が25度以上の日ですが、時には30度を超えるような日もあります。関東に比べて、関西以西ではこのような日が特に多いようです。この時は、窓を閉めてエアコンに頼らざるを得ません。エアコンをつけていても快適に寝られるようなエアコンの設置の仕方が重要になります。

（鎌田紀彦）

06 家本体で省エネ 〜CO_2ゼロの家も容易にできる

エネルギー効率の高い住宅設備機器の普及を図ることで、CO_2排出量削減を国は目指しているようですが、住宅本体の省エネを同時に進めることでびっくりするような省CO_2が可能になります。

福島原発事故で破算した日本の省エネルギー政策

地球温暖化の影響と思われる異常気象が、世界中で頻発しています。

産業革命以降、地下資源のエネルギーを使い始め、戦後、その急速な拡大によって、大量のCO_2を排出し続けてきていることが、その原因の一つと言われています。世界各国は、ようやくCO_2削減に本格的に取り組み始めているように見えます。

日本では、第1次オイルショックの後、産業界が徹底的な省エネを行い、それで国際競争力をつけ、その後のバブルの一因となりました。その間、住宅でのエネルギー消費は増大し続け、今も続いています。

2009年、鳩山首相が国連で日本のCO_2排出量を25%削減すると公約しました。これは、原子力発電の比率を50%まで高めることが前提になっていましたが、その後の福島原発事故で、ご破算になりました。日本は、改めてこれからどうするのかを真剣に考えていく必要があるのです。

住宅で省エネを進めたい

私たち日本人は、こうした状況の中で、できるだけCO_2を出さない生活を送り、できれば原発をなくしていきたいと思っています。ガソリン価格上昇に対応して、値段の高いエコカーを買うのもそのためです。

生活水準の向上によって、増大した住宅でのエネルギー消費も減らしたいのは山々ですが、どのくらいお金をかければ、どのくらいエネルギーの節約になるのか、はっきり見えないのが現状です。

また、ほとんどの人はすでに数十年前に建てた住宅で暮らしていますから、改修でどの程度のことができるのかということになると、まったくわからない人が多いのです。

設備の高効率化で省エネ

国は、こうした現状に対して、手っ取り早く省エネを進めるために、住宅設備の高効率化を進めようとしています。ヒートポンプでお湯を造るエコキュートは、その代表でしょう。深夜電力で電気代を安く設定し、普通に電気でお湯を沸かすエネルギーの約1/4、金額では1/10くらいですみますから、家計にもやさしく、CO_2排出量も少ないのですが、問題はこの深夜電力が原発のおかげで発生していると言うことです。設置数が増えるにつれて、設置スペースが大きいことや、深夜の室外機の騒音や振動の問題も生じています。一方、暖冷房に使われるエアコンや暖房・給湯ボイラーの高効率化も進んでいます。

住宅の省エネはどのように進むのか

住宅のエネルギー消費で大きな部分を占める冷暖房エネルギーの削減となると、今から15年前に制定された次

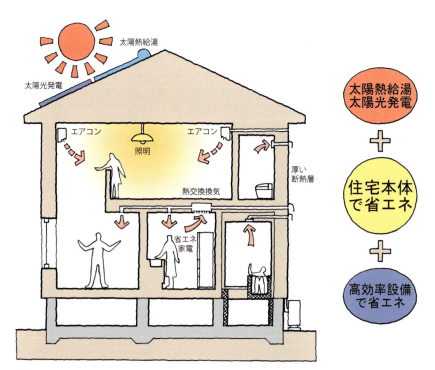

最新のエアコンや冷蔵庫、LED照明などの省エネ性能はとても高いのです。温水を造るボイラーでも高効率化は進んでいます。しかしこれらの採用だけでの省エネ化はせいぜい20〜30%止まりです。これに住宅本体での省エネを加えて暖房エネルギーを1/2〜1/4に削減し、太陽熱給湯を設置することで50〜60%のCO_2排出量削減が可能になります。

世代住宅省エネ基準は、今もまったく変わっていません。2020年に義務化を打ち出していますが、その省エネレベルは、ほとんど変わらず、逆に義務化のために若干緩和の方向です。

この次世代基準住宅の暖房エネルギーに関しては、北海道を除く日本中で、今までより快適な生活を実現すると消費エネルギーが1.5〜2倍にもなってしまいますし、冷房エネルギーについては、きわめて不徹底なものです。

特に日本の70％以上を占める関東以南の基準のレベルが低いことが問題です。これを強化する政策に対しては業界の反対が強く、行政が思い切った基準を作ろうという方向性は感じられません。例え2020年に義務化されたとしても、日本の住宅が切り替わるには50年以上もかかります。

個人が、本当の省エネ住宅を造るしかない

私たちは、家全体が寒くない快適な生活を送っても、次世代省エネ基準住宅に比べて、暖房費が1/2〜1/4ですむ「Q1.0住宅」を10年前から造り始めました。すでに1500棟以上の住宅が建っています。

これらの住宅は、もちろん高効率な設備を使えば、CO_2は半分以下にすることが容易です。3〜5kwh程度の容量の太陽光発電を設置すれば、CO_2排出量ゼロの住宅に容易にすることができます。

電力の高額買い取り制度によって太陽光発電設備の費用は、今後10〜20年の計算で償却できますから、Q1.0住宅のコスト増坪約2万円だけで、CO_2排出量ゼロの住宅が実現できるのです。
（鎌田紀彦）

電気・ガス・灯油のCO_2排出量比較

炭素（C）を燃やすと二酸化炭素（CO_2）になります。炭素の分子量は12、酸素は16ですから、CO_2の分子量は44で、純粋な炭素に近い炭を1.2kg燃やすと4.4kgのCO_2ができることになります。CO_2は目にも見えませんし、空気中にあるため重さも感じることができませんが、ずいぶん重く大量なCO_2ができるものだと感じます。

石油やガスには、炭素と水素が含まれ、これらが燃えるときの熱エネルギーを我々は利用しているわけです。水素は燃えると水になりますが、炭素が燃えてCO_2となり、地球温暖化の主要因と云われているのです。

住宅で、ガスや灯油を使って空気や水を温めて私たちは暖房や給湯に利用しています。このとき使うボイラーやストーブなどの機器によって、実際に利用できる熱の量は変わり、熱効率と呼んでいます。高効率の機器では90％以上の熱が利用できますが、低いものでは70％位のものもあります。

電気は、火力発電所では石炭、重油、ガスなどを燃やして水蒸気を造りそれでタービンを回して発電します。そのときの熱効率は40％位で、最新の高効率発電所で60％とも云われますが、多くはありません。

発電所から家庭までの送電でのロスが多少あり、実際は40％以下になるようです。電気は、火力の他に、水力や原子力があり、その平均でCO_2の排出量が求められます。

熱源	CO_2排出原単位 (kg-CO_2/kWh)
灯油	0.224
ガス	0.180
電気 2009年	0.405
電気（原発停止）	約 0.6

この電気をニクロム線で熱に変えると100％利用できますが、トータルではとても悪いのです。この電気でヒートポンプを動かして熱を造る機器（エアコンやエコキュート）では、ヒートポンプの効率が、200〜400％もありますから、だいぶ改善されることになります。
（鎌田紀彦）

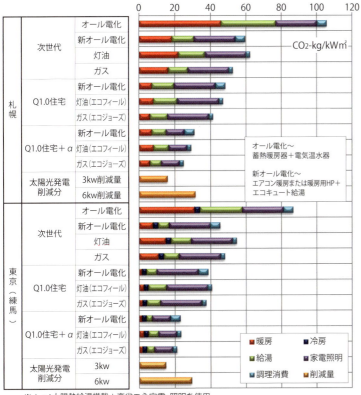

※＋α：太陽熱給湯搭載＋高省エネ家電・照明を使用

原発が全停止している現状で、電気のCO_2排出量を計算したときの、熱源別の住宅全体のCO_2排出量を示します。オール電化住宅以外で次世代基準住宅を見ると、暖房エネルギーの割合が小さいことがわかります。CO_2削減には、給湯と電気の削減が必要です。

Q1.0住宅で、太陽熱給湯と省電力化を図ると、次世代基準住宅に比べて50〜60％のCO_2排出量削減ができ、更に太陽光発電の設置でCO_2排出量ゼロの住宅もできます。

07 百年住宅を目指して～資産価値の高い家を造ろう

長期優良住宅の耐久性に関わる事項はほとんどが高断熱住宅から生み出されました。高断熱住宅は寿命が長い住宅です。物理的な耐久性は確保されました。百年使えるプランニング、50年後に高く売れる家がこれからの課題です。

日本の家は寿命が短い

10年ぐらい前に新聞で見たのですが、日本の戸建て住宅の平均建て替え年数が17年だというのです。

今もそれほど大きくは変わっていないと思うのですが、ドイツやスウェーデンのベンツやボルボの自動車の廃車までの年数は19年で、それより短いというのです。

確かに日本では、住宅を長く使うより、建て替えてしまった方が良いという風潮がありました。戦後建てられた家は手狭で、それらに用いられた木材も腐っていることが多いのも事実でしょう。土地付き住宅を売っても、価格は土地代だけで、10年も建っていない住宅でも価値はゼロで、解体費用がかさむ住宅は、その分値引きするようなことが、今でも行われています。

こうした中、2008年頃だったと思いますが、日本の住宅の寿命を長くする「200年住宅」という政策が打ち出されました。その具体的展望のなさに思わず失笑したものでしたが、ある国土省の役人は、「101年を切り上げれば200年ですから、100年以上の寿命を持たせようと言うことですよ」と笑っていました。

昨今の長いデフレの中で、私たちの意識は大きく変わり、住宅も長く使おうという気持ちにはなっていますが、そのためにはどうしたらよいのでしょうか。

高断熱住宅は、寿命が長い

20数年前に、高断熱・高気密工法を提案して感じたのは、これでようやく木材が腐らない仕組みができたなということでした。

断熱層に対して、防湿気密層を連続させ、外壁の通気層工法を採用することで、これまで天井裏や壁の中で起きていた結露をほぼ完全に押さえ込むことができました。当初危惧していた夏の壁内結露も、その後の約20年経った本州の住宅の解体調査で問題がないことがわかりました。木材さえ腐らなければ、住宅は百年以上保つと確信しました。

しかし、これで百年住宅ができたわけではありません。住宅全体の物理的な寿命を百年とすることは経済的にも無理があります。

外装のサッシや外壁、屋根などはどうしても大規模な改修が必要になりますし、内装も汚れや傷みが出てきます。そうした改修を織り込んで物理的には百年以上保たせることができるとしても、百年以上その間三世代以上が気持ちよく住み続けることができるプランとはどういうものなのかにつては、よくわからない部分が多いと思います。

日本の住宅は、戦後の70年の間、20〜30年もすれば建て替えるということを前提に作られてきたのです。世代を超えて住み続けてきた民家の時代は遠い昔なのです。

長期優良住宅

国は、「200年住宅」というアドバ

ルーンをあげ、その具体的方策として、品確法の中から、いろいろな項目を義務づけた住宅を「長期優良住宅」として定め、これに100〜200万円の補助金を出してきました。

細かな各仕様に対しては、議論も多いのですが、今ではその補助金もなくなり、その仕様だけが残っています。しかしこの施策には、銀行や不動産業界も連動して、長期的な住宅本体の評価価格に反映されていくことでしょう。10年経ったら住宅本体は無価値で土地代だけで取引される、という社会が大きく変わり始めています。

資産価値を確保するためには

しかし、この長期優良住宅の仕様には大きな問題があります。

第一には、高断熱・高気密がもちろん前提とはなっているのですが、そのレベルは次世代省エネなのです。エネルギー価格はこれから百年上がり続け、決して下がることはないでしょう。将来、冷暖房給湯の費用を節約するために、また不快な生活を我慢することになる住宅では、せっかく建てる意味はありません。

第二には、住宅の設計によっては、将来の売却時に、大きく評価が変わることです。住宅のプランや外観が評価に大きな影響を与えるでしょう。この点は「仕様書」には盛り込むことは難しいと思いますが、とても重要なのです。

今までは、建主の個性に合わせて設計することをよしとしてきましたが、多少は売るときのことも考える必要があります。アメリカでは、高名な建築家が設計した個性的な住宅は転売時の評価額が低く、キオスクで売っている住宅プラン集の人気プランが一番高い評価となるのだそうです。日本と違って、物理的な寿命はどの住宅も同じなら、確かにこうなるようです。

（鎌田紀彦）

長期優良住宅

日本の住宅の寿命はとても短かったのです。バブルの頃、住宅金融公庫の融資住宅で、既存の住宅を平均17年で壊して建て替えているというデータがありました。ヨーロッパの自動車の平均寿命よりも短いというので驚いたものです。木材が腐る、使っている建材の劣化が早いという当時の事情もあり、狭くて間取りが悪いということも理由でしょうが、改修するより立て替えの方が手っ取り早く、お金がかかっても何とかなるというムードもあったでしょう。

その後の長期にわたるデフレ時代ですっかり様変わりして、住宅を長く使おうとする時代に入ってきました。しかし、それでは住宅は長く使えるように変わってきたのでしょうか。これに対する国の方針が長期優良住宅です。

平成12年に制定された品確法で、住宅の性能表示が可能にはなりましたが、戸建て住宅ではあまり利用されなかったためこの制度の普及も狙って、品確法に定められた性能項目からいくつかを実現することを条件に長期優良住宅という認定制度が作られました。

柱は次の5項目です。
1. 耐震性
2. バリアフリー
3. 省エネ性能
4. 耐久性
5. 住宅履歴情報の保存

このうち3と4は基本的には高断熱住宅で実現された項目です。1の耐震性については、建築基準法で定められた耐震性の1.25倍の性能を持たせています。一般の住宅は建築基準法では不十分ですというようなもので疑問を感じます。5は、将来の維持メンテナンス時に図面や工事の概要が必要になることへの対処です。

この長期優良住宅の認証を得るには相当な手間がかかります。認定が無くても同等の性能を売ることは容易ですが、将来の売買の時に評価が変わってくるかもしれません。　　（鎌田紀彦）

08 日本の木造住宅は断熱材が効いていない

日本の木造住宅は、昭和55年の省エネ法以来、断熱材の施工が義務づけられましたが、その断熱材はほとんど効かないまま住宅が建設されてきたのです。これが是正されたのは次世代省エネ基準ですが、これは推奨基準で、義務では無いのです。

暖房が始まって断熱が必要になった

日本の民家では、部屋全体を暖める暖房という考え方はなく、厚着をしてコタツや火鉢、囲炉裏などで、暖を取るのが冬の生活でした。

北海道では寒さが桁違いに厳しかったせいか、明治以来、薪や石炭を燃料とするストーブが使われていましたが、本州以南では昭和40年代に軽便な灯油ストーブが普及し始めてからのことです。

部屋を暖めるためには、建物から逃げる熱をできるだけ少なくすることが燃料費を節約するために必要となります。北海道で、古くは籾殻や、石炭ガラを壁の中に入れたり天井裏に敷き詰めたりしていました。

昭和40年代になって発泡スチロールやグラスウールが使われ始め、こうした断熱材を入れると、部屋を取り囲んでいる床壁天井の表面温度が上がり、結露を防ぎ部屋が快適に暖かくなるという効果もあります。この断熱材もやはり北海道で普及し始め、昭和40年代末には50mmのグラスウールを床壁天井に入れることが普通になりました。

第1次石油危機での北海道

昭和40年代は日本の成長期に当たり、生活水準が向上し始めた時期でもあります。第1次石油危機が始まった昭和48年には、北海道で灯油の温水セントラルヒーティングの住宅が新築住宅の15%にも達していたといいます。当時の灯油は価格が30円/ℓくらいで、そうした住宅では一冬に灯油を5000～7000ℓも消費したといいますが、高所得の人には払える金額だったのでしょう。

しかしこの灯油価格は暴騰し、10年ぐらいの間に80円/ℓにもなり、灯油ストーブ暖房に戻ってしまいました。昭和49年には、物価が20%以上も跳ね上がり、全国でトイレットペーパーがなくなったり、建設資材も値上がりしたりして、異常な物不足に陥りました。

こうした中、北海道ではグラスウール50mm断熱から、壁には100mm、床天井には200mmも入れる構法に急速に変化していきました。

グラスウールは安く、工事費としてはたいした負担ではありませんでした。しかし、このような住宅に大問題が発生したのです。

厚い断熱で灯油代は減らないばかりか、木材が腐り出した。

一般的に北海道では、灯油を年間ドラム缶10本分（1800ℓ）消費するといわれます。大きな灯油ストーブを居間に据え付け、食堂、台所、和室がこの居間と一続きの空間になっていて、この空間が暖房スペースです。この空間は一日中ストーブをつけて暖かくはなりますが、サニタリースペースや2階の寝室は寒いままで、凍り付いているのです。

北海道では、よく冬でも半袖で冷たいビールを飲んでいると悪口を言われますが、外気温が低く断熱材があまり効いていない環境では、暖房している部屋の壁や窓が冷たいため25度以上の温度にしないと暖かいとは感じられ

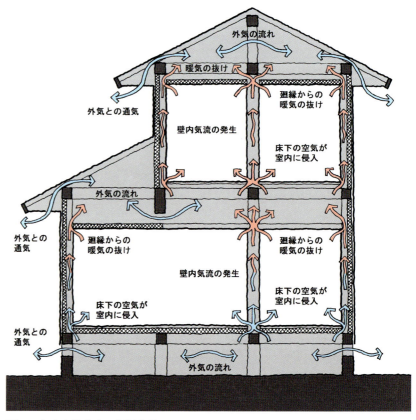

図-1　在来木造住宅の断熱欠陥

ないのです。それでも足下は寒く、しかも頭の方はボーッとするほどの温度になります。そのため冬でも薄着になるのです。

断熱材を厚く施工すれば、こうした環境が改善され、灯油も節約されるはずだったのですが、そうはいきませんでした。灯油消費量は、50mm断熱の住宅とほとんど変わらず、環境も改善されなかったのです。そのうえ新築から2～3年の内に床が腐って抜け落ちるという現象が多発しました。原因は、ナミダダケという腐朽菌が異常繁殖したことによるものでしたが、原因ははっきりしませんでした。

在来木造工法の住宅は、壁の中が床下、天井裏とつながっているため、底に壁いっぱいに断熱材を詰め込んだため、床下の地面の水分で床下の湿度が高くなったという指摘もありました。しかし、これは間仕切り壁には断熱材を詰めませんから、あたりません。こうした被害は数千戸にも及び、大問題となったのです。

断熱欠陥だらけの在来木造住宅

私たちは、こうした中で、実物大の建物を大工さんが造るとおりに建てて、壁の中のデータを取ったり、時には壁を開けて観察したりしました。その結果、壁の中を床下からの冷たい空気が流れることが、断熱を厚くしても性能が上がらず、壁の中や天井裏に大量の結露を引き起こし、木材が腐る原因であることを突き止めました。昭和50年代後半のことです。

図は、在来木造住宅の一般に施工される断面図ですが、断熱材の入った外壁や室内の間仕切り壁が、天井・床と交差する部分が、隙間だらけで、室内の暖房によって壁内の空気も暖められ、上昇気流となって天井裏に抜け、それにより床下の冷たい空気や、室内の暖かく湿った空気が壁の中に吸い込まれてしまいます。住宅全体に断熱するということは、住宅を布団ですっぽりくるむようなことです。その布団がつぎはぎだらけ隙間だらけで、布団の内側を冷たい空気が流れているのですから、いくら厚い布団にしても、住宅の中は寒いままなのです。

そして床下の水蒸気や室内の湿った空気が持ち込んだ水蒸気は壁の中や天井裏で結露して、雨漏りのように天井にシミを造り、一部は壁の中を伝わって、壁内の結露水とともに土台や床の木材に伝わり木材の腐朽をもたらしたのです。

こうした現象は、外気温の低い北海道では顕著な現象として現れますが、日本全国で起こっていて、在来木造の住宅は断熱材が効かず、冬は寒く、そればかりか木材が腐り、日本の住宅は寿命が短いという結果を招いているのです。

（鎌田紀彦）

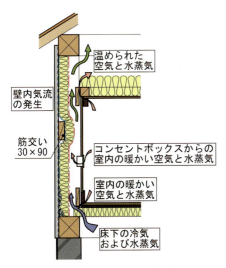

図-2　50mmGW断熱外壁の欠陥

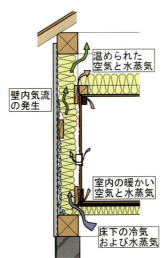

図-3　100mmGW断熱外壁の欠陥

鉄骨系プレファブ住宅も同じ断熱欠陥を抱えていた。

在来木造工法の断熱状の欠陥は、鉄骨系のプレファブ工法でもおこっていました。鉄骨の柱梁工法で、在来木造の柱梁を鉄に置き換えただけで非常によく似た構成だからです。

平成11年の次世代基準が制定されてから、行政指導的に次世代基準クリアをさせる過程で、気流止めや断熱気密層の連続する高断熱工法に改良されました。

したがって、それ以前のプレファブ住宅は、在来木造住宅と同じく、寒い住宅でした。改良された構成を見ますと、鉄骨ならではの工夫と苦労のあとが見られます。

鉄骨の柱梁は、木材よりずっと熱を通しやすく、それによる結露を防ぐために鉄骨を断熱材で覆う必要があります。また、木材にはタッカーなどで簡単にポリエチレンシートを止めつけることができますが、相手が鉄では、タッカーは効きません。

また、プレファブは工場で製造される部分はしっかり作れますが、現場施工部分も多く、そこでの施工がしっかり行われないと、思わぬ欠陥になってしまいます。最近はわかりませんが、当初は、次世代基準クリアの住宅のはずなのに性能が十分出ていない住宅も見受けられたようです。

これに対して、同じ木造ですが、昭和40年代末にアメリカから導入された、ツーバイフォー工法（2×4工法）の住宅は、壁がパネル状に造られ気流止めは工法自身が備えており、断熱性はきちんと性能が発揮される工法でした。これに日本独自の仕様として通気層工法が採用され、気密化するための改良が行われて、きちんとした高断熱工法になりました。新住協の会員の中にも2×4工法で家造りを進めている人達もおります。もちろんQ1.0住宅を造ることは十分可能です。

（鎌田紀彦）

09 高断熱住宅は断熱材が厚いから暖かい？

断熱材をいくら厚く施工しても、効かない工法では意味がありません。きちんと効く工法で建てるのが高断熱住宅です。そしてその工法は、非常に容易に施工できるようになりました。

高断熱住宅はこうした欠陥を解消した

高断熱住宅は、厚い断熱材を使っているから、あるいは高価な発泡プラスティック断熱材を使っているから暖かく、省エネになると思っている人が多いのですが、実は前の項目（[08]）で指摘した欠陥を、構法的に改良したから、断熱材がきちんと性能を発揮するようになり、また壁内部や天井裏での結露を生じさせないように改良した結果なのです。

また、高価な発泡プラスティック断熱材を使った工法は、新たに開発した、こうした欠陥を生じないように、柱の間に断熱材を入れるのではなく、外側に張って断熱材の切れ目をなくすような工法なのです。断熱材の厚さは、省エネ性能をどの程度にするか、住宅の建つ地域がどの程度の寒さなのかに合わせて決められます。

私たちは、断熱材を大量に必要とされる北海道で、できるだけローコストに高断熱住宅を実現するために、価格が安くかつ日本で最も普及しているグラスウール断熱構法の改良に取り組みました。

工法のポイントは大工さんの技術になじむこと

私たちは工法改良にあたり、全国の住宅を改良する必要があることを前提としました。在来木造住宅を造る大工さんの技術は、地域によって多少の違いはあるものの共通しています。

住宅の現場での工事の細かな納まりは、棟梁大工さんが決めていきます。この大工さんが造りやすくするために。余計な部材はできるだけ持ち込まず、木材の組み方を変えることで解消しようとしました。

木材は、断熱性の高い材料です。断熱材の断点をなくし、木材を間に挟みながら隙間なく断熱材を詰められるようにし、かつ、壁の中に気流を生じさせないような作り方を考えました。壁の上下部分の床・天井と取り合う部分の納まりを検討し、気流を止める構成をいろいろ考えたのです。

その代表的な構法が、シート気密構法とボード気密構法の2つです、前者は、防湿のために、グラスウールの室内側に設ける防湿シートを、施工しやすいように分厚いシートとし、その貼り方を工夫し、この防湿シートが気流止めとなるようにかつ住宅全体をこのシートがすっぽりくるむようにして、隙間風をなくそうとしたものです。

この構法はコストは安かったのですが、大工さんの今までの造り方とは手順がだいぶ変わるため、技術を習得するのが多少難しくなってしまいました。当初この構法は北海道で普及し始め、やがて全国に広がり、平成11年には、次世代省エネ基準に施工方法として取り入れられました。

これからはボード気密構法

第2の構法はボード気密構法です

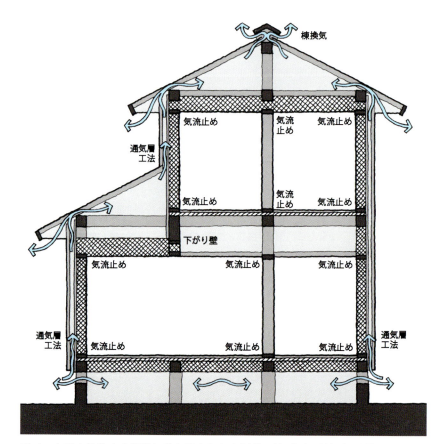

図-1　在来木造住宅の断熱欠陥を改良した高断熱工法（ボード気密工法）

が、これは、壁の下部は床の下地合板を土台に直接打ち付け、上部は天井がくるところの柱間に木材を横に渡して気流止めとする構法です。大工さんにはわかりやすく、現場の手間はほとんどかからないため、私たちは本命と考えたのですが、壁の外側は、当時あまり行われなかった合板張りとして、隙間を防ぐこととしたため、コストがかかると嫌われました。

また床を土台に直接張る構成も、これまでよりも床の位置が低くなることから、あまり採用してもらえませんでした。

しかし10年ぐらいして、阪神大震災が起き、外壁の外側に合板を張ったツーバイフォー住宅が、筋交いで耐震性を取った在来木造住宅より地震の被害が少なかったことから、在来木造住宅でも、合板を外側に張る工法が急速に普及しました。また、竣工後に起こる床のきしみを防ぐために、厚い下地合板を根太組なしに張る、根太レス工法（剛床工法）が普及し始めました。

さらに、最近では長期火災保険が20万円ぐらい安くなる準耐火構造の仕様で、壁と天井の取合い部の柱間に木材をファイアーストップとして入れる工法が、やはり増えてきました。

なんと私たちが20数年前に考えた高断熱の第2の構法が実現してしまったのです。（図）

プレカット工場が高断熱住宅をつくるためのキーポイント

この20年の間に、在来木造住宅は、ほとんどがプレカット工場で木材を加工するようになりました。大工さんが下小屋で手加工するより、精度が上がり、木材の品質管理もしやすいのがメリットですが、何よりも木組みを加工できる技術を持った大工さんが減ってきたことが影響しているようです。

このプレカット工場が高断熱の仕様で、すなわち、根太レス工法・外壁の構造用面材・壁の上部気流止め木材の三点を守ったプレカットをすれば、大工さんは何も考えなくても現場でただグラスウールを詰めれば自動的に高断熱住宅ができてしまうのです。これで日本中、すべて高断熱住宅をつくる体制ができあがりました。　（鎌田紀彦）

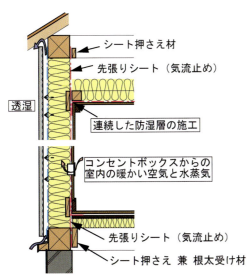

① シート気密工法

図-2 防湿シートを気流止めに使うシート気密工法

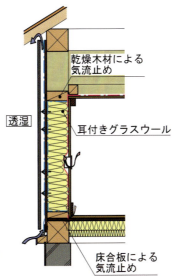

② ボード気密工法（大壁）

図-3 床・外壁をボード気密層とするボード気密工法

Column

高断熱工法のGW充てん工法と外張り工法、どちらが簡単か。

当初、GWの高断熱工法は、シート気密工法から始まりました。この工法は、1階、2階の床と外壁とがぶつかる部分に、床根太を施工する前に外壁内側に厚いポリエチレンシートを張る必要がありました。それから根太を載せる木材を打ち付けて根太を施工するのです。

建て方の途中で、土台や2階の胴差しの上に根太を載せかけて、仮の床を造りながら、その上で建て方作業を続け、一日で棟まで施工して上棟式を行うと云うのが在来木造の普通のやり方です。仮の床がないと高いところの作業がやりにくいわけです。この手順を間違うと、気流止めができず、性能が出ないことになります。大工さん達がこれになれるのには時間がかかり、本州の南の方の大工さん達には嫌われてしまったようです。

それに比べたら、発泡断熱材を外側に張る外張り工法の方が、作業量は大幅に増えても、従来の大工さんのやり方でできるので、作業も確実で性能が出やすいということから、本州の南の方では、普及してきたようです。

コストも当然高いのですが、元々値段の高い大手のハウスメーカーでは、ユーザがそのコストを負担してくれますからあまり問題にはならなかったようです。寒冷地と、温暖地ではやはり冬暖かい家を安く造りたいという気持ちに差があったと云えなくも無いと思います。

ボード気密工法で、プレカット工場が対応してしまえば、工法上の問題はもうありません。コストも安く、耐火防火性能にも問題が無い、GWの高断熱工法がこれからは普及していくだろうと考えています。Q1.0住宅のような、200mm以上の厚い断熱工法にも対応しやすく、これからの時代の要請に応える工法なのです。　（鎌田紀彦）

10 木造住宅の木材が腐るのは、梅雨や台風のせいですか？

日本は梅雨や台風、秋の長雨などで雨が漏りやすく、したがって住宅の木材も腐りやすくなるといわれてきました。それでも江戸時代の民家が腐らないで残っています。台風がよけてくれたのでしょうか。

まずは結露を解消し、木材が腐るのを防ぐ

ナミダダケ事件の頃、私たちは実験を始め、断熱材が効かないことより、木材が腐ることのほうが重要課題と感じ、その解決に重点を置いていました。

昭和50年代に入った頃、北海道では、日本建築学会北海道支部の中に寒地住宅研究委員会が設置され、産学官が協力して省エネ住宅に取り組んでいました。その中で通気層工法という外壁材を壁から20mmほど浮かして張る工法が、結露防止工法として提案されていました。

しかし、この工法は、グラスウールが直接この空気層に露出していたため、風の強い日には、外気がグラスウールの中を通り抜け、壁内を通じて天井裏や床下に吹き抜けることとなり、家中寒くなるという結果を招いていました。

私たちは、このグラスウールの表面を風から守り、外壁から漏れる雨水の侵入も防ぐ材料を探しました。いろいろな材料を実験するうちに、アメリカでデュポン社が製造する「タイベック」という紙が最適ということを発見しました。従来使われていた防水紙のアスファルトフェルト紙や合板に比べて100倍も水蒸気を通しやすく、水や空気はまったく通さないという、うってつけの材料でした。このシートを壁内のグラスウールの外側に貼って、その外側に通気層を設ける工法を提案しました。

この通気層工法を採用すると、壁内ではまったく結露しなくなり、グラスウールの室内側に施工する防湿フィルムがなくてもほとんど結露しないほどの威力を発揮したのです。しかし、このままでは、天井裏に逃げる水蒸気による天井裏結露を止めることができません。

気流を止めると結露も減る

私たちは、並行して気流止めの実験もしていましたから、合板を張った壁でも気流止めを設置すれば、通気層を設けることで結露が生じなくなることも確かめました。

気流止めがないと、合板を張った壁は、大量の結露が生じます。このことから、壁内に水蒸気を浸入させるのは壁内気流だということがわかりました。

気流止めによって、屋根裏の結露も止まり、断熱材も100%性能を発揮し、壁表面温度も高くなり、室内の壁表面で生じていた結露もほとんど解消したのです。これで、住宅中の結露の問題は解決し、高断熱住宅の構成ができあがりました。

雨漏り以外にも木材が腐る原因がある

日本では、木材が腐るのは、日本特有の梅雨や、台風、さらに地震によって外壁にクラックが入りやすいからだといわれてきました。

考えてみれば、しかし、これらの日本の風土的条件は昔からのことで、戦

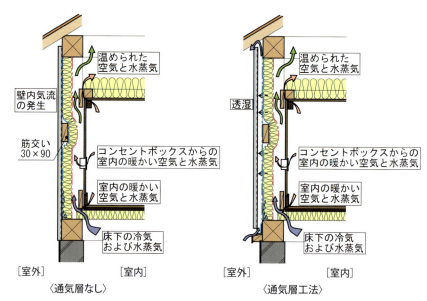

図-1 通気層工法のない一般の外壁
室内の暖房の熱により、壁内に気流が生じ、床下の冷たい空気や室内の大量に水蒸気を含む暖かい空気を壁内に吸い込み、天井裏に逃がしてしまう。この結果小屋裏や外壁ないで大量の結露が発生し、断熱材も働かない。

図-2 タイベックの通気層を設置した外壁
壁内に浸入した水蒸気は壁内では外に逃げるため、結露は殆ど発生しなくなるが、小屋裏結露は続く。また断熱材も働いていない。またこの壁で柱の外側に合板などの面材を張ると、面材裏面で大量の結露が生じる。

後の住宅が腐りやすくなったのは別の条件があったはずなのです。これがどうも断熱住宅の内部結露水ではなかったのかと考えるに至ったのです。

ある木質系のプレファブ住宅メーカーは、雨漏りを防ぐために、壁の防水紙に屋根に使うような厚いものを使っていました。この住宅は、北海道で10年も経たないうちに内部結露による木材腐朽を引き起こしていました。雨漏りを防ぐための高性能な防水紙が、逆に水蒸気を通りにくくして、内部結露を生じさせたのです。

通気層工法によって、こうした問題は解決しました。さらには、外壁サイディングの裏面からくる水蒸気や水分による寒冷地の凍害、温暖地の塗膜のふくれ等の問題もなくなり、外壁サイディングの寿命が大幅に伸びるという副次的な効果ももたらしています。

通気層は住宅の寿命を延ばす

日本では、戦後の住宅は戦災復興のバラック住宅から、ずっと建て替えで住宅を更新してきました。手狭になってきたり、木材が腐り、屋根や壁が傷んだりすると、すぐ建て替えようとなるのです。いつの間にか、住宅の寿命は20〜30年という考えが一般的になりました。しかし、次第に日本も豊かになり、立派な家も建つようになりましたが、高度成長の中、やはり建て替えという習慣はあまり変わりませんでした。

高断熱住宅は、気流止めと通気層工法によって木材が腐る要因を取り除き、初めて百年以上使える住宅躯体を造ることを可能にしました。

そして、断熱性能も同様に百年続きます。こうした構法による家つくりに、日本の住宅を変えていくべきです。

（鎌田紀彦）

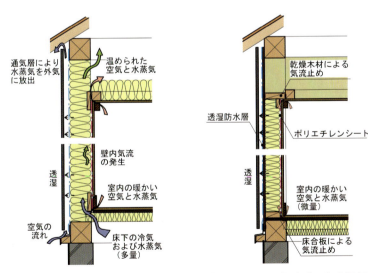

図-3　100mmのグラスウールを施工した外壁

室内の暖房の熱により、壁内に気流が生じ、床下の冷たい空気や室内の大量に水蒸気を含む暖かい空気を壁内に吸い込み、天井裏に逃がしてしまう。この結果小屋裏や外壁ないで大量の結露が発生し、断熱材も働かない。

図-4　タイベックの通気層を設置した外壁

気流止めを設ければ、柱の外側に、合板などの面材を張っても殆ど結露は生じません。合板を張ることで、安定した耐震性能を売ることができます。

> **Column**
>
> ### 「タイベック」という透湿防水シート
>
> タイベック（Tyvek）とは、デュポン社が造ったポリエステル不織布です。非常に目が細かいため、表面張力で丸くなろうとする水はほとんど通しません。しかし、水蒸気分子はとても小さいため自由に通り抜けることができます。細菌なども通さないため注射器の梱包材料に使われています。
>
> また放射性の目に見えないほどの小さなほこりも通さないため、福島原発の作業で使われている白い作業着もタイベックでできています。水を通さず水蒸気は通すため、赤ちゃんのおむつの表面材料にも使われています。
>
> このように最近は日常的にいろいろなところで目にするタイベックですが、発売された30年ほど前には、その空気を通さない性質から、アメリカでツーバイフォー住宅の外壁を張る前に、すっぽり包み住宅の気密性をあげる防水紙として販売されていました。
>
> 当時、住宅の外壁内部結露で木材が腐るのを防ぐための通気層工法の研究をしていた私たちは、それまで使われていたアスファルトを含浸させたアスファルトフェルトより水蒸気を通しやすい材料を探していました。
>
> アノラックなどに使われるゴアテックスをイメージして、もっと安い材料を探していたのです。グラスウールを充填した外壁の外側を保護しながら、通気層をその外側に設けて外壁を張る構成です。破れにくく風と水を通さず、しかし水蒸気は通しやすい材料が必要とされました。
>
> いろいろな材料を試しましたが、これらの条件をすべて満たす材料はなかったのですが、このタイベックを試してみたら、みごとに壁の内部結露はなくなり、他の条件もほぼクリアすることがわかり、タイベックを使った通気層工法を提案しました。
>
> 今では日本中で使われており、住宅の工事が始まり、外壁材を張る前に住宅の壁に白いシートが張り回されています。
>
> （鎌田紀彦）

11 もう一つの高断熱工法～外張り工法

高断熱住宅を実現する工法には、外断熱と呼ばれる外貼り工法もあります。しかし私たちは、火事のとき激しく燃え、人命に関わることもあります。こうした断熱材を木造住宅に使いたくありません。

発泡プラスティック断熱材で家を外側からすっぽり包む

綿状のグラスウールによる断熱は、柱や間柱などの木枠の間に挟み込む工法（充てん工法）が中心になりますが、これと同じように板状の発泡プラスティック断熱材を施工しようとすると寸法をぴったり加工することが難しく、また例え、ぴったり施工したとしても、木材の乾燥収縮によって廻りに隙間が生じてしまいます。

そこで、壁の中ではなく、外側にぐるりと張ってしまおうと考えたのが外張り工法です。床で断熱しないで、基礎で断熱します。屋根は、庇をはね出さないようにして、いったん屋根の下地板まで施工した後その上に張ります。こうして屋根と壁の断熱材をつなぎます。その後、壁、屋根材をその上から施工します。

この工法は、断熱材の継ぎ目に柱などの木材が来ることなく、家をすっぽり包むことができるので、断熱工法としては理想的です。しかし、色々な欠点も考えられますが、大事なことは次の2点です。

1. これらの断熱材は板状ですが、木材よりはるかに軟らかいため、釘が効きません。そこで、木材を外からあてがい、長いねじ釘で固定しますが、木材が乾燥収縮を起こすと断熱材がゆるみ、外壁材が垂れ下がったり、屋根全体が緩んだりする恐れがあります。
2. 材料は可燃性で、燃え方はプラスティックの材料によって異なりますが、火災時にはどれも激しく燃焼してしまい、初期には有毒ガスを大量に発生します。

1については、10年ほど前の新潟中越地震では、地震の縦揺れによって、この工法の外壁材がはがれ落ちるという事故が多数あったといわれています。

2については、日本では、ほとんどの住宅は火災が延焼しないように防火構造で造られていますが、隣家の火災の炎が通気層などの隙間から外壁内部に入り込んで断熱材が燃焼するという事故がいくつか起きているようです。

火事が起こると本当に怖い～秋田の火災事例

平成18年5月に、秋田市で4人が死亡するという火災が発生しました。この家は、3年前に火災で全焼し、建て替えたばかりでした。新聞の報道を見て、私たちは、外張り工法の住宅ではないかと疑い、現地に行ってみました。やはり外張り工法住宅で、撮ってきた写真を、日本の防耐火建築の権威である菅原先生（東大名誉教授、東京理科大教授）に送りました。早速現地を見るということになり、私たちも同行させてもらい、秋田消防署の案内で現地を調査しました。

火災は深夜3時頃発生、火元は1階の居間中央、原因はたばこの不始末の可能性が高い、4人はそれぞれの寝室付近で一酸化炭素中毒により死亡、火災終盤の窓から激しく吹き出す炎に

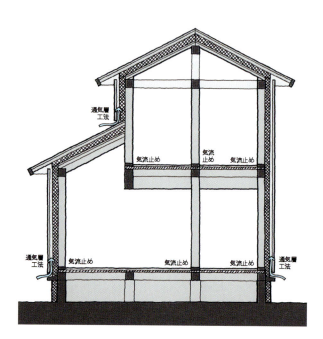

平成18年5月に秋田で発生した外張り工法住宅の火災現場写真　（撮影　鎌田紀彦）
この火災で家族4人全員死亡した。

よって、隣家の鉄板屋根が過熱し屋根下地板が燃えて延焼した、この隣家は3年前の火災時は無事であった、等のことがわかりました。

現場を見て、ほとんどの部屋の内装が赤松材の羽目板張りで、外張り工法のため壁内は空洞だったため、この松材が室内の延焼を早めたと考えられます。

断熱材は、壁については柱の外側に防火性の高い板が張られ、その外側に張ってありましたから、室内からは燃焼しなかったのですが、窓からフラッシュオーバーの炎が吹き出し、外の通気層から火が入り、激しく燃焼していました。

屋根が問題で、天井の松羽目板が燃え抜けると、屋根には下地板がなく直接断熱材が露出していて、これが火災後半の激しい燃焼の原因となったようです。

どちらを選ぶべきか

構法は必ず一長一短です。どの項目を重視するかで選択は変わります。私たちは、コストや工法としての安定性、火災に弱い木造住宅での火災時の安全性などを重視して、グラスウールなどの不燃断熱材の充てん工法を選びました。そして、そのいろいろな欠点を改良してきたのです。

防火構造で守られているはずの住宅地が、隣家の火災で延焼する危険は、無視できません。住宅地にこのような外張り工法の住宅が相当数ある現状で、大地震がきて火災が起こったらと考えると、ゾッとします。

いつの間にかこの工法は規制されず普及してしまったことに、問題を感じます。これに対しては、行政がこれから規制することは難しいでしょう。住宅を建てる人それぞれが、理性的な選択するしかないのです。　　（鎌田紀彦）

Column
発泡プラスティック断熱材の燃焼性

木造住宅は、火災に弱いことは誰もが感じています。みんなが日常的に火には気をつけています。建築基準法でも、隣の家が火事を起こしても延焼しないように、屋根は不燃材で、外壁は防火構造で造ることが都市の住宅では義務づけられています。

都市の中心部では、もっと厳しく、耐火構造が義務づけられ、鉄骨造やRC造の建物が多くなります。この建築基準法も、室内については規制が緩く、火気がなければあまり規制はありません。

煙突式やFF式のストーブやボイラーを設置するスペースやガスレンジのある台所での内装に不燃材料を使うようにいわれるだけです。つまり、「火事を出した人は自己責任を負いなさい、しかし隣の家に迷惑をかけてはいけません」という考え方に立っているわけです。

しかし、多くの住宅が、非常に燃えやすい発泡プラスティック断熱材を大量に使った住宅が建設されているのです。こうした材料の燃焼性に関する基準はあります。断熱ボードの表面に小さなバーナーで火を当てたとき、燃焼はするが火を離すと火が消える自己消火性やバーナーを当てても燃え広がらない性質などですが、このような材料の塊を、例えばたき火の中に放り込むとどの材料も大きな炎を上げて激しく燃焼します。

本州で建設される外張り工法住宅では、トラック1台分にも相当する10㎡以上、北海道ではその倍の断熱材が使われます。

住宅の火災時の状況に関する検証は、日本ではほとんど行われていません。ヨーロッパではEUの建材の燃焼性の基準から、発泡プラスティック断熱材は、住宅内では使うべきではない建材として分類されています。

防火構造で守られているはずの隣家にも延焼してしまった秋田の火災は、これから大地震が来ると云われる日本の住宅がこれで良いのかと考えさせられます。
　　　　　　　　　　（鎌田紀彦）

隣家の火災による炎が通気層に侵入し断熱材に引火する例が多い

火災時壁内で断熱材から生じる煙や有毒ガスが、気流止めがないため2Fの部屋に広りやすい

12 省エネ快適をうたう色々な工法は本当か

インターネット上には、快適で、エコで、省エネを謳う○○工法住宅があふれています。そうした住宅はたぶんこれまでの欠陥だらけの一般住宅よりは多少良いのでしょう。しかし本当の高断熱住宅にはなっていません。

売りたいための省エネ工法住宅

私たちが、日本中で高断熱宅を造ろうと活動を始めて、すでに25年ぐらいになります。厚い断熱と気密性が高いことが、住宅の省エネにはどうしても必要になります。

太陽熱を上手に利用することもまた必要ですが、あくまでも、高断熱の家ができて始めて有効に利用できるのです。ザルのように熱が漏れる家では、多少は太陽熱を利用できたとしても、省エネは実現しません。

この25年の間、世の中にはいろいろな省エネ住宅が商品化され、実際に大量に建設されてきています。

しかし、その多くに疑問を感じざるを得ないのが現状です。こうした住宅について、私たちの疑問を並べてみたいと思います。これらの住宅は、多くは、高いフランチャイズ料をとって工務店を募集し、たくさんの住宅を建て、大きな利益を上げようとしています。そのためには多額の宣伝広告費をかけ、そこでは欠点については、一言も触れず、良いことばかりを並べ立てます。その良いことも何に比べて、どのくらい良いのかは決して言っていないのです。

評価はあくまでも暖房エネルギーで

省エネ快適をうたう住宅なら、住宅全体を寒くない快適な環境に本当に実現できるのか、そのとき暖房エネルギー（暖房費）は、どのくらいかかるのかを表示すべきであろうと考えます。冬の日本の住宅室内環境はあまりにも寒いまま、家を造り続けてきました。

自動車なら、カタログに標準化されたいろいろな性能項目が一応表示されており、5〜10年で違う車に乗り換え、そのたびに運転性や燃費の性能差をはっきり感じることができますが、住宅ではそうはいきません。

これまでの家より多少とも快適になれば、納得してしまいますが、実はもっと高性能な住宅があるということには、気付かないままになります。共通尺度は、家全体の平均温度と暖房エネルギーなのです。

エアサイクル住宅

私たちが高断熱住宅を作り始めた頃、東北、北海道で流行し始めた住宅工法で、歴史は古く、その間いろいろな企業が特許を買って商品化してきています。

企業や時代によって、システムは微妙に異なります。南面で暖められた空気が、建材の水蒸気を含んで、北側に流れてそこで結露するといった被害も、実際に発生したこともあります。

断熱材に穴が開いていて、外壁で暖められた空気が、その穴から室内側に入ってくる、という工法もありますが、夜風が強いときは寒いでしょう。空気の流れを変えるダンパーなどの部材は、隙間が多いため理論通りには流れてくれないことが多いのです。

エアムーブ工法

エアサイクル住宅と、ソーラーサーキットの二つをヒントに考えられたのではないかと思われます。断熱層の内側と外側に2重に通気層を設け、断熱層に穴を開け、冬は太陽熱で暖められた外側の空気を内側に取り込みます。エアサイクルに似ていますが、軽い弁を使って空気をうまく流すようにしています。

夏は内外両方の空気層を使って排熱する仕組みで、基礎断熱換気口も開け地盤の冷熱も利用します。ここはソーラーサーキットとそっくりです。

強風時や夜間にこの弁で気密が確保されるか、夏は、棟の換気口のドラフトだけで床下の冷気がいえ全体を包むように上昇してくれるかなど、疑問が残ります。断熱厚さは、次世代基準ぎりぎりにはなっているように見えます。これに穴を開けると気流が想定通りに動かないところでは断熱性が相当低下しそうです。

「太陽熱で暖かい」が、共通するキャッチフレーズ

こうした住宅のほとんどは、南側の外壁面や屋根面に当たった太陽熱を利用して、その熱を住宅全体に廻して家が暖かく省エネになることを、うたっています。

冬の冷たい外気に面する外壁や屋根は、太陽熱を受けてもそれほど温度は上がりません。窓から入る太陽熱より

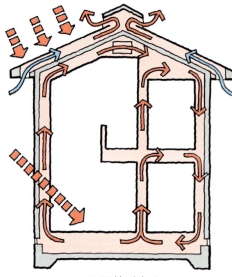

エアサイクル

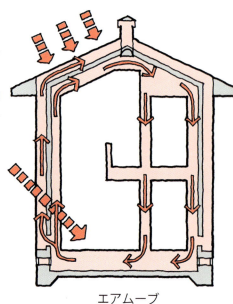

エアムーブ

も遙かに少ない量の熱でしかないのです。しかも天気のよい日中だけの話で、温度の下がる夜には太陽は沈んでいるのです。

そして一般の高断熱住宅より薄い断熱で、熱が逃げやすい構造になるため、快適性も省エネ性も、結局、高断熱住宅より低いということになってしまいます。

夏は、外気温が高く日射も強いため、外壁や、屋根は60〜70℃にもなり、これを、冬とは空気の経路を変えて、外に排出しているから家の中が涼しく保たれるというのですが、これは、高断熱住宅の通気層や小屋裏換気と同じことでしかないのです。

不満が出ない本当の理由

このように、不完全な商品住宅は、クレームが発生しそうですが、住宅は、気軽にいろいろなものを体験できないため、今までの寒い家よりは快適になっていれば、クレームにはならないで済んでいると言うことではないでしょうか。（図に4つのシステムの概念図を示すが、冬の構成を中心に簡略化しているため、正確性には多少問題がありそうであるが、あくまでもイメージの図であることをお断りする）

（鎌田紀彦）

ソーラーサーキット
基本的には、押し出し発泡ポリスチレン版を使った典型的な外張り工法住宅で、ぎりぎり次世代基準をクリアする高断熱住宅です。

それに、2重通気という考え方を付け加えていますが、そのうち外側の通気は、すべての高断熱住宅に備わっている通気層工法と何も変わりません。断熱層内側の壁内空洞部を利用して空気循環の経路を造り、これで冬は南側の暖かい空気が北側の部屋に回るというのが、その効果はほんの少しでしかありません。

夏は床下の冷たい空気が、壁内を上がってきて、部屋をその冷たい空気ですっぽりくるんで涼しくなるといってますが、床下の冷たい空気は重いので、すべての壁を一様に上っていくようなことは決してなく、一部の壁で多少の上昇気流が発生するだけでしかありません。

OMソーラー住宅
このシステムを開発したのは、東京芸大の名誉教授の奥村先生です。浜松の企業が中心となって商品化が進められ、一地域一社という独特のフランチャイズ化が進みました。屋根の空気集熱パネルで高温空気を造り、冬はその空気を床下まで引っ張り、床下を暖めその空気を床から吹き出す構成です。日中はとても快適にはなりますが、夜は床下地盤やコンクリートの蓄熱だけでは全く足りず、床下に暖房設備を入れることになります。

かつて私は、奥村先生に高断熱高気密化が必須であることを進言しましたが、コストの点で難しかったようです。その後、私たちが開発したパネル工法を取り入れ、高断熱化を達成しましたが、今度は過大暖房になって日中のオーバーヒートが問題になりました。夏を中心として、太陽熱が余っているときは、それでお湯を作るシステムを備えているので、冬もそれを使えばよいのですが、一年中太陽熱でお湯を造る住宅になってしまうことになってしまいます。

いろいろな仕掛けよりも、結局は断熱の厚さ

自然の風、太陽熱や地中熱などを利用しながら、暖かく快適な住宅を一年中実現して、エコな住宅であることをうたういろいろな『○○工法住宅』があふれていますが、そのうたい文句にふさわしい快適性と省エネ性を備えているかは大いに疑問です。

日本の住宅は、窓から入る日射をとても重要視しますから、普通の住宅では、冬の寒い環境下で壁や屋根に当たる熱で暖かい空気を作り出すより、はるかに多くの熱が窓から入ってきます。

日当たりの悪い住宅では、結局外壁にも日が当たらなくなりますから同じことになります。日当たりが悪くても、たいてい屋根には日が当たりますから、そこにコレクターをつけているOMソーラーのアイデアはとても優れているのと思いますが、しかし、この熱を有効に利用しようとするなら、もっと住宅の熱損失を小さくすることが必要になります。

住宅の熱損失を小さくするためには、結構お金がかかります。こうした住宅は、仕掛けにかなりお金を使っていますから、両方を実現しようとすると、高い住宅になるわけです。さらに、フランチャイズなどで間接的な経費が上乗せされるわけです。

外壁や屋根面に当たる太陽熱を室内に取り込むために、断熱層に穴を開ける仕掛けをすると、断熱材の厚さを変えることができなくなり、熱損失を小さくすることもできにくくなります。

わずかな太陽熱を利用する仕掛けより、床・壁・天井の断熱を厚くして、窓、換気の熱損失を小さくすることの方が、はるかに高い省エネ性をもたらします。そして、このような住宅では、室内の床壁天井の表面温度も高くなりますから、太陽の照らない夜でも快適性が向上します。

（鎌田紀彦）

ソーラーサーキット

OMソーラー

13　家は冬も旨とすべし

高断熱住宅は当初、冬の暖房エネルギーについて省エネ快適を目指してきました。家は夏を旨とすべしと云われますが、冬の寒さはどうでも良いのですか。冬を旨とする高断熱住宅は、夏も旨とする家造りに変わってきています。

夏を旨とした家で、冬はこたつにくるまって生活しますか

日本の夏は、確かに高温多湿な猛暑が続きます。近年の夏の暑さは格別で、熱射病で救急搬送される人が後を絶ちません。家造りに関しても、徒然草で吉田兼好の言う「家は夏を旨とすべし」に思わず同意したくなります。

しかし、ちょっと待ってください。吉田兼好の時代には、日本にはストーブなどの暖房器具（部屋全体を暖める装置）は存在しなかったのです。日本の民家の歴史を調べても、冬に暖をとるためのものには、いろりや火鉢そしてコタツぐらいしか見当たりません。東北地方の寒い地域でも同様で、夜は一部屋で身を寄せ合って寝るのが冬対策だったのです。

吉田兼好さんは、夏向けに風通しの良い家を造りなさいといっているだけで、冬向けに何かをしてはいけませんといっているのではないと思います。

北海道では明治以来、板張りの洋風住宅が造られ、薪や石炭を燃料とするストーブが暖房器具として使われてきました。東北地方でもこのストーブが早くから使われています。しかし、もっと温暖な地域でストーブが使われ始めたのは、昭和40年代の灯油ストーブの普及以後でしょう。

これが、戦後のダイニングキッチンやリビングでの椅子の生活にマッチして、急速に全国に広まりました。もちろん、こたつの生活も広く行われていますが、ここでもストーブを併用して、背中の寒さを緩和しています。しかし、この冬の生活が快適かというと、決してそうではありません。ストーブをつけていても、足下は寒く、頭の方はボーッとします。暖房していないトイレやお風呂、寝室はとても寒く、こうしたスペースも全部暖房したいのですが、燃料費が心配です。

昭和50年代の石油危機や近年のリーマンショック前後から、燃料費は高騰して、我慢せざるを得ないのです。実際、夏の冷房にかかる電気代より冬の暖房費の方が日本中ほとんどの地域で圧倒的に高いのです。家は、冬も旨とする必要があるのです。

コタツが手放せない次世代省エネ基準住宅

これまで述べてきたように、不幸にして、日本の住宅は、断熱材が効かない構造になっていたため、暖房費を節約しながら家全体を寒くないように暖房することは不可能でした。

高断熱・高気密住宅が、これを初めて可能にしたのです。「今までの暖房費を増やさずに家全体を暖かく快適にする」、これを実現する住宅を私たちは、高断熱・高気密住宅と定義づけ、25年前からこのような住宅を造り始めました。

ところで10数年前、国が次世代住宅省エネ基準を制定し、これから日本全国で、高断熱住宅を基本として住宅を造ることを推奨し始めました。これ自体は良いことで、私たちの活動が認められたと喜んだのですが、その基準を具体的に検討してみて、唖然としました。北海道を除く日本全国では、暖房費を1.5～2倍に増やさないと、家

夏を旨とする家

夏を旨として、風通し良くつくった日本の家は隙間風も多く、冬はとても寒い家になります。コタツに潜り込んで厚着をしてひたすら春を待ち、春桜が咲くのはいかにも日本的。しかし、近年の夏は、高温多湿が極度に進み、猛暑日の熱風は、体温よりも高い温度の風です。

全体を暖かく快適には出来ないのです。これでは増エネ基準ではないかという私たちの批判に、「北海道のような全室暖房は想定していない。必要なとき、必要な部屋だけを暖房し、こたつも併用すれば、これまでより省エネになる」といっているようです。

実は、高断熱・高気密住宅には欠点があります。暖房しない部屋は、温度が低くなると湿度が高く室内で結露が発生してしまいます。最低でも十数℃にする必要があります。これは、家全体を暖めようとするときは容易です。やはり、高断熱住宅は、もっと性能を上げる必要があるのです。

夏も旨とする高断熱住宅

高断熱住宅は、夏はどうなのでしょうか。私たちは、夏を旨とする必要の無い北海道から住宅を造り始めました。しかし、南の方でも高断熱住宅が建ち始めるにつれて、暑くて大変という声が寄せられるようになりました。

しかし一方では、さすが、高断熱住宅は夏も涼しいという声もありました。こうした声に応えて、関東の猛暑地域で調査を行いました。そのデータを色々分析して、「夏を旨とする涼しい家のための高断熱住宅の設計手法」を確立できました。

今では、あまりエアコンを使わなくても涼しく過ごすことが出来る家を造ることが可能になりました。一言でいえば、夜中、朝まで家全体を上手に通風で冷やし、朝は窓を閉めて、窓からの日射を遮ることによって暑い外気の熱を遮断し、家中を涼しく保つという方法です。

高断熱住宅は Q1.0 住宅へ

次世代基準による性能ダウンに対して、私たちは「暖房費を増やさないで」から、「暖房費が今までより安くなる」高断熱住宅を造っていく方向に一歩踏み出しています。この詳細は次項以降でご説明します。　　（鎌田紀彦）

夏も冬も旨とする家

猛暑日や熱帯夜こそエアコンを使いますが、室内が暑くならない夏対策を施した家では、夜〜朝の涼しさを日中できるだけ逃がさないように窓を閉め切ります。夜は風通しを上下方向に良くし風を起こします。冬は家中寒さ知らず。現代の日本で吉田兼好さんはなんというでしょうか。

Column 1

冬の省エネと夏の省エネの違い

冬の住宅では、天気の良い日には南側の窓辺の陽だまりは、ぽかぽかと暖かいものです。これは、窓ガラスを通して入ってきた、日射が人に当たって熱になるからです。人以外の場所でも同様に熱となります。このほか、蛍光灯やテレビなど住宅内で使った電力も全て熱になります。

これらを内部取得熱と呼びますが、室内から外に逃げる熱を補ってくれているのです。これだけでは逃げる熱よりかなり少ないので、その残りを暖房機で暖めることによって、室内の温度が快適に保つことができます。

したがって、冬の暖房エネルギーは熱損失から内部取得熱を引いた残りになります。断熱を厚くしたとき、熱損失は減りますが、内部取得熱は変わりませんから、熱損失を半分まで減らさなくても暖房エネルギーを半分にすることは可能です。

ところが、夏の住宅では、エアコンで住宅内を冷やしているとき、床、壁、天井などから入ってくる熱に内部取得熱を加えた熱量だけエアコンで冷やす必要が生じてしまいます。

断熱を厚くすると、床壁天井から入ってくる熱を減らすことはできますが、内部取得熱は変わりませんから、エアコンの冷房エネルギーを半分にしようとすると、床壁天井からの流入熱を半分にしてもできないことになります。したがって、内部取得熱のうち、建築的に減らすことが可能な窓から入ってくる太陽熱を、日除けなどを工夫することによって減らすことが重要になるわけです。

一般に冬は、毎日が外が寒く窓を開けても快適な日はほとんどありませんが、夏は、外が暑くて、窓を開け放しにできないような日は冬に比べて少なく、一日の中でも窓を開ければ涼しい時間が多いので、関西から九州などでも暖房エネルギーより冷房エネルギーの方が少なくなります。

いずれにしてもほとんど窓を閉め切っている冬と違って、窓を開けて通風をよくしたり、窓から日射が入ってこないようにする手法が大事ということになります。

厚い断熱は、窓を閉め切ったときに外から入ってくる熱を少なくする効果があるのです。

（鎌田紀彦）

14 暖房エネルギーはこうして計算できる

住宅の省エネ性能は、暖冷房エネルギーで評価されるべきですが、測定したり、計算で推測したりすることが面倒なので、住宅の熱損失の大きさを、省エネ性能の尺度としてきました。これは、必ずしも暖冷房エネルギーと比例するとは限りません。

寒い部屋で布団にくるまって寝ると、やがて暖かくなります。人間が快適と感じるときに出す熱と、布団を通して逃げる熱とがバランスを保っているのです。部屋が寒いときは布団を厚くする必要があります。布団が薄いと逃げる熱のほうが多く寒いので、電気毛布などの暖房器を布団の中に入れて熱を補う必要があります。

逆に、部屋がそんなに寒くないと、厚い布団では暑くなってしまいます。住宅の暖房もこれと同じです。布団は住宅の断熱材であり、布団の中の空間は住宅の室内空間です。住宅の中で人間は熱を放出していますが、布団の中に比べて住宅空間は広いので、断熱材をかなり厚くしてもそれだけでは足りず、暖房する必要があります。電気毛布ではなく、ストーブや温水ボイラーを使います。

布団の中と大きく違う点は、住宅には窓があり、太陽熱が入ってくることです。また、我々は住宅内で生活するうえで電気器具やガス器具を使うため、それによっても熱が放出されます。

簡略な暖房エネルギー計算

左図は、そうした住宅の熱収支を示しています。外気温に比べて室内の温度の方が高いと、住宅から外へ熱が逃げます。温度差1℃の時、1m²あたりの床・壁・天井・窓から逃げる熱を熱貫流率（U値）といいます。この数字にそれぞれの面積をかけて逃げる熱量が計算されます。これに、すきま風や換気で逃げる熱を加えた合計は、内外の温度差1℃の時に住宅全体から逃げる熱量になり、これを総熱損失係数 Qa（W/K）といいます。

普通は総熱損失係数を床面積で割って、床面積あたりの数値を熱損失係数（Q値）と呼んでおり、次世代省エネ基準では、この数値が北海道などのⅠ地域では、1・6 W/m²K 以下に、関東以南のⅣ～Ⅴ地域では 2・7 W/m²K 以下に決められました。

Ⅳ地域の熱損失係数が 2・7 W/m²K、広さ 100 m² の次世代基準住宅では、温度差1℃あたり 270 W/m² の熱が逃げます。日中、温度差 10℃ とすると、2,700 W の熱が逃げていることになりますが、窓からそれ以上の太陽熱が入ってくると室温は上昇し、陽がかげると室温は下がるわけです。

夜になって、室温が 20℃、外は 0℃ とすると温度差は 20℃ になり、熱損失は 5400 W になります。室内で人間の出す熱や電気器具の発熱がありますから、5,000 Wh ぐらいの暖房機があれば家全体の室温を保つことができます。暖房機が小さいと、損失熱と供給熱がバランスするところまで温度が下がるわけです。

外気温は変動しますから、概略の計算で、毎日の平均外気温と平均室内気温との差を冬期間全部足して Qa にかけると、冬期間全体の熱損失になります。

一方で、住宅に供給される熱は、人間が出す熱や生活で使った電気、ガスの使用で発生する熱および窓から入ってくる太陽熱を加えたものです。これを冬期間全部で計算すればよいわけです。これを E とします。損失熱（Qa

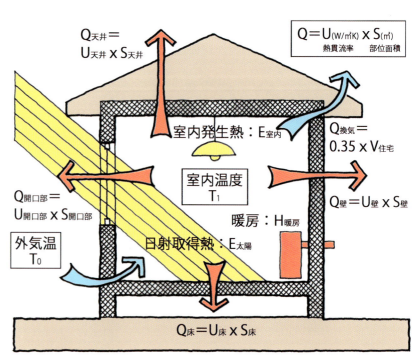

総熱損失係数	Q_{all} (W/K) ＝ $Q_{天井}$ ＋ $Q_{壁}$ ＋ $Q_{床}$ ＋ $Q_{開口部}$ ＋ $Q_{換気}$
室内取得熱	E (W) ＝ $E_{室内}$ ＋ $E_{太陽}$
総熱損失	$Q_{all} \times (T_1 － T_0)$
暖房エネルギー	H時間(W) ＝ $Q_{all} \times (T_1 － T_0) － E$

×温度差）と供給熱（E）を比べると、寒い日では損失のほうがずっと大きく、その差が必要な暖房エネルギーなのです。

もう一つの考え方、自然温度差

図2で、縦軸に温度、横軸は一日単位の軸とすると、毎日の平均外気温は図の曲線（to）になります。秋から冬にかけて次第に温度が下がり、春に向けて上昇します。もちろん、こんなになめらかに変動するわけではなく、毎年の気象データはでこぼこの曲線になるのですが、20年ぐらいの平均をとるとだいぶなめらかになります。

室温を20℃にしたいとすると、室温は、図のように、横に水平な直線（ti）で表されます。この2本の線の差が毎日の温度差ですが、住宅から逃げる熱量は、温度差1℃、1時間あたりのQaですから、{1日の平均温度差（ti-to）の合計}×Qa×24が1日の熱損失量ということになり、それを一冬分合計すれば、熱損失が計算できます。

この1日の平均温度差（ti-to）の合計を暖房度日数と呼んで、その土地の寒さを表す指標として使われています。

総熱損失係数Qaと同じ熱量を住宅に供給すると、室温は1℃上昇しますから、住宅の室温は、太陽熱や人間の出す熱などの合計EをQaで割った分だけ上昇します。毎日の温度差からこの分を引いた温度差を使って計算すれば、暖房エネルギーが求められることになります。

このEによって上昇する温度差を自然温度差（⊿tn）と呼んでいます。そうすると、図を見てわかるとおり、外気温は9月の中頃から室温20℃より低くなりますが、実際に暖房が必要になるのは、自然温度差によって10月中頃からになるわけです。

この自然温度差が大きくなるように設計すると、図の黄色の部分が下がってきますから、暖房日数が減って、オレンジ色の部分の暖房エネルギーが急速に減ることがわかります。

（鎌田紀彦）

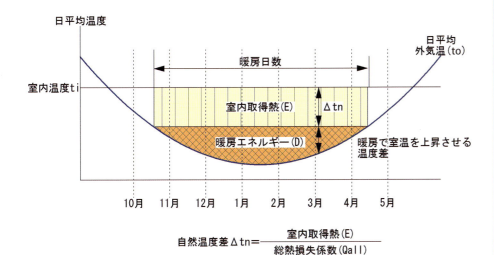

$$自然温度差 \Delta tn = \frac{室内取得熱（E）}{総熱損失係数（Qall）}$$

このようにして暖房エネルギーを計算するには、気象データから、外気温と自然温度差を比べながら暖房が必要な日を選び出して、その日の温度差を積算する必要があります。具体的な計算よりも基本的な理屈を理解して下さい。

いろいろな建築材料の断熱性能

建築材料の中で、特に熱を通しにくい材料を断熱材と呼んでいます。熱を通さない材料ではなく、ほんの少ししか通さない材料のことです。材料の断熱性を表す数値として、熱の通しやすさを表す熱伝導率（λ：W/mK）と、熱の通しにくさを表す熱抵抗値（R：m^2K/W）が一般にはよく使われます。

Rは、材料の厚さに比例して変わり、$R=d/\lambda$の関係で、$1/\lambda$が比例定数になります。材料の厚さに関係なく固有な値となる熱伝導率：λが、材料の特性を表すためよく使われています。

λを厳密に定義すると、厚さ1mの材料の両面で温度差が1℃の時、1m^2あたり1時間に伝わる熱量ということになります。

代表的な建築材料の熱伝導率を表に示します。一般に金属やコンクリート、ガラスなど密度の高い材料は熱を伝えやすく、木材など中に空気を含んだ材料が熱を伝えにくいのです。断熱材に比べて、それでも木材は3〜4倍熱を伝えやすく、コンクリートは30〜40倍、鉄は100倍以上、熱を伝えやすいことがわかります。

	代表的な建材	熱伝導率（W/mk）
熱を良く伝える材料	アルミニウム合金	200.00
	鋼材	53.00
	ステンレス	15.00
熱を比較的伝える材料	コンクリート	1.60
	セメントモルタル	1.50
	フロートガラス	1.00
	土壁	0.69
熱を比較的伝えにくい材料	木材（檜、杉、エゾマツ）	0.12
	木材（ナラ、ブナ等）	0.19
	合板	0.16
	石膏ボード	0.22
	ALCパネル	0.17
	タタミ	0.11
熱を伝えにくい材料（断熱材：$\lambda<0.06$）	繊維系断熱材	0.032〜0.052
	発泡系断熱材	0.020〜0.040

（鎌田紀彦）

15 暖房エネルギーの計算はQPEXでとても簡単にできる

暖房エネルギーを実際に推定計算で求めることは、結構面倒です。そこで、使いやすさを最優先した計算プログラムを開発しました。専門家でなくても、住宅を建てるユーザーの皆さんでも使えるかもしれません。

前頁から、暖房エネルギーを削減するにはいくつかの方法があることがわかります。

第一の方法は、熱損失 Qa を減らすことです。温度差は地域によって決まりますから減らすことができません。室温を下げることで減らすことはできますが、住宅の性能ではなく生活の仕方で決まることになります。熱損失 Qa を減らす具体的な方法は、

1. 床・壁・天井からの熱損失を減らすためには断熱材を厚くする。
2. 窓からの熱損失を減らすために、ガラスの枚数を増やし、枠の材料を熱の逃げにくいものにする。木製枠に三重ガラスの窓などがその例。
3. 換気の熱損失を減らすために、熱交換換気を採用する。

第二の方法は、供給熱 E を増やすことです。といっても、生活で使う電気やガスを増やしたのでは、省エネルギーに逆行しますから、太陽熱を増やすことになります。太陽熱を増やすために南側の窓を大きくすると、その分壁の面積が減り、窓は壁に比べて熱損失が大きいので、住宅の熱損失が増えます。

一方、窓からの熱損失を減らすために、ガラスの枚数を増やすと、窓から流入する太陽熱が減ってしまいます。このような矛盾を解決するのが断熱戸です。断熱戸を付けると、日中はできるだけ効率よく太陽熱を窓から取り込み、夜はできるだけ熱を逃がさないようにできるので暖房エネルギーを減らすことができます。

これらの方法は、それぞれコストが異なります。日射量や温度差は地域によって異なり、その効果も異なります。地域にあわせた上手な方法を発見する必要があります。

誰でも計算ができるように

このように、暖房エネルギーを簡略に求めるとしても、住宅の熱損失係数や住宅の立地場所の気象データとして、外気温、日射量、住宅内で発生する熱量などのデータが必要になります。日射は、住宅の外側に当たるだけですから、窓から入ってくる熱量は、窓のガラスの違いやサッシ枠の太さなどで変わります。ですから、それも考慮する必要があります。

しかし、こうした計算はかなり面倒なので、これらの中で比較的簡単に計算できる熱損失係数が、住宅の熱性能の指標として用いられているのです。

日本は緯度が低い割に冬の寒さは厳しく、冬の日射がとても大きいという特性があります。しかし、太平洋側と日本海側では真冬時の日射量がだいぶ違います。この日射が暖房エネルギーの大小に大きな影響を及ぼすので熱損失係数だけでは暖房エネルギーの指標としては不十分です。省エネ住宅を設計しようとするとき、これらを総合的に検討する必要があります。そこで私たちは、簡単に計算できるプログラムを作成しました。

当然のことながら、このようなプログラムは、すでに世の中にはたくさんあります。我々研究者が使うプログラムは、既製のものでも、非常に複雑な計算をしてくれます。1時間ごとのアメダス気象データを使って、住宅内の数千ヵ所の温湿度や熱の移動を解析します。太陽熱や風の影響もすべて計算します。

一つの住宅の計算を1年分計算させるには、高性能なパソコンを使っても1時間くらいかかる場合もあります。何よりも、住宅のデータを入力す

外壁の実質熱貫流率

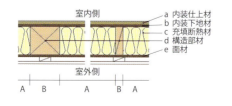

るだけが相当時間がかかり、こうしたプログラムを自由に使いこなすには相当の熟練が必要になります。これでは、住宅設計の中で、住宅各部の仕様を検討するためにはとても使えません。住宅は一軒ごとに、形も大きさも立地も異なるのです。

QPEX プログラム

私たちが造ったQPEX（キューペックス）というプログラムは、住宅設計者にとってわかりやすい数値、床面積や外壁面積、窓の寸法などの数値を使って、床・壁・天井などの構成を選んで指定するだけで、熱損失係数や、暖房エネルギーを計算できます。特筆したいことは、住宅の熱性能仕様の変更が容易にできること、そしてその結果が即座に確認できるようにしたことです。

実際は、マイクロソフトのエクセルという表計算ソフト上で使うプログラムです。画面上のボタンをマウスでクリックするだけで入力を進めることができます。下図の壁構成を入力する画面では、各材料の種類や厚さを入力するだけで、熱貫流率が簡単に求められます。

左図では、高性能グラスウール（HGW）16 kg/m^3 を 100 mm 外壁に入れる設定で、壁の熱貫流率が 0.426 W/m^{2}K、暖房灯油消費量が 431 ℓ であることがわかります。右図では、その外壁を同じ HGW で、105＋100＝205 mm としたとき、壁の熱貫流率が 0.202 W/m^{2}K と半減し、暖房灯油消費量が 356 ℓ に減ることがわかります。

このようにして、各部の仕様を暖房エネルギーの増減をチェックしながら決めていけるのです。暖房エネルギーは、ガスや電気の場合も表示されますし、同時に冷房負荷も表示されるようになっており、夏の冷房と冬の暖房について同時に検討できるわけです。

住宅の概略の設計ができあがった時点で、断熱厚さや、窓の大きさ、タイプ、ガラスの仕様、種類、換気の方法などを色々変えながら、住宅の暖房エネルギーのレベルとそれにかかるコストを比較して予算の中でできるだけレベルの高い省エネ住宅を設計することができます。

（鎌田紀彦）

Column パッシブハウス

私たちと同じように、省エネ住宅の基準を暖房エネルギーに置き、計算プログラムで一定の値以下にすることを提唱している団体があります。ドイツのパッシブハウス協会です。会長は、ウォルフガング・ファイスト先生です。このパッシブハウスは、ヨーロッパを始め世界に拡がり、今や世界の標準的な省エネ住宅となり、各国でこれに準拠した省エネ基準が制定され始めています。

実は、20数年前に私が文部科学省の在外研究員でスウェーデンのルンド工科大学のアダムソン先生のところに留学していたとき、ファイスト先生も同じ先生の元で博士論文を書いておられました。

ファイスト先生は、ドイツに帰られてから、スウェーデンの住宅に近いレベルのパッシブハウスを提唱されたそうですが、当初、ドイツのようにスウェーデンよりは暖かいところでそんな住宅は不要と云われ、受け入れられなかったようです。しかし、その後の世界的な省エネ気運の盛り上がりの中で、EUで認められ、その確実な省エネ成果から次第に拡がってきたと聞きます。

私たちはQPEXというプログラムで省エネ住宅を設計してきましたが、彼はやはり同じような PHPP というプログラムを使って、住宅の省エネレベルを年間暖房負荷 15 kW/m^2 以下にすることを提案しています。

温水パネル暖房が標準のドイツでは、換気システムから各部屋に供給する新鮮空気を 60℃ ぐらいに暖めれば、各部屋の温水暖房パネルが不要になり、その分の浮いたコストで厚い断熱を施工できると提案しています。灯油消費量に換算すると 120 m^2 の住宅で 180 ℓ 位の消費量になります。

私たちのQ1.0住宅も関東以南の地域では同じようなレベルになります。東北や北海道はドイツよりは寒く、このレベルを達成するのは結構大変ですが、その実現を容易にすべく色々な開発を進めています。

（鎌田紀彦）

外壁の実質熱貫流率

記号	No.	建材名	厚さ d mm	熱伝導率 λ W/m·K	部分記号 A / 部分名 充填断熱付加断熱 / 熱抵抗 d/λ m²K/W	部分記号 B / 充填断熱付加下地材 / 熱抵抗 d/λ m²K/W	部分記号 C / 構造部材付加断熱 / 熱抵抗 d/λ m²K/W	部分記号 D / 構造部材付加下地 / 熱抵抗 d/λ m²K/W
-		室内側表面熱伝達抵抗 Ri			0.110	0.110	0.110	0.110
a	1	なし			-	-	-	-
b	67	せっこうボード	12.5	0.220	0.057	0.057	0.057	0.057
c	6	HGW16K	105	0.038	2.763	2.763		
d	41	木材 1種	105	0.120			0.875	0.875
e	59	合板	9	0.160	0.056	0.056	0.056	0.056
f	6	HGW16K	105	0.038	2.763		2.763	
g	41	木材 1種	105	0.120		0.875		0.875
-		外気側表面熱伝達抵抗 Ro			0.110	0.110	0.110	0.110
		熱貫流抵抗	ΣR=Σd/λ		5.859	3.971	3.971	2.083
		熱貫流率	Un=1/ΣR		0.171	0.252	0.252	0.480
		熱橋面積比	a		0.75	0.08	0.12	0.05
		実質熱貫流率＝平均熱貫流率	U=Σ(a·Un)			0.202		

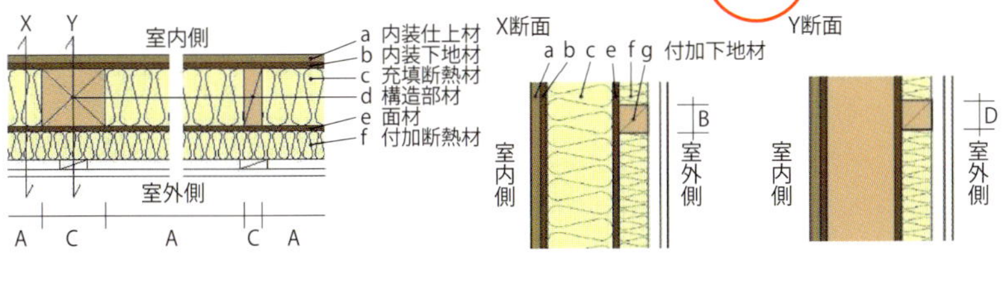

選択地点		熱損失係数	264.49 W/K	灯油消費量 効率η=0.85	都市ガス消費量 効率η=0.83	LPガス消費量 効率η=0.83	電力消費量 暖房COP1.0 冷房COP3
東京	暖房負荷		3113 kWh / 25.9 kWh/m²	356 ℓ / 3 ℓ/m²	310 m³ / 2.6 m³/m²	266 kg / 2.2 kg/m²	3113 kWh / 25.9 kWh/m²
	冷房負荷	全期間	3127 kWh / 26.1 kWh/m²		必須期間 2191 kWh / 18.2 kWh/m²		730 kWh（必須期間）/ 6.1 kWh/m²

2章

さらに進んだ Q1.0 住宅

16 かしこい高断熱「Q1.0住宅」(1)

次世代基準住宅が2020年に義務化されることが決まりました。この住宅は高断熱住宅としてはレベルが低くもっと暖房エネルギーを減らす必要があります。これを1/4に減らそうというのがQ1.0住宅です。

国は、2020年に次世代省エネ基準を義務化することを決めました。私たちは、「次世代増エネ基準」だと批判してきましたから、できれば、多少とも基準を強化して義務化を実施して欲しいと願っています。少なくとも、関東以南のIV V地域は人口の80%も占めており、この地域の基準が特に甘いのです。

基準があると、住宅メーカーの多くは、その基準をぎりぎりクリアして、コストの安い住宅を造ろうとします。この住宅でもコタツを使えば省エネにはなるのでしょう。しかしユーザーの多くは、住宅内では快適な寒くない環境を望んでいると思います。

本来の省エネ型高断熱・高気密住宅をつくろう

次世代基準の住宅は、それなりに快適性は実現しています。しかし、これまでの住宅に比べると、暖房エネルギーは1.5～2倍近くに増えます。(03のグラフ参照)逆に言うと、次世代基準住宅の2/3～1/2のエネルギーですむ住宅をつくれば、初めてエネルギー量を増やさずに快適な生活を送れることになります。しかし、これでは今までより省エネになりません。

そこで私たちは、さらにその半分ですむ住宅をつくろうという活動を始めました。次世代基準住宅に比べると1/3～1/4になります。北海道は、次世代基準ですでに一般住宅より少なくなっていますから、1/2の暖房エネルギーで、東北地方は、次世代基準がこれまでの1.5倍ぐらいですから、1/3くらい、関東以南では、約1/4にしようということになりました。

こうした住宅の熱損失係数は、床面積あたり、北海道で1.0 W/m² K前後、本州で2.0未満であることから、Q値が1.0台の住宅、すなわち、Q1.0住宅（キューワン住宅）という名前を付けました。

10年位前から始めて、すでに1000棟以上の実績があります。コスト的には、地域によって異なりますが、坪2～3万円アップというところでしょうか。

こうした高性能住宅が、（社）新木造住宅技術研究協議会（新住協）で勉強している地場の小さな工務店で、できてしまうところが、大きな自慢です。その設計のノウハウは、各地で行うセミナーでオープンに公開されています。新住協会員以外の人にもそのセミナーに参加して、Q1.0住宅をつくり始めている人たちが沢山います。

暖房エネルギーを1/4にするためには、断熱の厚さは4倍必要？

暖房エネルギーを1/4にするためには、断熱材の厚さを4倍にするなどして、住宅の熱損失を1/4にしなければいけないのでしょうか。次世代基準の住宅は壁の断熱厚100 mmですから、これを400 mmにするのは、とてもお金がかかります。

暖房エネルギーは、住宅全体の熱損失（総熱損失係数×温度差）から内部取得熱（内部発生熱＋太陽熱）を引い

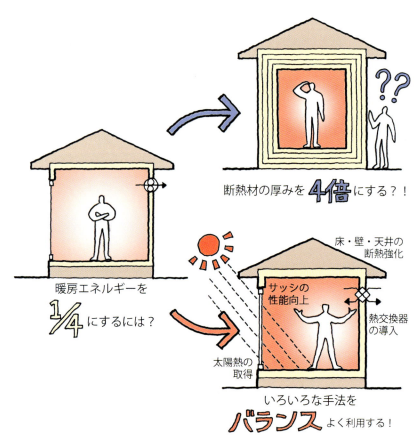

たものを一年間集計したものですから、内部取得熱を引いた残りが1/4になれば良いということがわかります。

いま住宅の熱損失を100とすれば、次世代基準住宅では、内部取得熱は20位とすると、残り80が暖房エネルギーです。80の1/4すなわち20が暖房エネルギーになる住宅は、内部取得熱20＋暖房エネルギー20＝40ですから、熱損失100を40に減らせば良いことになります。つまり熱損失を60％減らせば良いわけです。とは言っても、60％も減らすということは、半分以下にするわけですが、これを床・壁・天井の断熱材だけで考えるわけではありません。

窓や換気の熱損失を減らすことも考えると、特に基準の甘いⅣ〜Ⅴ地域ではそんなに難しいことではありません。窓の設計を上手に行い、太陽熱を例えば30に増やしたとすると、暖房エネルギー20を実現するためには、熱損失を半分の50にするだけで、1/4が実現できるのです。太陽熱を増やすことは断熱材を増やすことと同じ効果があります。

下図は、120m²のモデル住宅で実際の数値を、札幌と東京で計算したものです。一冬トータルの計算です。住宅の熱性能レベルは、次世代基準住宅、Q1.0住宅レベル1とQ1.0住宅レベル2（東京は3）です（次ページ表参照）。

性能を上げると暖房日数が少なくなり、その分でも熱損失は減少します。札幌では、熱損失が64％で、暖房エネルギーは半分になり、東京では、熱損失が45％で、暖房エネルギーが1/4以下になっています。さらに熱損失を減らし、太陽熱を増やすと急激に暖房エネルギーが減ることがわかります。

Q1.0住宅では、暖房エネルギーを削減するいろいろな手法を、バランスよく用い、かつコストアップをできるだけ抑える手法で構成します。力任せに熱損失を減らすのではなく、太陽熱をうまく使って目的である暖房エネルギーを減らす構成を考えているのです。
（鎌田紀彦）

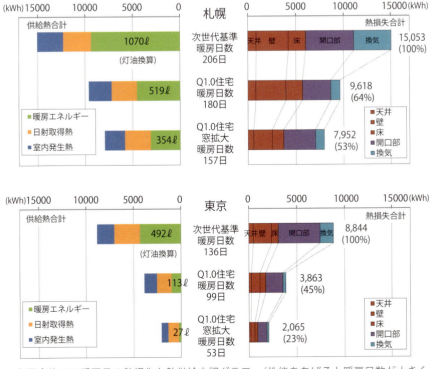

冬期全体での暖房日の熱損失と熱供給内訳グラフ。（性能をあげると暖房日数が大きく減少することに注意）

Column
Q1.0住宅のコストアップはどのくらいか

Q1.0住宅での生活を体験すると、その快適性は、お金には換えがたいことが実感されます。とは云っても、やはり住宅を建てる予算には限りがあります。私たちは、できるだけ多くの人達にQ1.0住宅を建ててもらえるように、できるだけコストを削減できる仕様を目指してきました。

住宅のコストは、いろいろな要因があります。外装を豪華にすると、とてもお金がかかります。内装も同様ですし、サニタリーやキッチンの設備にはピンからキリまであります。

家を建てるときは、誰でもさまざまな夢を持っています。どうしてもそれにこだわってしまうのですが、いざ生活が始まって慣れてくると、基本的な機能が満足されていることが大事で、いろいろな便利な機能は意外に使わないことに気づきます。

私たちは、Q1.0住宅の設計に当たり、できるだけシンプルでコストが安くなる設計に時間をかけます。外観をよく見せるための装飾や複雑な形を避けることで、住宅本体のコストが下がります。ユーザーの希望を十分話し合って、実現するものとあきらめるものとを仕分けし、省エネのための仕様を実現する予算を作り出そうとします。

次世代基準の住宅に比べて、その仕様アップの費用について、坪2〜3万円を目標にして建設を進めてきました。30坪の住宅で60〜90万円、40坪の住宅で80〜120万円ぐらいです。

設計者がユーザーとともに、QPEXのプログラムで、さまざまな仕様を検討し、暖冷房エネルギーをにらみ、それにかかる工事費を検討しながら、予算の範囲でできるだけ実現可能な方策を探っていくプロセスが、自分たちが納得できる家の性能を決めてくれます。

Q1.0住宅の目標に届かなくても、それに近ければ驚くほどの省エネ性能と快適性が実現します。（鎌田紀彦）

17 かしこい高断熱「Q1.0 住宅」(2)

暖房エネルギー計算プログラム QPEX を使えば、次世代基準住宅の、どこを、どれだけ変えれば、暖房エネルギーがどのくらい減るかは、簡単にわかります。それにかかるお金を考えながら上手に省エネ住宅を作りましょう。

　各部の断熱材の厚さや、窓、換気の仕様をいろいろ変えたときに、具体的に暖房エネルギーがどの程度削減されるか見てみましょう。

　図1、図2は、東京および札幌に次世代基準住宅を建てるとして、各部で熱損失を減らすべく仕様を変えたときの、暖房エネルギー削減率を表します。次世代基準住宅の仕様は、2～3年前まで各部の断熱厚や窓の仕様が決まっていましたから、その仕様に合わせ、かつ熱損失係数がぴったり合うように壁の断熱厚さを減らして調整しています。この仕様から、一つの部位だけを変えた時の暖房エネルギーの削減率を表しています。

　計算した住宅は、国の次世代基準やその他のいろいろなガイドラインで使われているモデルプランで、床面積約120m²の2階建て住宅です。

Ⅳ～Ⅴ地域は開口部の削減率が大きい

　まず、全体を見てもらうと、開口部の削減率は、非常に高いことがわかります。東京など関東以南の気候区分Ⅳ～Ⅴ地域の開口部仕様は、(次世代基準が示されたとき私たちもびっくりしたのですが)アルミサッシにペアガラスを入れただけの低いレベルでした。

　アルミのサッシ枠は、熱をよく伝えるため、これでは、冬期には枠で大量の結露が生じ、枠部分で冷やされた空気が窓から降りて床付近を流れるので、熱損失が大きいだけではなく、快適性も相当低下します。

　窓は最低でも、アルミ枠の室内側をプラスチックでカバーして断熱性を向上させたAL-PVCサッシとすべきです。さらに、ガラスをLow-Eペアガラスに変えた場合は、わずかしか変わりませんが、アルゴンガス入りのLow-Eペアガラスに変えると、大幅に削減されることがわかります。

　また、夏の冷房負荷を減らすためにガラスメーカーが宣伝している、遮熱型のLow-Eペアガラスでは、ほとんど削減しません。このように、熱損失と流入する太陽熱のバランスで、大きく効果は変わるのです。

　次世代基準で、窓の性能が高く設定されている、Ⅲ地域以北でも同様のことが可能ですが、これほどの削減率にはなりません。図2には、札幌で同じ計算を行った結果を示しますが、開口部による削減分は、せいぜい30%止まりで、トリプルガラスを使って

建設地　東京

部位	NO.		仕様			灯油消費量	削減率
換気		第3種換気	0.5回/h			492	0.0%
	1		0.5回/h→0.3回/h			433	12.0%
	2	熱交換換気	0.5回/h　熱交換効率80%			391	20.5%
	3		0.3回/h　熱交換効率80%			383	22.2%
開口部		サッシ枠	南面ガラス	東西北面ガラス	玄関ドア		
		AL	6mm 普通ガラスペア		H-1	492	0.0%
			仕様値->計算値			461	6.3%
	4		普通ガラス12mmペア　アルミスペーサー->樹脂		H-3	377	23.4%
	5		断熱Low-E12mmペア			342	30.5%
	6		遮熱Low-E12mmペア			409	16.9%
	7		断熱ArLow-E12mmペア			313	36.4%
	8	ALPVC	遮熱ArLow-E12mmペア		H-5	383	22.2%
	9		断熱ArLow-E16mmピュアクリア			303	38.4%
	10		断熱ArLow-E16mmマルチEA			291	40.9%
	11		断熱ArLow-E16mmマルチEA	断熱ArLow-E16mmピュアクリア		287	41.7%
	12		同上＋断熱ブラインド			266	45.9%
	13		断熱ArLow-E12mmペア			284	42.3%
	14		断熱ArLow-E16mmピュアクリア			275	44.1%
	15	PVC	断熱ArLow-E16mmマルチEA		K=1.5	264	46.3%
	16		断熱ArLow-E　16mmマルチEA	断熱ArLow-E16mmピュアクリア		261	47.0%
	17		同上＋断熱ブラインド			245	50.2%
躯体断熱		天井(BGW)	外壁(HGW)	床	平均厚さ	平均U値	
		195mm	83mm		94mm	0.406	492	0.0%
	18		100mm		109mm	0.350	457	7.1%
	19	300mm	150mm	80mm	138mm	0.276	408	17.1%
	20		205mm		159mm	0.236	384	22.0%
	21		205mm	150mm	182mm	0.209	360	26.8%

Q1.0住宅	1	3+10+19	ガラス:高透過型ArLowEペア/外壁150mm断熱	112	77.2%
	2	3+15+20	PVCサッシで高透過型ArLowEペア/外壁205mm断熱	69	86.0%
	3	3+17+21	PVCサッシで方位別でガラス種類を変える/外壁205mm断熱	37	92.5%

図-1　次世代基準住宅の仕様変更による暖房エネルギー削減率（東京）

も、ペアガラスを使っても、大きな差は生じない、というおもしろい結果になっています。

熱交換型換気も効果が大きい

換気による熱損失は、とても大きいのですが、廃棄する暖かい空気から熱を回収する熱交換型換気の効果は、比較的ローコストに暖房エネルギーを削減します。省電力で高性能な国産の熱交換型換気システムが開発されてきて、工事も簡単にできるようになりました。気密性の十分高い住宅では、内外温度差の大きくない、東京でも20％近くの削減率になり、北海道ではさらに効果が大きくなります。

断熱を厚くするのは外壁で

床・壁・天井の断熱厚さを増やす方法では、部位面積が大きく、もともと断熱厚が薄かった、外壁の断熱厚さを増やすことが効果的であることがわかります。天井の断熱厚さを増やすことは、効果は大きくありませんが、コストが安くすむためできるだけ厚くしたいところです。

Q1.0住宅の設計手法

以上の検討の結果、Q1.0住宅は次のような項目を取り入れていきます。
1. 熱交換型換気システムを採用する。
2. 開口部の断熱性をあげ、できるだけ熱損失を小さくする。
3. 開口部は、方位別に選択を変える。
   南面：太陽熱を効率よく取り込めるようにする
   東西面：温暖地では、夏の冷房負荷削減のために日射遮蔽を考慮する。
   北面：極力、熱損失を少なくする。
4. 外壁の断熱厚さを厚くするローコストな工法を採用する。

（鎌田紀彦）

Q1.0住宅からQ1.0-X住宅へ

Q1.0住宅の暖房エネルギーの目標値は、次世代省エネ基準住宅に比べて、北海道で1/2、東北地方で1/3、それ以南の地域で1/4にすることを目標としていますが、これは、これまでの一般住宅の暖房費を半分にして、快適な全室暖房を実現できるレベルです。

しかし東北や北海道では、それでも灯油で500リットルぐらいはかかってしまいます。これに給湯の燃料費が同じくらいかかってきますから、かなりの金額になります。そこで、Q1.0住宅のレベルをもう少し上げていく仕様も検討され、建設されています。Q1.0-X住宅のXはレベルを表し、レベル1～3程度のバリエーションを考えています。

北海道で200～300リットルぐらいまで減らすには、壁の断熱厚さが300mmくらい必要になってきます。関東以南では、比較的容易で外壁200mm断熱を採用すれば1/4が更に半分になってしまいます。予算さえ確保すれば、そうした性能を実現する技術は確立されています。

（鎌田紀彦）

建設地　札幌

部位	NO.	仕様					灯油消費量	削減率
換気		第3種換気	0.5回/h				1071	0.0%
	1		0.5回/h→0.3回/h				896	16.3%
	2	熱交換換気	0.5回/h　熱交換効率80%				775	27.6%
	3		0.3回/h　熱交換効率80%				750	30.0%
		サッシ枠	南面ガラス	東西北面ガラス		玄関ドア		
開口部			Low-Eペア（次世代基準）			H-5	1071	0.0%
			仕様値->計算値　アルミスペーサー->樹脂				975	9.0%
	4		ArLowE　12mmペア				883	17.6%
	5	PVC	ArLowE　16mmペア　マルチEA				860	19.7%
	6		ArLowE　16mmペア　ピュアクリア				857	20.0%
	7		ArLowE 16mmペア マルチEA	ArLowE 16mmペア ピュアクリア			848	20.8%
	8						823	23.2%
	9		2Ar2LowE16mmトリプル マルチEA	2Ar2LowE16mmトリプル ピュアクリア			811	24.3%
	10		同上＋断熱ブラインド				794	25.9%
	11		2Ar2LowE16mmトリプル ピュアクリア			K=0.7	824	23.1%
	12		PVC　ArLowE16mmペアマルチEA				813	24.1%
	13	PVC+木	PVC 2Ar2LowE16mmトリプル マルチEA				800	25.3%
	14		同上＋断熱ブラインド				784	26.8%
	15		木　ArLowE16mmペアマルチEA	木 2Ar2LowE16mmトリプル ピュアクリア			786	26.6%
	16	木	木　2Ar2LowE16mmトリプル マルチEA				770	28.1%
	17		同上＋断熱ブラインド				753	29.7%
		天井(BGW)	外壁(HGW)	床	平均厚さ	平均U値		
躯体断熱		300mm	141mm	100mm	138mm	0.276	1071	0.0%
	18		150mm	150mm	161mm	0.236	981	8.4%
	19	400mm	210mm		194mm	0.196	896	16.3%
	20		260mm		226mm	0.168	835	22.0%
	21	500mm	305mm	200mm	252mm	0.151	798	25.5%
	22		355mm		270mm	0.141	778	27.4%

		仕様	灯油消費量	削減率
Q1.0住宅	1	3+8+躯体標準　PVCサッシで南面ペア・東西北トリプル/躯体は次世代レベル	519	51.5%
	2	3+8+19　手法1の開口部のまま、外壁210mm断熱に強化	366	65.8%
	3	3+14+20　南面はPVCトリプルサッシ、東西北面は木製トリプル/外壁260mm断熱	268	75.0%
	4	3+17+22　開口部は全面で木製トリプル/外壁355mm断熱	207	80.7%

図-2　次世代基準住宅の仕様変更による暖房エネルギー削減率（札幌）

18 ガラスが変わった

窓サッシとそれにはめるガラスの高性能化が急速に進んでいます。こうしたサッシは当然価格も高くなります。熱損失が少ないことだけが性能ではありません。太陽熱を通しやすいガラスにも着目し、コストの安い高性能窓を見つけましょう。

近年、ガラスの性能が大きく変わり続けています。ペアガラスが住宅に使われ始めたのは、30年ほど前のことです。北海道では、それまで一般的であった2重窓が、ペアガラスの入った樹脂（PVC：塩化ビニル）製のサッシに変わり始めました。窓廻りが1枚のサッシですっきりとし、はめ殺しと開き窓の連窓サッシに変わり、隙間風もほとんどなくなりました。

それから10年もしないうちに、Low-Eガラスという、太陽熱は取り込めるが、室内からの熱を反射するガラスを使った、ペアガラスに変わったのです。そして約10年前から、これにアルゴンガスが封入されたガラス（ArLow-Eペア）に変わりました。この頃、私たちはQ1.0住宅を作り始めたのです。

Q1.0住宅では、窓から入る太陽熱を重視しています。ガラスを通して逃げる熱は熱貫流率（U値）で表されますが、ガラスを多重化し、Low-Eガラスを使い、空気層を厚くすると、熱が流れにくくなりU値は小さくなります。

また、ガラスの間の空気層に乾燥空気の代わりにアルゴンガスやクリプトンガスを入れると、さらにU値は小さくなります。

一方、ガラスを通して入ってくる太陽熱（日射侵入率：η）は、ガラス1枚当たり約10%減ります。Low-Eガラスは、膜面の材質により大きく変わりますが、やはり約10%減ります。U値は小さく、η値は大きいガラスが欲しいのですが、そうはいかない現状があります。（図-2参照）

ペアガラスとトリプルガラス

北海道では、5〜6年前から、樹脂サッシにArLow-Eトリプルガラスを樹脂サッシにはめたサッシが売り出されました。Low-Eガラスを2枚使い、Arガスを2層封入して、U値を小さくしたガラスです。Low-E膜を2面使うと、U値はずいぶん小さくなりますが、日射取得が大幅に減りますから、私たちは、このサッシは南面に使うべきではないと、警告を出しました。

実際、このサッシを全ての窓に使うと、住宅の熱損失係数Q値は小さくなりますが、暖房エネルギーは思ったほど小さくはなりませんでした。

その後、U値は多少悪くなりますが、η値の大きなLow-E膜を使ったガラスに変わりました。当初は、既存のサッシにはめるために、ガラス間の間隔が小さい複層ガラスだったのですが、サッシも改良され、今では16mmの空気層を持つトリプルガラスを使ったサッシも登場しました。ガラスの間隔が16mm位の時にU値が最も小さくなります。

こうしたトリプルガラスが必要になるのは、北海道、東北および日射量の小さな日本海側の地域になります。III〜V地域の太平洋側の地域では、η値の大きな16mm空気層のArLow-Eペアが最適なようです。

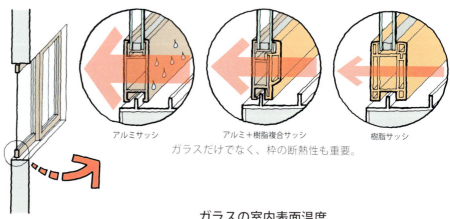

ガラスだけでなく、枠の断熱性も重要。

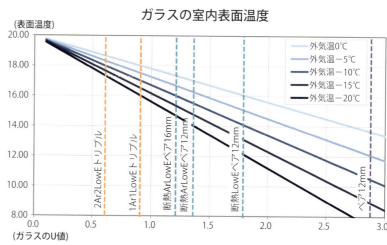

図-1 室温20℃の時のガラスの表面温度
ガラスの種類の縦線と外気温の斜め線の交点が縦軸のガラス表面温度を示す。

ガラスの表面温度

一般住宅はもちろん、次世代基準レベルの高断熱住宅でも、窓は寒さの元でした。外気温の低い夜には、ガラス面の温度は低く、ガラスからの冷輻射と、ガラス面で冷やされた冷たい空気が流れてきて、足下が寒い環境となっていたのです。

断熱材がきちんと効いた高断熱住宅の床壁天井の表面温度は、室温に比べ0.5～1.0℃ぐらい低くなる程度ですが、ガラス表面温度は氷点下にもなります。朝、ガラス面に霜がついている情景は、寒冷地では誰もが経験しています。

これが、高性能なガラスになると、表面温度はずいぶん高くなります。Ⅳ～Ⅴ地域の次世代基準では、空気層6mmのペアガラスを使いますが、外気温0度で13℃、外気温－10℃だとガラスの表面温度が8℃ぐらいに下がります。これが空気層16mmのArLow-EペアだとU値は1.2位ですから、外気温－10℃でも16℃です。

さらに、現在最もU値の小さい16mm2Ar2Low-Eガラスでは、U値が0.6になり、外気温－10℃で、18℃にもなります。こうした環境では、もはや、窓は寒さの元では決してないのです。(図-1参照)

最新ガラス対決

表に日本の2大ガラスメーカーである旭硝子と日本板硝子の最新の高性能ガラスの性能比較表を示します。なんと、旭ガラスは断熱性重視のガラスを、日本板硝子は日射侵入率重視のガラスを2～3年前に売り出しました。

どちらを使えば良いかをQPEXで早速試してみると、太平洋側の日射の多い地域では日本板硝子、日本海側では旭硝子の方が良いことがわかりました。このように、断熱性だけで決めてはいけないことがわかります。

(鎌田紀彦)

冬の日射量

日本では、冬は西高東低の気圧配置が続きます。北西の季節風が吹くため、日本海側は雪が多く日射が少なく、日本を貫く山脈の東側および南側の太平洋側では、乾いた北西の風が吹き晴天が続き、日射が多いのです。

気象データを見ても、確かにそのとおりで、住宅の窓ガラスは、太平洋側では日射熱を通しやすいガラスを採用し、日本海側では日射を通しやすいことよりも熱損失が少ないガラスを採用した方が有利ではないかと考えられます。

しかし、QPEXプログラムを使って、調べてみると、太平洋側では確しかにそのとおりで、南の方ではLow-Eペアガラスより普通のペアガラスの方が、暖房エネルギーが少なくなる地域もあります。ところが日本海側では、日射重視のガラスと、熱損失重視のガラスの暖房エネルギーが、ほとんど変わらないことが多いのです。

日本の冬は結構長く、日本海側や東北以北では11月～4月、関東以南でも12～3月が暖房期間になります。日照時間が短く日射量も少なくなるのは12～2月上旬で、それ以外の期間は、日本海側でも結構日射量があり、この影響だと思われます。

ヨーロッパ諸国では、冬は非常に天気が悪く、例えば、ドイツではとても日射量が少なく、日本海側の最も日射量の少ない地域よりも更に少ないと聞きます。こうした気候では、南の窓でも、2Ar2Low-Eのトリプルガラスを使って、できるだけ熱損失を少なくしようとします。

それでもパッシブハウスでは、南の窓を大きくして日射を取り入れようと、できるだけ日射を通しやすいガラスを採用します。

ドイツの2～3倍も日射量がある日本では、ドイツのような窓を使っても熱損失は減りますが、暖房エネルギーはちっとも減らないことになってしまいます。

(鎌田紀彦)

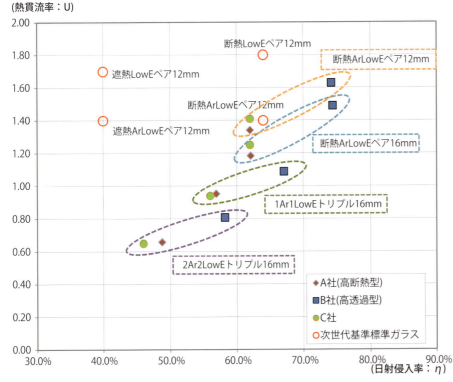

図-2 高性能ガラスの熱貫流率と日射侵入率

19 窓の方位別にガラスとサッシを変える

南の窓と北の窓は暖冷房エネルギーを考えるうえで、要求条件がまったく異なります。同じメーカーの同じ仕様の窓をつけることは得策ではありません。方位にあった窓を選ぶことが大事です。

ガラスを入れるサッシの材質には、いろいろありますが、材料によって熱の伝わり方が違います。アルミは最も熱を通しやすく、Ⅳ～Ⅴ地域の次世代基準住宅では、これに6mm空気層のペアガラスを入れればよいことになっていますが、これは絶対断熱サッシに変えるべきです。アルミの室内側にPVCのカバーをかぶせただけの断熱サッシ（ALPVCサッシ）に変えただけで、暖房エネルギーは20％も削減できます。

サッシの熱貫流率（U値）と日射侵入率（η値）

サッシの熱貫流率（U値）は、サッシ枠のU値とガラスのU値にそれぞれの面積をかけて、その和として求められます（このほかにペアガラスのガラス周辺部の損失熱も加えます）から、枠の材質は熱を通しにくいものの方がよいのです。枠材は、ALPVC、PVC、木材の順に断熱性がよくなります。

最近ヨーロッパでは、サッシの枠の間に断熱材を挟んで、より熱を通しにくくした製品もできています。これらのサッシとガラスを組み合わせた中から、コストも考慮しながら選択するのですが、太陽熱の通しやすさがやはり問題になります。ガラスの性能でほとんど決まりますが、同じサッシでも、枠の面積が大きいもの、つまり枠材が太いサッシは、それだけガラス面積が小さくなりますから、サッシから入ってくる太陽熱はそれだけ少なくなるわけです。

方位別に窓を変える。

住宅の窓は、設計上とても重要です。室内の開放感や住宅の外観、その他いろいろな点から、住宅空間に影響を及ぼします。暖房エネルギーという観点で見ると、デザインと称して、やたら小さい窓をたくさん並べている住宅を見ると、ついもったいないと感じてしまいます。南側だとすると、せっかくの太陽熱を拒否しているように見えるのです。

一般の住宅では、南面に掃き出し窓を中心に大きな窓を設置し、東西は中小窓、北は、主として採光や通風のための小窓を設置しています。

暖房エネルギーを少なくするためには、南の窓は、U値よりη値重視で窓を設計します。北海道のような寒冷地でも、南の窓はトリプルよりペアの方が、暖房エネルギーが少なくなることがあります。

本州では、太平洋岸はη値重視で、日本海側ではU値重視がよいと思いますが、夜のガラス面温度を上げるためには、断熱ブラインドを設置することが効果的です。16mmのArLow-Eペアがよいのですが、ALPVCサッシでは、まだほとんどのサッシが装着できないようです。その場合は、12mm

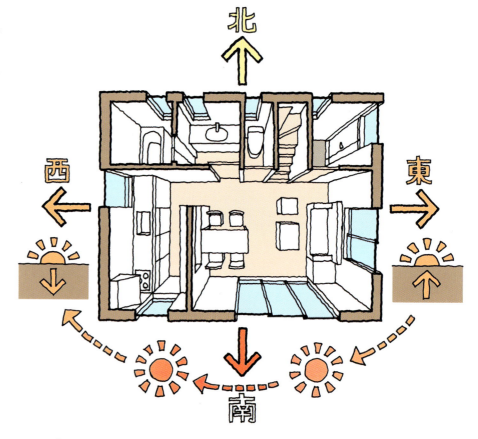

方位によって窓の大きさや、窓をつける目的も異ります。日射量も方位によって大きく異ります。同辺環境によっても条件がかわります。窓の設計はとても大事なポイントです。

を使うか、PVCサッシを使うことになります。

このほかに、ガラス面積の大きな、和室用の完全外付け窓や、FIX窓を取り入れることも効果的であり、何よりも、普通より大きな窓をつけることが効きます。

これに対して、東西の窓は、冬の日射は南の窓の半分ぐらいになりますから、中型窓は南と同様、小型窓は北面と同じでよいと思います。

夏のことを考えると、夏の日射は、南より東西の方が圧倒的に多くなりますから、暖房エネルギーを多少犠牲にしても、日射遮蔽形のガラスを採用することも、温暖地では考えた方がよいでしょう。

北面の窓は、窓の大きさが小さいので、寒冷地ではトリプルガラスを採用します。温暖地では、トリプルまではあまり必要とされませんが、PVCサッシの採用は検討すべきでしょう。窓が小さいので価格差も大きくなく、ドレーキップ窓など、安心して夏開け放しにできる窓を選ぶことができます。

QPEXで確かめる

窓による暖房エネルギーの違いは、地域の日射量と外気温の2つの気象データで変わってきます。また、住宅の方位や周辺環境でそれぞれの窓から入る日射量が変わってきますから、QPEXで確かめることが必要です。

QPEXでは、開口部の入力ページで、窓を細かく設定でき、その結果、暖房エネルギーや冷房エネルギーがどれだけ変わるかを、即座に読み取ることができます。

「かしこいQ1.0住宅」を誰でも設計できるのです。

（鎌田紀彦）

Column 1

木製窓

昔の住宅では、30cm角ぐらいのガラスの入った木製の格子窓が使われていました。木造校舎の小学校では、よくボールで窓を割ったものです。当時のガラス窓は、皆同じようなもので、隙間だらけで、東北や北海道では、隙間から雪が吹き込んで窓際に雪が積もることもありました。

現在では、サッシがアルミやプラスティックに代わり、隙間の少ない高性能な窓に変わってきました。木製窓も。昔のような細い格子窓ではなく、分厚い窓枠にペアガラスやトリプルガラスが入り、気密パッキンや丈夫な金物を使った高性能な窓が、主としてヨーロッパの技術で造られるようになり、輸入窓も多く使われています。

こうした窓は、ほとんど開いたり、回転したりする窓です。日本の住宅に使われている、南の大きな引き違い戸も造ることはできるのですが、非常に高価で、一つ百万円もする窓も珍しくはありません。

枠の材質から云うと、アルミはとても熱を通しやすく高断熱住宅では使えません。これにプラスチックのカバーを掛けたアルミ-PVC（塩化ビニル）窓や、窓枠全体がPVCでできた窓が使われていますが、窓枠の熱損失は厚い木製窓が一番小さくなります。

南に大きな木製窓を使いたいのは、東北〜北海道のQ1.0住宅でもレベルの高い住宅です。

木製窓は、意匠的にも優れているため、本州の南の方でもペアガラスを入れて使われることも多いので、何とかローコストで高性能な窓が欲しいと云うことから、新住協の会員でもある山形の小さな木製サッシメーカーと組んで開発することができました。それでもPVCサッシの1.5〜2倍近くしますが、ようやく使いやすい窓ができました

（鎌田紀彦）

南の窓	・一般にテラス窓などの大型窓や中型窓が多い。 ・冬の日射は南が圧倒的に多いので、それを取り込めるように熱貫流率（U値）が多少大きくても、日射侵入率（η値）の大きなガラスを採用する。 ・熱損失の大きさを補うためには、断熱戸や断熱ブラインドをつける。これによって、ガラス面の温度低下も夜間は防ぐことができる。 ・窓を大きくしたり、引き違いサッシの完全外付け型や、大きなはめ殺し型の窓を採用してガラス面積をできるだけ大きくすることが、暖房エネルギーを削減するのに有効。 ・夏の日射遮蔽は、真南の時は庇がある程度効くが、方位が真南から振れているときは、庇の先に下げるすだれや、外付けブラインドなどでしっかり遮蔽する。
東西の窓	・一般に中型窓や小型の窓が多い。 ・日射取得は南の窓の半分程度になるので、U値とη値のどちらを優先すべきかは、地域によって異なる。冬期の日射量の大きな地域では、やはりη値を優先する方が良い。 ・温暖地域では、夏の日射が南よりだいぶ大きくなるので、ガラスの外での日射遮蔽を徹底する。引き違いサッシなら、外付けロールブラインドやすだれが良い。 ・冬の日射取得を犠牲にして、日射遮蔽型のガラスを採用し反射率の高い室内ブラインドでも、相当な遮蔽効果はある。
北の窓	・一般に中型窓や小型の窓が多い。 ・冬期の日射取得は、殆どないのでU値優先で選択する。熱損失を少なくするため、不要に大きくしない方が良い。 ・夏の夜の常時風向を調べると、意外に北側の方が多い。夏の夜間通風を考慮して、常時開放のできるドレーキップなどの窓を選択する。
玄関戸	・玄関戸は、玄関の狭いスペースの中では大きな開口部であり、温度低下や玄関土間の結露などを避けるため、できるだけ熱損失が少なく気密性の高いドアを選択する。 ・国産の玄関戸にはU値の小さなものがあまりないので、ヨーロッパ製のドアを設置した方が良い。シンプルなデザインのものなら、国産と価格もあまり変わらない。

表　方位別の窓、玄関戸の設計

20 高気密は24時間換気で空気をきれいに

高断熱住宅では、自然換気が少ないため、住宅内の汚れた空気を排出し、新鮮な空気を取り入れる24時間換気が必要です。しかし、せっかく暖めたり冷やしたりした空気を捨てるのはもったいないので、熱交換型の換気システムを使いましょう

24時間換気は何故必要か

高断熱住宅では、気密性が高くなっており、室内で発生する水蒸気や二酸化炭素、建材などからのホルムアルデヒド等などを換気により排出して新鮮な空気を取り入れる必要があります。

この換気を常時補うのが、換気システムです。効率よく必要な換気を確保するために、一般的に居間や個室などに外部の新鮮な空気を取り入れて、便所、洗面所、浴室などから排出するよう計画します。

必要な換気量とは

換気量の目安として使われるのが換気回数で、換気回数2というのは1時間当たり室内の空気が2回入れ替わるという意味です。

衛生上必要な換気量として0.5回が推奨されており、0.5回の換気回数を確保できる換気扇の設置が義務づけられています。しかし、現代の住宅では、換気回数0.5で運転すると乾燥しすぎる、などの問題もみられます。

最近の住宅では、建材は有毒ガス等が低放散量であるF☆☆☆☆の建材が多く使用されていることなどもあり、換気回数は0.3回程度でも十分な場合もあります。

自然換気

換気方式は、大別すると、自然換気と機械換気に分けられます。

そのうち、自然換気とは、住宅に発生する風上からの正圧と風下への負圧による通風、また、温度差による空気の上昇などにより自然と発生する換気のことです。

この自然換気による換気回数は、住宅の気密性により異なり、概ねC値×0.1回/hが目安となります。C値とは、住宅全体にある隙間相当面積（cm^2）を延べ床面積（m^2）で割った隙間相当面積（単位はcm^2/m^2）のことです。このC値が小さいほど気密性が高い住宅となります。例えば、C値1.0の住宅では、0.1回/h（1時間あたり0.1回）の自然換気があるということです。

パッシブ換気は本当によいか

パッシブ換気とは、高い位置に煙突を設け、床下で吸気を行うなどして、温度差による空気上昇を利用して積極的に自然換気を行う方式のことです。

C値1.0以下の気密性能の高い住宅を条件としており、機械設備に頼らないなど省エネなのですが、自然に任せている分だけ換気回数をコントロールできないのが難点です。また熱回収もできませんから、あまり省エネにはなりません。

温度差換気と風圧換気

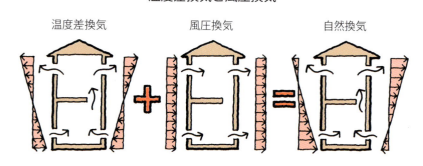

機械換気方式による違い

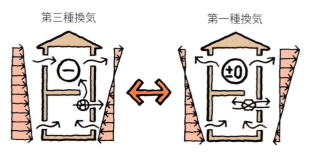

第三種換気では、住宅に5～6個所の給気口を設けますが、隙間もほとんどが給気口と同じ働きをして、空気が入ってくるため、気密性はあるレベル以上なら問題にはなりません。しかし第一種換気では隙間同志で自然換気が生じるので気密性が高い方が省エネ性能上は有利です。

機械換気は3タイプ

給気を通気口で行い、排気のみに送風機を使用するものが第3種換気で、室内は負圧になります。給気のみに送風機を使うものが第2種換気で、室内は正圧になります。

給気も排気も送風機を使用するものが、第1種換気で、最も計画的で適切な換気を行うことができる方式ですが、その分コストもかかります。

高断熱住宅は、熱交換型第1種換気で

普通に換気すると暖冷房した空気がどんどん逃げてしまい、エネルギーロスが大きくなります。この熱を回収して省エネ効果を高めたものが、熱交換型の第1種換気です。

そのうち、顕熱交換型は熱だけの回収ですが、全熱交換型だと熱に加えて水蒸気も回収しますので室内の過剰乾燥を抑えることができます。

高断熱住宅では、換気不足を防ぎながら熱効率を高めるために、この熱交換型の第1種換気システムを使い、24時間換気を行います。

しかし、この熱交換型の第1種換気を使用すると、住宅内外の気圧差がなくなるために自然換気の影響が出てきます。自然換気の分は、熱を回収できないという問題があります。例えば、C値2.0の住宅では0.2回/hもの自然換気があり、意外と大きな熱損失となります。

気密性が高くなるとこの自然換気量が少なくなり、省エネ効果が高くなります。高断熱住宅の気密性を、さらに高めることが重要となります。

（松留愼一郎）

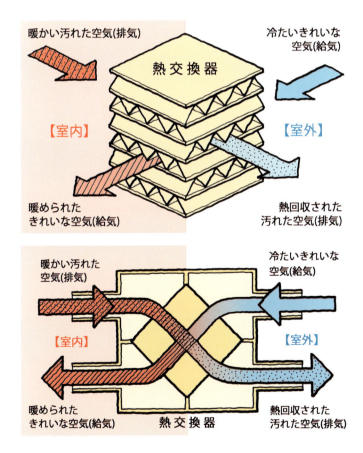

薪ストーブの暖房と換気システム

近年、高断熱住宅では、薪ストーブを使う家が増えてきています。暖房エネルギーが小さくなると、薪の量も少しですみますから、手軽に薪ストーブを楽しむことができるようになりました。最近では、木材のくずを使った小さなペレットを燃料とするストーブも使われています。

こうしたストーブの中には、燃焼用の空気を送る送風ファンを装備したものもありますが、一般的には高い煙突を設置して、煙突内部が十分暖まったときの排気熱の浮力（ドラフト）を利用して、室内の空気をストーブ内部に取り込み、排気を煙突から外に排出します。煙突頂部に当たる風の力も利用し、逆風が入ってこないような形がよく見るH型の煙突です。

ストーブがよく燃えるためには、排気が効率よく外に出なければならないのですが、一般住宅のように気密性の悪い住宅では、あまり問題にはなりません。

しかし、高断熱住宅では、換気不足を補うため機械換気を行っています。普通は、第3種換気と呼ぶ、ファンで室内の汚れた空気を機械的に排出し、その力で外壁に設けた吸気口から外の空気が入ってくる方式をとります。この住宅で、ストーブを燃やすと、ドラフトが十分あれば問題なく燃えますが、キッチンのレンジフードを強ノッチで廻すと、煙突が吸気口になってしまい、逆流してストーブが燃えないことになってしまいます。

そのため、ストーブ用の給気口を設けたり、専用の給気ダクトをストーブの側まで引いたりしますが、これはあまり意味がありません。給気口を増やして、室内の減圧を緩和する意味はありますが、それはストーブのそばにある必要がないのです。

熱交換換気では、吸排気に二つのファンを使って、室内は減圧しませんから、ストーブを利用するためにはこちらの方が適しています。（鎌田紀彦）

21 厚い断熱は100年保つ。

エネルギー効率の高い設備を使っても省エネは可能ですが、設備機器の寿命は、せいぜい10～15年です。一方、住宅の断熱に予算を割いて同じ省エネを達成したとすると、その効果は100年続きます。

私たちは、10年前にQ1.0住宅を作り出したとき、東京、大阪などのⅣ～Ⅴ地域の太平洋側では、断熱材の厚さに関しては、外壁には柱の太さいっぱいに105mmのGWを詰め、天井の断熱を300mm位に厚くするだけで対応が可能でした。

しかし北海道では、外壁には、壁いっぱいの105mmに加えて、さらに100mm位の付加断熱をする200mm級の断熱が必要であることがわかりました。このためには木材を付加して壁を厚く造るため、結構お金や手間がかかります。この工法について、できるだけ合理的に造るように新住協の会員とともに開発を始めました。

数年かけてできあがった200mm断熱工法を施工すると、それまでの150mm断熱よりも10万円高い程度であることが報告され、一斉に東北から北関東の会員にも拡がってきたのです。今、さらにコストダウンをして坪1万円を目標に改良を進めています。

このようなグラスウールなどの無機質繊維系断熱材による厚い断熱は、高断熱住宅ではほとんど劣化せず、十分百年以上保つのです。建主や現場に見学に来られた方々は、皆、その厚さに驚かれますが、まさにこれは省エネ性能が長続きすることの証明とも云えるでしょう。

Ⅳ～Ⅴ地域では、過剰性能かもしれませんが、200mm断熱を採用すると、Q1.0住宅の各部の熱性能に余裕が生まれ、例えば開口部の設計が楽になり、また暖房エネルギーが次世代基準住宅の1/4より、さらに少ない、ほとんど暖房のいらない住宅もできるようになります。

厚い天井断熱と屋根断熱

天井断熱は、一般に天井の上に小さくちぎった綿状のグラスウールをホースから吹き出して積み上げる、ブローイング工法で施工されます。次世代基準ではⅠ地域300mm Ⅱ地域以南が200mmですが、天井裏の高さは普通には十分ありますから、これを300～500mmで施工することは、ほとんど材料費が増える分だけで済みます。

屋根断熱は、斜めの屋根なりに天井を施工し、その間に断熱材を施工する工法です。ロフトを設けたり空間に変化を与えたりすることができるため歓迎されています。

この工法を、私たちは20数年前から、在来工法に2×4工法の屋根を載せ、簡単にできるようにしました。これを厚くするためには室内側に、105mmの木下地を付加して300mm級の断熱とします。北海道では、これ以上の厚さを実現するために色々苦労しているところです。

厚い外壁断熱

200mm級の厚い断熱外壁については、20年ほど前から実験住宅で色々試していました。大工さんは、住宅を

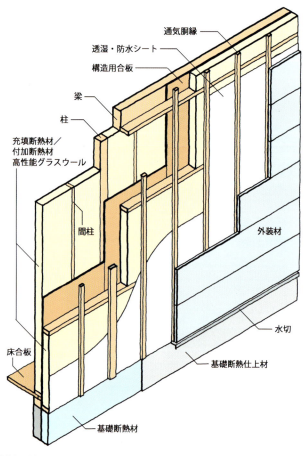

外壁の200mm級断熱工法
　外側の付加下地木材を、455mmから約2倍に広げ、その分通気胴縁を24～30mmに厚くすることでコストダウンを測った工法

2軒建てたみたいだと、手間がかかることを指摘していました。本格的にいろいろな工法を試行して見ると、当時はなかった910mm巾のロール状の高性能グラスウールや長い木ねじなどが使え、大幅な省力化やコストダウンを実現できたのです。結果的に3種類の工法ができあがりました。これを、外装材の材質や縦張り、横張りの仕様に合わせて使い分けていきます。

北海道では、これを、更に250mm～350mmの断熱工法に発展させるべく、開発を続けています。いろいろなアイデアが生まれ、実際に20棟ぐらいが既に建設されています。

厚い床断熱と基礎断熱

床断熱については、北海道で既に200mm級の断熱工法の経験がありますから、そんなには難しくありません。根太レス工法の床に合わせて新たな工法のアイデアも生まれていますが、メーカーが消極的で進んでいません。私たちの造る住宅は、基礎断熱住宅が増えてきて、そちらの開発に目が向いていることも原因の一つです。

基礎断熱の熱損失を減らすには、どうしても床下の地面全体を断熱する必要があります。従来、外周部だけで断熱を行い、床下地面の土は熱を通しにくいので不要と考えられてきたのですが、Q1.0住宅のようなとても暖房エネルギーの少ない家では、床下地面を暖房で暖めきれなくなってきたようです。

これについても床下地面を全面断熱することは、とても工事費がかかりますから、基礎そのものを徹底的に合理化して、そのコストダウンで工事費増を押さえるという考え方で進み、今秋（2014．10）ようやく試験施工にこぎ着けています。　　　　（鎌田紀彦）

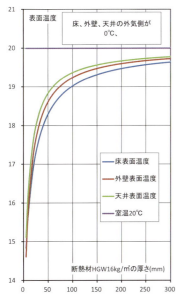
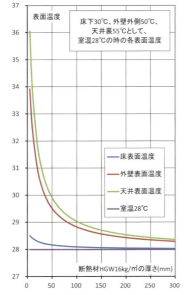

断熱された床壁天井の表面温度

断熱材が効いていれば、室内の壁などの表面温度は、室内温度よりわずかに温度差を生じます。室内空気の熱が壁表面に伝わる際、表面伝達抵抗があるためですが、その温度をグラフ化すると左図のようになり、100mm位まで急激に高くなりますが、その後の変化はわずかです。

100mmと300mmを比較すると、その差は0.4～0.6℃位ですが、室内空間全体の表面温度がこれだけ変わると快適性が向上します。

また右図は夏の状況ですが、例えば天井裏が日射で55℃位になると想定すると、エアコンで28℃に室温を保ったとき、天井の表面温度は28.3～29℃位になることがわかります。二階の天井表面温度が断熱された住宅でも、35～40℃にもなるのは室内で生じた熱い空気が天井付近にたまるため、これを通風で排出することが重要です。

外壁300mm断熱への試み

10年前、北海道でQ1.0住宅の建設を始めたときに、旭川などでは、どうしても150mm断熱では次世代基準住宅の1/2の暖房エネルギー住宅が実現できなくて、200mm断熱工法の開発を始めました。次に、札幌や他の地域でも住宅の設計によっては、200mm断熱が必要なことがわかり、北海道の住宅の標準仕様として、開発を本格化したのです。

その後、より性能の高い住宅を目指す人達が増えて、その上の300mmの開発にもかかりました。新住協会員の有志とともに、これまでに10棟以上の住宅が、旭川、札幌、帯広で建設されています。300mmを実現しようとすると、住宅本体の105mm角の柱に充填する断熱材の外側に200mm級の断熱層を作り、それに外壁材を固定することになりますから、その構造を十分検討する必要があります。いくつかのアイデアに絞られてきてはいますが、まだ、これが良いというところまで進んでいません。

これまで、火災時の危険をできるだけ避けるため、私たちは、断熱材の中で唯一不燃材であるグラスウールやロックウールを使った工法にこだわってきましたが、300mmも厚さがあれば、熱性が高く厚さが薄くてすむ発泡プラスチック断熱材も、不燃の断熱材の間に挟むようにして使えば、火災時の熱で燃えることがないだろうと云うことから、そうした工法の検討もしていこうと考えています。

厚い壁の断熱には、ユーザーである建主も、Q1.0住宅の仕組みを一番体現している仕様として納得してもらえるようです。熱交換換気設備や、アルゴンガスの入ったガラスなどの寿命は意外に短いのですが、厚い断熱層は100年以上の寿命があります。

百年住宅を真剣に考えるのであれば、最も優先する必要があると思います。　　　　　　　　　　（鎌田紀彦）

22 床断熱と基礎断熱

基礎断熱にすると、床下空間を乾燥状態に保ち木材等に防腐防蟻処理をしなくてすみます。床下暖房と組み合わせると、体に優しい快適な室内環境が実現できます。床下空間をさまざまな用途に使えるのも魅力です。

床断熱とは

高断熱住宅では、家の外回りをぐるりと十分な断熱材で取り囲んで、室内と外部をしっかりと分け、室内外の熱の移動を極力少なくします。

そのとき、住宅下側の断熱を1階床部分で行うのが、床断熱です。一般的には、根太の間や床下地材の直下に断熱材を配置し、床下は外部空間とします。床断熱は、これまでの普通の住宅における施工方法では、床下における基礎換気口による通風計画、床下地盤での防湿対策、さらに、土台等の防蟻防腐処理等が必要となります。

基礎断熱とは

1階床部分で断熱するのではなく、基礎の外側や内側で、土の部分まで断熱することによって住宅下部を断熱するのが、基礎断熱です。

基礎断熱は、約30年前に北海道で始まりました。床下の土も断熱材と考えることで、床下全体の温度が保たれ床下の水道管の凍結が防げることから、寒冷地に普及しています。温暖地では、床下空間の涼しさを利用して夏涼しくできることから、普及が始まっています。

基礎断熱のメリット

基礎断熱には、多くのメリットがあります。

まず、床下空間を乾燥状態に保てることがあげられます。梅雨時でも相対湿度を70%程度には保つことができます。耐久性にとって良好な環境となり、木材等が腐朽する心配はありません。

また、木材等を防腐剤や防蟻剤で処理する必要がなく、健康に良好な室内環境となりやすいのも安心です。

基礎断熱だけでなく床下暖房と組み合わせることで、さらにそのメリットが大きくなります。逆に基礎断熱だけで床下暖房がないと、床面の表面温度は、室温より1～2度低くなり、むしろ、基礎断熱よりも床断熱の方が体感温度としては快適になります。

基礎断熱に床下暖房（§23参照）を組み合わせると、床面の表面温度を室内温度より2～3度程度高く保て、低温輻射による快適な室内環境となります。床表面が30°以上にもなる床暖房より、はるかに快適になります。

また、熱容量の大きい基礎コンクリートが蓄熱層として機能し、安定した室内の温熱環境をもたらしてくれることも期待できます。

熱容量が大きいと、暖冷房の立ち上がりは遅くなります。しかし、熱の移動が一段落してコンクリートが暖まり

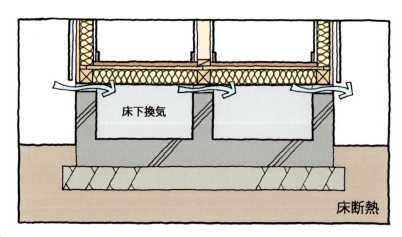

床断熱
床下は、基礎に通風換気口を設け換気を行い床下の湿度が上がるのを防ぐ。

外周型基礎断熱
基礎外周だけで断熱を行う。外周地面下に水平に断熱するのは、スカート断熱と呼んでいるが、基礎床下からの熱損失を低減する。

きった状態になれば、熱環境は安定して快適になります。したがって、高断熱住宅では連続時間暖房運転を行うのが、快適でコストパフォーマンスもよくなります。

床下空間が室内として使えることも、大きなメリットです。床下空間に配線配管を行うことができるために、メンテナンスも容易になります。

また、収納だけでなく、ボイラー置き場などに利用できる空間にもなります。もちろん、各種配管等の冬期凍結の心配はありません。

また、床暖房に比べて施工も容易です。トータルコストは基礎断熱の方が床断熱よりやや高いのですが、メリットの方がはるかに大きいのです。

シロアリ対策

基礎断熱の問題点は、シロアリの害です。基礎断熱で一般の断熱材を使用した場合、シロアリが断熱材を蟻道にして住宅に侵入してくる危険性があります。

その対策としては、基礎の断熱材に防蟻処理をした発泡ポリスチレン版を使用することが考えられます。

さらに、住宅周辺にステーションを配置しておくベイト工法を併用すると安全でしょう。ベイト工法とは、シロアリの駆除剤を混入した餌を住宅の周辺に適切に配置して、それをシロアリに摂食させ、シロアリの集団を死滅させるシステムのことです。

（松留愼一郎）

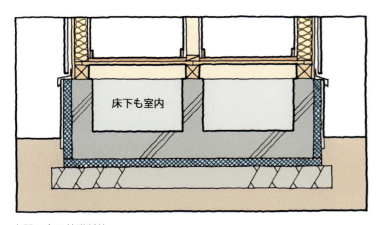

土間下全面基礎断熱
床下地盤が住宅の外になるので、熱容量が小さくなるが、熱損失は半分近くになる。基礎コンクリートだけでも相当な熱容量なので、蓄熱性は十分。

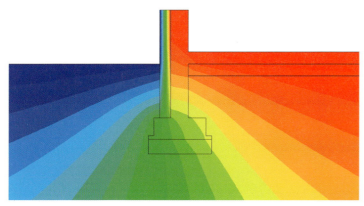

外周型基礎断熱の平衡状態での等温線図
熱は、この等温線に直角に流れる。床下地盤から、基礎中央部では、地面に垂直に下に、外周部では基礎下をくぐって外の地面に向かって熱が流れることがわかる。

基礎外周断熱と土間下全面断熱

木造の基礎断熱を北海道で初めて実設したのは、私が設計した室蘭の実験住宅でした。今から30年前のことです。北大の荒谷先生のご指導で、基礎の外周に断熱材を貼り付ける工法で始まりました。

当時から、ヨーロッパの省エネ住宅の図面を見ると、床下の地面と基礎の間にも厚い断熱材が施工されていましたから、本当にこれで良いのかと疑問は感じつつも、住宅ができあがって、暖房エネルギーを測定すると、ほぼ計算通りでした。

しかし、最初の住宅では1階床表面の温度が、床断熱の住宅よりも1〜2℃低めになったことから、何とか床表面温度を上げようと、床下にストーブを設置する床下暖房が始まりました。これにより、床表面温が床暖房よりは低く、とても快適な暖房方式として、今では広く採用されています。

Q1.0住宅の建設が始まり。それまでに作られてきた高断熱住宅よりも暖房エネルギーのはるかに小さな住宅です。オール電化住宅が普及してきた状況の中で、床下暖房を、深夜電力で動かすエアコンで行おうとすると、朝になってエアコンが止まると、床下の温度が急速に下がり、それに従って床表面温も下がるという現象が見られるようになりました。床下のコンクリートや地盤に蓄熱したかったのですが、そうはいかなかったのです。

どうも暖房熱量と運転が少なすぎて、冬の間中、地盤を十分に暖めることができなくなってしまったようです。

そこで、床下のコンクリートと地盤の間にやはり断熱材を入れようということになりました。これで問題は解決し、しかも床下の熱損失がこれまでの半分ぐらいになりました。

残された問題は、そのコストアップをどこで吸収しようかと云うことで、基礎の合理化などに取り組んでいます。

（鎌田紀彦）

23 とても快適な床下暖房

床下暖房は、人が直接、接する床からの穏やかな輻射熱と穏やかな暖気による快適な室内空間となる心地良い暖房方式です。床下暖房は、大変にローコストで、人に優しい暖房方式です。

エアコン暖房は極めて不快

温暖地では最近、高断熱住宅の暖房にエアコンを採用することが多くなりました。冷房用として設置されるエアコンで暖房もできてしまう簡便さから当然のことです。

しかし、エアコンはガスを圧縮して40〜50℃位の熱しか出せませんから、普通のストーブに比べると低い温度の温風を吹き出すことになります。当然、大量の空気を吹き出す必要があります。また、室温が設定温度に達しても、室温を検知するため、ファンを弱くして回し続けます。

これを壁に設置すると、どうしても室内にいる人に直接風が当たってしまいます。これは人間にとって、きわめて不快に感じるものなのです。室温が設定温度になると、エアコンからは室温の空気しか出てきませんから、寒く感じてしまいます。

最近は省エネと称して、部屋にいる人を検知して、風をわざわざその人を狙ってスポット的に風を送るエアコンまで登場しています。これでは不快さを狙い撃ちしているようなものです。

小さな熱源で快適暖房

高断熱住宅では、熱損失が少ないため小さな熱源で暖房が可能になります。しかし、間違えないでほしいのですが、Q1.0住宅が次世代基準住宅に比べて暖房エネルギーが1/4になるからといって、暖房機も1/4の大きさになるわけではありません。暖房熱源の大きさは熱損失に比例します。Q1.0住宅では約半分ぐらいでしょうか。

大は小を兼ねるとばかり、ここに大きな熱源を設置することは避けなければいけません。暖房の運転が短時間になり、室温の変動幅が大きくなり、熱源の効率が低下してしまいます。熱損失に見合った小さな熱源を連続的に運転するのが良いのです。

ストーブ暖房

気密性の高い高断熱住宅では、排気ガスを室内に出すファンヒータなどのストーブは厳禁です。FF式か煙突式のストーブを使います。このストーブを吹き抜けなどがある居間に設置して、1台で家全体を暖房することも可能です。

しかし、ストーブを起点とする大きな自然対流で家全体をカバーすると、どうしても温度の下がった空気がストーブのところに戻ってきます。これにより、居間には上下温度差が生じ、寒さを感じてしまいます。補助的なストーブを1〜2台、離れた位置に設置することで、だいぶ緩和されます。

パネル暖房

各部屋に設置された暖房パネルに温水を送る方式で、パネルから輻射熱と空気を暖めて対流させる両方の機能を備えています。温水の温度は50〜60℃位で、対流の空気がゆっくり流れ部屋全体を暖めるため、とても快適な方式です。サーモバルブを付ければ、部屋ごとに温度を設定することも容易です。

欠点はコストが高いことです。Q1.0住宅では、パネルの枚数も5〜6枚ですませることができますが、それでも100万円ぐらいはかかります。

床暖房

温水をパイプの中に通したり、電気ヒータを使ったりして床を暖める方式です。床全体からの輻射熱で、比較的低い室温で快適性が得られるといわれますが、実際には20℃位は必要です。

室温を20℃に保とうとすると、床表面温は30℃位にする必要があるようで、これで床に座ったり寝転んだりすると、長い時間には、きわめて不快

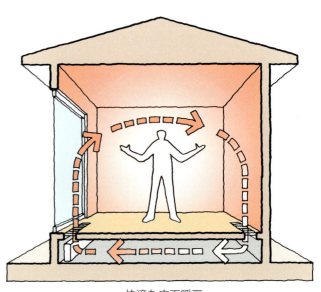

快適な床下暖房

に感じてしまいます。窓からの冷風なども防げないため、高断熱住宅では、快適性ではパネル暖房に一歩譲ります。パネル暖房と併用して、床面温度をもっと下げると理想的な暖房になります。

温風ダクト方式

セントラル型エアコンを使って、ダクトで各部屋に温風や冷風を送る空調方式で、オフィスなどでは標準的な方法です。吹き出し空気が人間に直接当たらないように設計すると、Q1.0住宅では負荷も少ないため、風量を小さくでき快適に暖冷房できますが、Q1.0住宅に見合う小さな機器がなく、機器の値段もエアコンほど安くはありません。

床下暖房

床表面温が低くなる基礎断熱住宅を改善しようとして始まった床下暖房は、その快適性から、いろいろ改良されてきて、Q1.0住宅では広く採用されています。

この方式は、床下に熱源を設置して、床下空間全体を暖め、熱源の上部には必ずガラリを設け、温風を室内に送り出し、その余熱で床下も多少暖めることによって、床表面温度を室温より2〜3℃高める方式です。温水パネルを窓下に設定できない、掃き出し窓でもガラリを設置でき、ガラス面からの冷風を防ぐことができるのが大きな利点です。

床下に設置する熱源は何でも良く、蓄熱暖房機や灯油ストーブを設置することもあります、普通は対流方式のコストの安い床下専用の放熱器を使います。床ガラリの直下にできるだけガラリに近い位置に設置します。

最近は、エアコンを床下に設置する試みも始まっています。いわば、床暖房とパネル暖房を併用した理想的な方法をローコストに実現する方法なのです。

暖房方式の違いで暖房費は変わらない

暖房方式を変えても暖房費は基本的には変わりません。設備の費用が大きく変わるだけです。それぞれの方式に長短はありますが、高断熱住宅に合わせて上手に設計すると、その差はそれほど大きくはありません。

今までの常識をもとに、大きすぎる設備を設置しないよう、上手に設備設計をすることが大事です。

（鎌田紀彦）

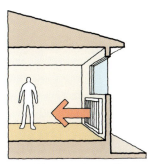

パネルヒーティング

FF式ストーブ

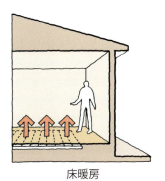

床暖房

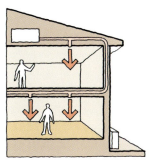

温冷風ダクト方式

床下エアコンの試み

床下暖房にエアコンを使って取り組む新住協の会員が、特に関西方面で増えてきています。エアコン1台で床下空間を暖めて、床面に設けたガラリから全室暖房する方法です。Q1.0住宅では、必要な暖房容量が小さくなるので、エアコン1台でも十分にそれをカバーできて、イニシャルコストも抑えられます。

ただ、設計にはそれ相応の配慮が必要になります。温水暖房は、放熱器が分散して置かれて、そこまで送水ポンプで温水が供給されますが、エアコン暖房は、本体からのみ温風を吹き出すため、エアコンから遠い場所まで、くまなく熱を供給できるようにする必要があります。しかも、基礎には、間仕切り壁の下にたくさんの立ち上がりがありますから、温風の流れが遮ぎられてしまいます。ですから、基礎構造そのものを工夫して、出来るだけ立ち上りのない基礎にするとか、あるいは、送風機で強制的に温風を送る方法等を考える必要があります。

エアコン暖房は、まだまだ発展途上の技術です。今後も調査研究を進めると同時に、設計手法もふくめて開発を進めていく必要があります

（松留慎一郎）

24 夏を旨とした今の家造りでは、夏の室内は暑い

最近の住宅は、夏の暑いときにエアコンを効かすだけで電気代がかかり、我慢して暮らす家になりがちです。
夏を旨として設計した高断熱住宅は、夏も快適に過ごせ、電気代等が安くなる省エネ住宅なのです。

最近の住宅では、暑さに関する設計手法ができていない

夏の暑さ対策として、最近の住宅では、何がなされているでしょうか。部屋に二方向の開口部をつくり、通風を確保するというならまだしも、エアコンを取り付けるというだけの計画ではないでしょうか。

庇は短くなり、小庇はなく、日射遮蔽は不十分です。日射による太陽熱が室内に大量に入り込み、夏の室内は猛烈に暑くなります。

最近の宅地開発では、敷地が東南や南西に30〜40度振った計画が増えています。そうした敷地に建つ家では、窓の正面に強い日差しが低い位置から入ります。

また夏は、南側よりも東側西側の壁の方が日射量は多くなり、東側や西側の窓には低い高度から日が強く射します。

土地は狭くなる一方なので、室内の風通しも悪くなりがちです。風が吹いていない時は、通風の良い家を計画しても、室内の通風はありません。一方、防犯のために、また、雨が入るのを防ぐために、窓を開け放しして外出はできず、室内の温度は猛烈に上昇することになります。

これでは、夏に暑い家、エアコンをガンガン効かすだけで電気代がかかり、我慢して暮らす家になってしまいます。

伝統的な住宅には、夏の対策がいろいろあった

伝統的な住宅には、夏の対策がいろいろとありました。

例えば、居間の掃き出し窓には、欄間（らんま）がついていました。室内の天井面にたまった熱い空気を排出するために、欄間は効果的でした。天井付近にたまった熱い空気の逃げ場がないと、天井材自体が暑くなり、天井面からの熱輻射が厳しく、上からジワーと熱気が伝わってきて、昼はエアコンが効かない、夜は寝苦しい、ということになります。

上側に天窓を、下に地窓を設けて、上と下に高低差のある開口部を計画して、室内を風が通り抜けるようにすることもできます。このことにより、室内に熱い空気がたまらないようにできますし、外部で風がなくても上下に大きな高低差をつけて開口部を設けることにより、室内に風を創り出します。

他にも、防犯も考慮している面格子、日射遮蔽に有効な霧よけをはじめとした庇、ガラス窓の外に設置する簾、西日を遮蔽する落葉樹、朝顔やゴーヤなどの緑のカーテンなど、伝統的な夏対策の手法はいろいろとあります。高断熱住宅でも、これらの伝統的な夏対策も取り入れましょう。

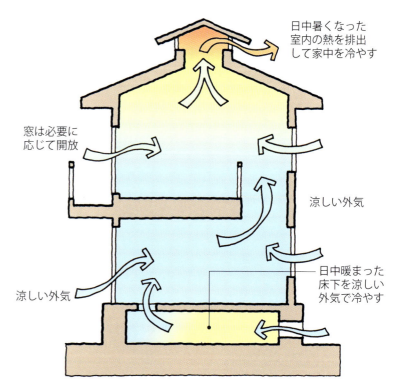

夏の暑い夜
熱帯夜でも、普通は朝方25°近くまで温度が下がるので、夜中窓を開放して、日中家にこもった熱を上下の通風で効率良く排出して、家中の温度をできるだけ朝までに下げる。

夏を旨として設計した高断熱高気密住宅は、省エネで快適な生活

夏を旨として設計した高断熱住宅では、夏を快適に過ごせます。しかも、電気代等が安くなり、省エネでもあるのです。

まず、窓から入る夏の太陽光による日射を防ぐことが最も重要です。それも、窓ガラスの外側で遮蔽して防ぎます。日射遮蔽では、庇の設置をはじめ、欄間、簾、よしず、木製がらり、面格子等の伝統的な夏対策の手法をはじめ、外付けブラインド、スクリーン、日射遮蔽ガラス、オーニング等を工夫しながら使用しましょう。

高断熱住宅は、壁や屋根（天井）には断熱材を厚く、十分に使用してあり、外部の熱は室内に入りにくくなっていますが、小屋裏換気量を増やして温度を下げる工夫は、とても有効です。

通風計画をしっかりと行い、窓の平面上の配置を工夫して風が抜けるようにするだけでなく、地窓や天窓等を利用して立体的な通風計画を立てましょう。面格子やドレーキップなどの防犯的な窓を使用して、就寝時の通風も確保しましょう。

また、夜の涼しさで家中を上手に冷やすと、日中は窓を閉め切ることにより、エアコン使用は最小限ですみます。これらの工夫により、エアコンをあまり使わない、省エネで快適な夏の暮らしが実現できます。

（松留愼一郎）

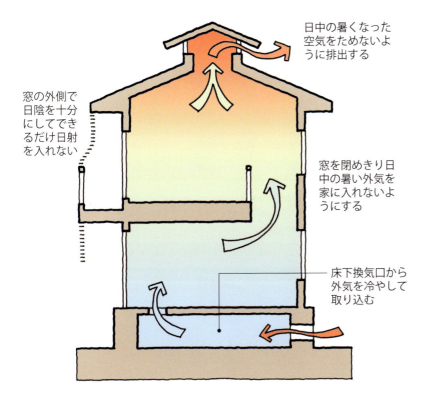

夏の暑い日中
外気温が室内より高くなってきたら、窓を閉めて暑い外気を入れないようにして、朝の涼しさを持続させる。必要に応じてエアコンを運転する。

ドレーキップ窓はおすすめ

窓の気密性能は、開閉方式により大きく異なります。

例えば、はめ殺し窓（FIX）では光と眺望は確保できますが、換気や通風はとれません。全国的に多用されている普通の引き違い窓は、召し合わせ（縦枠が重なった部分）や周辺部で気密性能がとりにくいのが欠点です。引き違い窓でも気密性の高いものは、ヘーベシーベなどの重厚な金物を使用した高価なものとなってしまいます。

一方で、開き窓は、気密パッキンと引き寄せ金具により気密性が確保でき、しかも、比較的安価に入手できます。ただ、北海道の住宅で多く使用されている外開きや下を外に突き出すタイプの窓は、安価ではあるものの、網戸が内側にあり使いにくく、ガラスの外側を掃除しにくいなどの欠点が多いうえに、防犯と雨水浸入の不安から開け放しにできないことが、大きな問題です。

ドレーキップ窓は、それらの問題を解決した窓で、お薦めできます。窓の上を内側にわずかに倒して、防犯や雨水の心配をすることなく通風を確保できます。また、ハンドル操作により、横方向に完全な内開き窓として大きく開くこともできます。

我が家でも多用して、重宝しているお薦めの窓です。

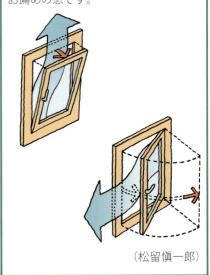

（松留愼一郎）

25 日除けはガラスの外に

夏に室内が暑くならないようにするには、窓ガラスの外側で日射を遮蔽することが重要です。
窓ガラスの外で行う日除けには、庇、簾、よしず、ブラインド、スクリーンとさまざまな方法があります。

窓から入る太陽熱の遮蔽が大切

夏に室内が暑くならないようにするには、日射を室内に入れないことが、一番大切です。室内に入る太陽の日射による熱量には、厳しいものがあります。

日除けとして、窓の内側に白いカーテンやブラインドを付けたりしますが、あまり効きません。窓ガラスを通して差し込む日射でカーテンが熱せられ、その熱が窓ガラスが室内側に放射され、60％近い熱が室内に入ってしまいます。窓ガラスの内側ではなく、外側で日射を遮蔽することが重要です。

高断熱住宅は、夏に家を閉め切った状態では、室内で発生する熱や窓から入る太陽熱で、一般住宅よりも室温は高くなります。春でも、同じように室内は暑くなります。少しの熱で温度が上がるのが高断熱住宅なのですから、これは当然のことです。

しかし、春や夏は、冬と違い、窓を開けることができます。上手に通風のよい設計を上手にすれば、室内に熱がこもることはなく、外気温度程度以上の温度になることはありません。窓の外側で日射をしっかりと遮蔽するなど、夏を旨とした設計をすれば、夏でもクーラーいらずの涼しい家にすることが可能となります。

方位により対策が異なる

最近は、デザイン優先なのでしょうか、南面の大きな窓に庇を設けない家が多くなっています。庇があっても、小庇程度の小さなものがほとんどです。それでは、太陽高度の高い夏でも、窓に直接太陽光が当たり、室内に大量の太陽熱がはいってしまいます。

真南に面した大きな窓の日除けには、庇が効果的です。まずは、しっかりと庇を設けましょう。

敷地の面積が小さくなったこともあり、太陽の高度が一番低くなる冬至の日に4時間日照を確保するために、敷地の形状にもよりますが、住宅を東南や南西に30度～45度振って計画する例が少なくありません。

例えば、南西向きの住宅だと、窓の真正面から日があたるのは午後の2時から3時になります。太陽高度が低くなっているので斜め方向から日が射して、庇での日射遮蔽は期待できません。南西向きの大きな窓に、直接太陽光があたることになってしまいます。

また、真南に向いた住宅であっても、東側や西側にある窓では、庇は日除けになりません。夏は南面よりも東西面の方が日射量は多くなるのに、東側や西側にある窓には、低い高度から日が射すので、まったく庇が役に立た

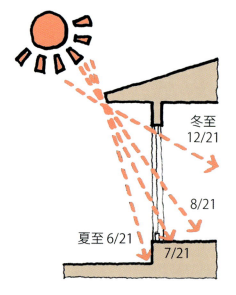

 真南の掃き出し窓への日射は、3尺ぐらいの普通の庇で遮ることができる。しかし、8月～9月には、太陽高度が下がってきて、日射が、大部屋内に差し込むようになる。
また、南東、南西向きの窓では、庇はほとんど効かい。

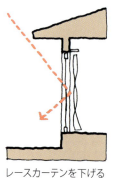
レースカーテンを下げる
（日射侵入率53％）

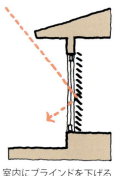
室内にブラインドを下げる
（日射侵入率45％）

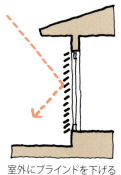
室外にブラインドを下げる
（日射侵入率17％）
（窓ガラスがペアガラスの時）

日除けの工夫

夏は、窓の外側でどのように日射を遮蔽するかが重要になります。日射遮蔽の工夫は、伝統的に昔から行ってきたことです。それらを現代の住宅にも取り入れましょう。

例えば、昔から日除けとして使われてきた簾は、東西面の窓などの低い高度から射す日射に対しても効果的です。ただ、簾は窓庇から簡単にさげられますが、風が吹くとバタバタとあおられて外れてしまう心配があるので、簾の下側も留めましょう。

よしずを立てかけるのも良いでしょう。西側の外壁全面によしずを並べて立てかけるのは、西日対策としては効果的です。他にも、木製がらり等の各種がらり、面格子、西日を遮蔽する落葉樹、朝顔やゴーヤなどの緑のカーテンなど、伝統的な夏対策の手法はいろいろあります。

庇が日除けとしては全く効かない東側や西側の窓では、外付けブラインドも効果的です。また、日射遮蔽ガラスを使用するなどのさまざまな工夫をする必要があります。

他にも、オーニング、シェード、スクリーン等の日除けもあります。これらの窓の外側の日除け部材は、引き違い窓や内側に開く窓ならば、窓のすぐ外側に取り付けられ設置も簡単です。夏に備えて工夫してみませんか。

（松留愼一郎）

掃き出し窓の日射遮閉方式

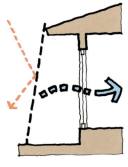
A よしずを立てかける

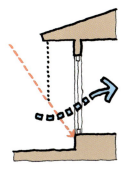
B 軒先にすだれを下げる

C 軒先にポールを立て、ブラインド等を設置

D 窓外にすだれ等を設置、下端を突き出し、通風確保

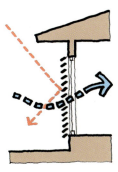
E 木製がらり雨戸で西日を避ける

Column

庇はきかない!?

日本の住宅には、庇が必要です。雨水が窓に直接かかるのを防ぎ、また、夏の強烈な日射を防いで実内の温度を上げないようにするという、大きな意味があります。

庇のない住宅は、デザインだけを追い求めていて、住み心地や性能を無視した家なのです。

日射を防ぐための真南の庇には、適切な長さがあります。夏には窓にまったく日が射さず、冬には家の奥深く日射がはいる庇の長さが理想となります。その適切な長さは敷地の緯度により異なり、その必要長さは立地により計算できます。

ところが、これは太陽高度がもっと高くなる時の話です。太陽は動いていますから、日中の5～6時間の間には、庇があっても相当に熱が入ってきます。

住宅が真南から振れて建設されると、庇があっても日射遮蔽が十分にできなくなります。特に、東側や西側の庇は、低い位置からの強い日射をまったく防げません。また、真南の庇でも、夕方の斜めからの日射は防げません。そういう場合には、簾、よしず、格子、ブラインド等など、昔からの智恵に学びながら工夫して、日射を窓の外で防ぎましょう。　（松留愼一郎）

26 家の中の通風を創り出す

窓を付けるだけでは、必ずしも通風は確保できません。防犯上も安心で、常時開放できる窓を、使い分けて設計しましょう。立体的な通風計画とすることが、家の中に風を創り出せます。

窓を付けるだけでは、必ずしも通風はない

夏でも、必要に応じて窓を開ければ、当然風が通り抜けます。室内の2方向に窓を設ける計画では、室内を風が通り抜け快適です。

しかし、「風通しを良くするため、各部屋に最低2カ所は開閉可能な窓を設置するなど、窓の配置にこだわりました。」と通風考えて設計したつもりでしょうが、外の風が止まっては、室内での通風はありません。

風のない時でも、上と下に高低差のある窓を設けることにより、室内を風が通り抜けるようにできます。このことは、どのような家でもまったく同じことです。平面的な通風計画だけではなく、立体的な通風計画がより重要となります。

窓もいろいろ

窓にもいろいろあります。窓の計画で大切なことは、常時開放できる窓か、あるいは、できない窓であるかということです。

雨水の侵入を防いで防犯的でもある窓は、夏の暑い日中にも開け放しにして留守にできます。暑い夏の夜には、窓を開けて涼しい外気を入れることができます。防犯にも考慮された窓であれば、安心して窓を開け放して就寝することができます。

1階の窓は不用心だからと締めきってしまうと、室内に熱がこもってしまいます。特に、天井は熱がたまりやすい場所です。天井付近の熱を排出するには、欄間や天窓などが効果的です。

使い勝手の良い引違い窓で、気密性を確保するには、ヘーベシーベなどの複雑な開閉装置を組み込む必要があり、高価なものとなります。

北海道などで、多用されている外開きや突き出しの窓は、仕組みが簡単で安価ですが、網戸が内側にあり、掃除等の使い勝手が悪いことに加え、防犯や突然の雨風の不安から開け放しにできないという、大きな欠点があります。

防犯上も安心ができ、使い勝手も良いおすすめの窓は、ドレーキップ窓です。ドレーキップ窓は、ハンドルを90度回すとドアのように室内側に大きく開くことができ、180度ハンドルを回すと上側をわずかに内側に倒して換気だけをおこなうことができます。留守の時も就寝時も、安心して内倒しの換気窓として使用することができます。

それ以外にも、常時開放しても安心な窓には、地窓、格子窓、欄間窓、天窓などがあり、また、最近はすべり出し窓でも、開けた時にストッパーで固定され、外からははずれないようになっている窓もあります。状況に応じて適切に使い分けることが重要です。

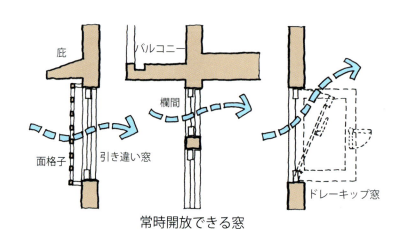

常時開放できる窓

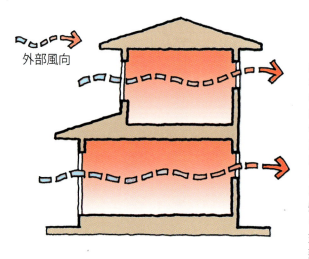

a. 平面的な通風しか考えない設計では、風が弱いと室内の通風は殆ど生じない。外出時や就寝時、1階の窓を閉め切るため、通風が無く、日中は室温が異常に上昇し、夜間はその熱を排出できず朝になっても家中が暑い。天井付近は、窓上部から天井までの小壁によって、熱気だまりになり、温度が非常に高くなり、天井面からの輻射熱が暑さの要因となる。

家の中に通風を創り出す

夏を快適に過ごすために、室内の2方向に窓を設けることに加え、立体的に風が通り抜けるような通風計画とすることが重要です。

風のない時でも、上と下に高低差のある窓を設けることにより、室内を風が通り抜けるように設計できます。

例えば、吹抜け部分の足元には地窓、吹抜け天井部分には天窓を計画して、上下の開口部で5m以上の高低差をつけることにより、外が無風でも室内は自然と風が抜けていきます。

また、防犯上も雨水にもいつでも安心して内倒しのできるドレーキップ窓により、留守にするときや睡眠時の通風も確保することができます。

熱だまりをつくらないことも大切です。天井下40cmくらいの天井ふところは、熱がたまりやすい場所です。40度近くまで高温となり、天井面からの輻射熱で暑くなり、夜は眠れたものではありません。欄間やルーフウインドウ等で、天井ふところの熱気を抜くように設計しましょう。

天窓部分や天井部分では、屋根断熱の内側での傾斜、高窓、天窓、棟換気など様々な工夫をして、立体的な通風計画を行えます。　　　（松留愼一郎）

b. 上下の通風を考慮すれば、風を創り出すことが出来る。2階の通風窓を、天井までとり熱気がたまらないようにする。

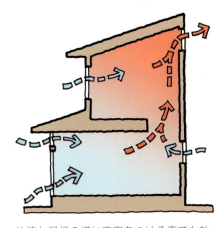

c. 屋根窓を換気窓にすると、天井と窓との間に出来る空間が、煙突効果を持ち、屋根窓からの日射熱は室内に流入しない。

d. 屋根断熱で2階の天井に傾斜をつける事によってさらに効率の良い通風換気が出来る。

e. 片流れ屋根の様に高窓をつける事でも効率の良い通風換気が出来る。

日本の民家は必ず上下換気

伝統的な日本の民家には、夏を快適に過ごすためのさまざまな工夫が、随所にみられます。

そのひとつとして、上下に開口部を設けて通風を自然とつくりだすという方法があります。

例えば、屋根の上に棟をまたいで一段高く設けた小屋根である越屋根（こしやね）は、外観デザイン上の工夫もでき、現在でも大いに利用できる方法です。室内に自然発生する上昇気流を利用して、夏の室内の熱を越屋根の窓から外部に排出し、体に心地よい通風をつくります。高窓も同じ考え方です。

現代の住宅でも、これらの方法は大いに利用できます。居間や食堂の空間を吹抜けとして、地窓と高窓を設けることにより、外に風がないときでも居間と食堂に風が通るようにできます。

階段と廊下を通して1階から2階に風が抜ける設計も良いでしょう。それらの風の道では、心地よい通風が感じられるでしょう。　　　（松留愼一郎）

27 全室冷房なんてぜいたくか？

夏の暑いときは、外気温28℃以上で日中全室冷房とし、28℃以下では窓を開けて室内に風を通します。
小さなエアコン1台から2台で全室を冷房でき、電気代も安く省エネです。

夏の暑さ対策の基本

夏の暑さ対策としては、まずは、日射遮蔽をしっかりと行いましょう。窓ガラスの外側で、日射を防ぐことが基本です。

庇、簾、よしず、ブラインド、スクリーン等を、状況に応じて上手に使い分けて、室内への日射を防ぎます。

また、日中に熱のこもらない、室内に通風をつくる窓の取り方も重要です。留守の時や就寝時に開けっ放しにできるドレーキップ窓や格子窓、地窓、天窓等を使って立体的な通風計画を行い、室内に風をおこして熱がこもらないように工夫します。

これらの暑さ対策がなされた高断熱住宅は、夏は快適な冷房で過ごすことができるだけでなく、屋外からの熱が室内に入りにくい分だけ冷房効率が良くなり、電気代の安い省エネ住宅となります。

夏の暑いときは日中全室冷房

高断熱住宅での全室冷房とは、どのような冷房でしょうか。それは、夏は常時、24時間エアコンを入れっぱなしということではありません。

外気温が28℃以下のときには、窓を開けて外気を取り入れて室内に風を通します。外気温が28℃以上になったときに、窓を閉めてエアコンを入れます。人により体感温度が違いますが、28℃が目安です。

夜は、外気温度をみながら判断しますが、防犯上も安心できる窓を開けて室内に通風をとります。もちろん、冷房は必要ありません。

室内で人が感じている温度は、実は、室温そのものではありません。肌の接する空気の温度と、一番近い壁等の仕上げ材の表面温度の平均値が、その温度になります。

高断熱住宅では仕上げ材の温度と室温がほぼ同じなので、熱輻射のある一般住宅と比べて、室温がそれほど低くなくても快適です。エアコンの設定温度も、極端に低くする必要もありませんし、弱運転で十分です。

熱帯夜の暑い夏の夜が続いても、夜間の冷気を入れることが基本です。夜間に1～2階の窓を開け放しにして外気で住宅内を冷やし、朝になったら逆に窓を閉めて外の熱風を入れないようにすることで室内が快適になります。

日中は、窓ガラスから日射が入るのを防ぐことが重要となります。窓からの日射を窓ガラスの外側で、しっかりと遮蔽することで、夕方まで家中を涼しくすることができます。日中で多少暑いときにも、エアコンの弱運転で家中を涼しくすることが可能です。

例えば、関西以西の地域やヒートアイランド現象のおこる都心部では、猛暑日が続くと、夜になっても30℃以下に気温が下がらない熱帯夜が続きます。そのような時でも、エアコンの弱での連続運転で十分なのです。

小さなエアコンが1台から2台で、全室が冷房できます。さらに、床下に

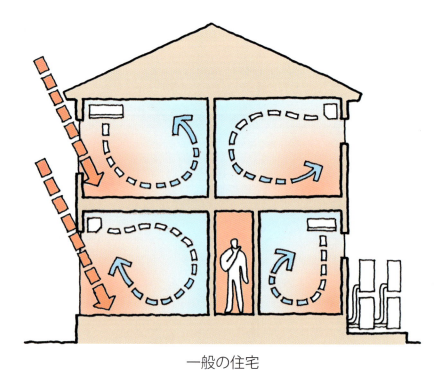

一般の住宅

庇、日除けが不十分で、開け放しにできる窓がないため閉めきって外出すると、帰宅時室内はとても暑く、各部屋のエアコンをつけます。エアコンで室温が下がっても、床・壁・天井や家具は、暑いままでエアコンは強～中の運転が続きます。

エアコンを配置するなど、冷風が人に直接あたらないように工夫することにより、冷房病にもなりません。

夏対策のある高断熱住宅では、全室冷房でも省エネ

夏を旨として造られた高断熱住宅では、全室冷房はぜいたくではありません。冷房病とも無縁で、快適に冷房することができます。

実際、暑い夏でも、小さなエアコン1台から2台で家中を快適にできるのですから驚きです。電気代等の維持費も、これまでと同程度かむしろ少なくてすみます。安い電気代で全室冷房が可能となり、本当に省エネになっている住宅であるといえます。

（松留愼一郎）

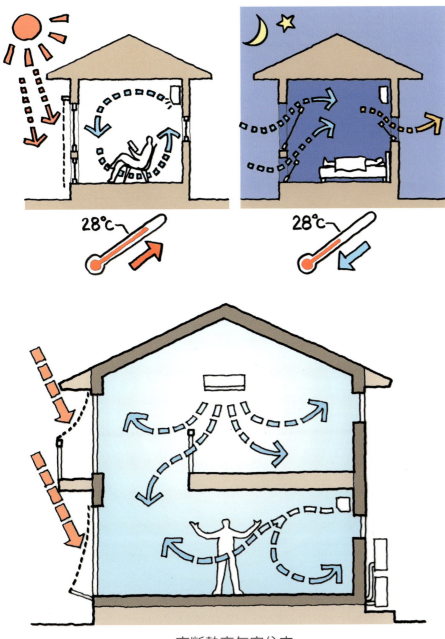

高断熱高気密住宅

日除けをしっかりして、室温の上昇を防ぐと、暑い日でも、エアコンをつけ放して外出できます。エアコンは常時弱運転で、電気消費量はずっと少なくて済み、家全体が床壁天井を含めて28℃を保ち冷房の不快感もありません。

もったいなくはない全室冷房

高断熱住宅では、全館暖冷房にすると、一つの階だけでなく、上下階でも温度差のないオープンな空間が可能になります。大きな吹抜けのある、ひとつながりの部屋にすることができるのです。間仕切りも必要最小限にして、家の中心にいれば、隅々までの広がりが感じられるような家にすることができます。

その中を、快適に、温度のストレスなしで、どこでも自由に歩き回れるのです。こうした住宅に住むとヒートショックから来る病気も起こしにくく、健康なまま長生きができるのです。

日本人は節約が上手で、すぐに「もったいない」と思ってしまいます。全館暖冷房することは、今までのような寒い家、暑い家では、確かにもったいないことです。家の外にエネルギーをどんどん漏らすばっかりだといえます。

高断熱住宅なら、少ないエネルギーで家中を暖冷房することができるので、もったいなくありません。そして、それは本当に心地よいことなのです。

せっかく建てた住宅なのですから、すべての面積を使いたいものです。小さくちぢこまって使わないのは、それこそもったいないのです。高断熱住宅にすることで、家中を開放的に、かつ広く使うことが可能になります。それは暮らす人の行動範囲を広げ、生活の幅を豊かにするのです。

家は心から「ほっ」とするための場所であり、「我慢」や「苦痛」を伴う修行の場であってはいけません。

（松留愼一郎）

28 高断熱住宅は、熱がこもり暑くなるという批判

断熱材を厚く施工すると夏は熱がこもり、かえって冷房負荷が増えるという人達がいます。窓を開け通風をよくすれば熱がこもることはないと思います。暑い外からの熱も断熱材のおかげで少なくなり、省エネになるはずです。

高断熱住宅は、暑い？

私たちが高断熱住宅の普及に取り組み始めて、関東にも高断熱住宅が建ち始めた頃、大学の研究者などの人たちから、高温多湿な日本の風土に、そうした住宅は適合しないという批判が起こりました。

私たちは、日本の冬はけっこう寒く、九州でも暖房は手放せないこと、夏は窓を開けるから高気密住宅も普通の家と変わらないし、エアコンを使うときは、窓を閉め切るのだから「高気密」に問題はないと反論しました。

実際、当時関東や長野、新潟の工務店からは、夏も涼しく快適になったという報告が入っていました。

その一方で、夏、非常に暑くなり大変だ、という声も少なからずありました。そこでこうした地域の住宅で実測調査を行い、これまで述べてきた「涼しくなる家のための設計手法」を確立しました。

しかし、一部の研究者は納得していないようで、Ⅳ〜Ⅴ地域以南の住宅には「熱がこもりやすい断熱強化？」に消極的な発言もあります。私たちは、Q1.0住宅という、断熱強化も含めた手法で暖房エネルギーを削減しようとしているのですから、これが夏は逆効果になるのでは問題です。

冷房エネルギーの負荷計算

そこで、私たちはQ1.0住宅の年間の冷暖房負荷計算をSimHeatというプログラムで計算し始めました。QPEXに冷房負荷計算機能を追加するためにも必要だったのです。全国主要19都市で、次世代基準住宅とQ1.0住宅および、さらに性能を上げたQ1.0-S住宅と3段階のレベルで、住宅は120m²2階建てのモデルプランです。

次世代基準で決められているとおりに、一年中窓を閉め切って、冬は20℃、夏は27℃に制御したときのエネルギーを計算します。気象データは建築学会で出しているAMeDAS標準気象データを使います。

暖房エネルギーは、ほぼQPEXの計算結果と一致します。温暖地のいくつかの都市の結果を示しますが、暖房エネルギーは、次世代に比べて大きく削減されています。（図-1）

一方、冷房エネルギーは、次世代とQ1.0住宅であまり変わりません。都市によっては、逆に増えています。また、関東に比べて、関西、九州はやはり冷房負荷が相当大きくなっています。やはり「熱がこもりやすい」ということなのでしょうか。（図-2）

やはり、真夏はQ1.0住宅のほうが、冷房負荷が少ない

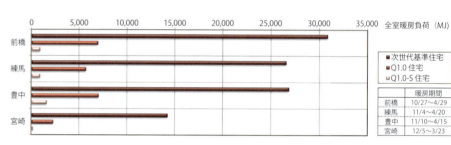

図-1 SimHeatによる暖房エネルギー計算結果
Q1.0住宅は、次世代基準住宅の1/4以下になっている。また、Q1.0-S住宅では各都市で殆どゼロに近い。これは、隣地に住宅がないという日照条件で計算しているためと思われる。

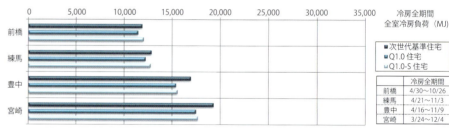

図-2 SimHeatによる冷房エネルギー計算結果
次世代基準住宅とQ1.0住宅とほとんど冷房負荷は変わらない。Q1.0住宅より、若干Q1.0-S住宅の方が増えている。同じ計算で、関東以北の都市での結果をみると、次世代基準住宅に比べてはっきりQ1.0住宅の方が増えるという結果である。

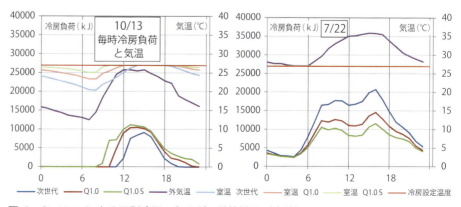

図-3 SimHeatによる日別冷房エネルギー計算結果（宮崎）

図-4を見てください。これは先ほどの冷房負荷の計算結果の、毎日の負荷をグラフにしたものです。選定した都市の中では、一番暑い宮崎市のものです。

　6月中頃から9月にかけては、次世代基準住宅よりもQ1.0住宅、Q1.0-S住宅のほうが、冷房負荷が少なくなっています。これに対して5月や10月は、冷房負荷自体は少ないのですが、冷房負荷は逆転しています。

　さらに、図-3を見てください。このグラフは、外気温と室温、および毎時の冷房負荷を1時間ごとに表したものです。10月13日には、外気温は一日中27℃より低いのですが、窓を閉め切っているため室温は高くなり、冷房が運転されています。

　そして、断熱性能の高いQ1.0住宅のほうが、自然温度差が大きく室温の上昇が大きい分、冷房負荷が多くなっているのです。これが「熱がこもりやすい」ということなのでしょうか。

　しかし、この時期は窓を開けてエアコンをほとんど使わない時期です。これに対して、真夏の7月22日では冷房負荷は、Q1.0-S住宅が一番少なくなっています。外気温が高いため、冷房がずっと運転され、外からの熱の流入が抑えられているという当然の結果です。

　もう一度、図-4に戻ると、すべての窓に外ブラインドを設置して日射遮蔽を強化したモデルでは、5月、10月の冷房負荷がほとんどなくなっています。そして、6〜9月の暑い盛りの冷房負荷も、ずいぶん少なくなっています。

　結局、Ⅳ〜Ⅴ地域の窓を開けて通風によって快適に過ごせる日や期間以外の、暑い夏の期間では、エアコンを長時間使わざるを得なく、その場合の冷房負荷は断熱強化した方が少なくなることがわかりました。全室24時間冷房という条件で計算したのですが、その電気代はどの位になるのでしょうか。

（鎌田紀彦）

厚い断熱の住宅は熱がこもるのか

　数年前に、国の自立循環型住宅への設計ガイドライン『蒸暑地版』が完成したという雑誌の記事で、国立建築研究所の関係者の「蒸暑地では室内に熱がこもりやすい断熱対策よりも、日射を反射させたほうが冷房の負荷を抑えられる。地球温暖化が進む中、東京や大阪などにある住宅でも夏場の省エネ設計を考える際の参考になるはずだ」という発言が掲載されていました。

　冬を旨とした断熱をしていれば、それは夏の熱流入防止にも十分働くはずで、断熱と併用する熱反射材はその効果が少ないと考えていた私には不思議な発言でした。

　また、これらの研究者たちが、日本の南の地域において、高断熱住宅を推進することに後ろ向きの発言が多いことも、気になっていました。

　暖房エネルギーの計算結果を実際の住宅のデータで検証することは、全室暖房をしている住宅はいくらでもありますから、計測すれば容易に可能です。しかし全室24時間冷房を4月から11月まで窓を閉め切ってしている家は、まず日本では存在しません。真夏の暑い間でもそのような住宅を探すことは難しいと思います。

　私たちも、この計算結果を鵜呑みにするわけではなく、新住協の会員が建てた家で、一定期間測定を行おうとしていますが、まだ十分に成果は上がっていません。今年こそはと今から準備を進めようとしています。

　しかし、この計算結果が大きく外れることはないと思っています。猛暑日が増えてきた日本の夏を、Q1.0住宅でエアコンを上手に使って、快適で省エネな生活を過ごすことができると確信しています。

（鎌田紀彦）

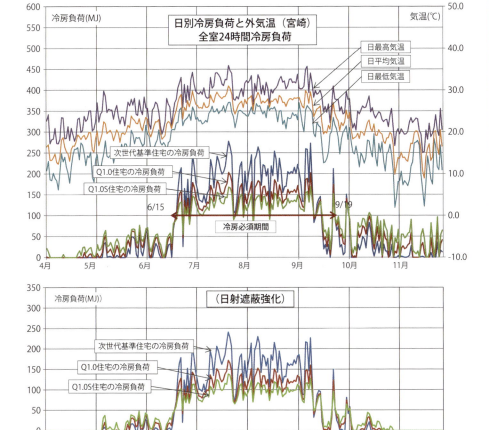

図-4　冷房不要日と冷房必須日の時間別冷房エネルギー計算結果

29　全室冷房も可能な Q1.0 住宅

Q1.0 住宅では、夏の日射遮蔽を窓の外で十分に行い、夜間の外気温が低くなったら窓を開けて通風できるように家を造ると、これまでと同じくらいの電気代で全室冷房が可能になります。

Q1.0 住宅なら、エアコンの電気代も大幅に減らすことができる。

夏の暑さを、もう少し詳細に見てみたいと思います。一年間窓を閉め切った状態で、全体を暖房期間と冷房期間に分けると、冷房期間は図-1 のように分けることができます。

春秋、の通風で冷房が不要な期間と冷房必要期間です。この冷房必要期間を、6 月から 9 月いっぱいとし、その中に梅雨明けから急に暑くなる期間を冷房必須期間と呼びます。冷房必須期間の冷房負荷を計算すると、図-2 のようになり、次世代基準住宅に比べて Q1.0 住宅は、冷房負荷を 20〜30% 減らすことができます。

さらに、窓の日除けや、夜の通風を効率的に行うと、半分近くに減らすことができます。前橋で約 5,000 MJ、東京の練馬で約 6,000 MJ、大阪の豊中や宮崎で約 8,000 MJ という結果です。1 MJ＝0.278 kWh ですから、それぞれ 1,390 kWh、1,668 kWh、2,224 kWh となります。

クーラーの実効率（COP）を 4.0 と仮定すると、消費電力では、およそ 350 kWh、420 kWh、560 kWh という消費電力になります。これなら、一般家庭で夏にかかるクーラーの電力とあまり変わりません。全室冷房も十分できそうです。

6〜9 月の間には暑い日も涼しい日もある。

本格的に暑い冷房必須期間の前後の梅雨時や、9 月の残暑の時期を含めた、冷房必要期間について、もう少し詳しく計算結果を分析してみます。1 時間ごとの温度データを見ると、大阪以西の非常に暑い地域でも、毎日の最高気温は 25〜39℃ ぐらいです。

いま、冷房設定温度を、省エネを考慮して 27℃ から 28℃ に 1 度上げて、毎日の最高気温が 28 度以下になる冷房の不要な日を見ると、全体 122 日の内 40 日前後もあります。関東から東北では、もっと多くなります。

冷房が必要となる日の暑さの程度を、次のように分類します。外気温は午後の最高気温から次第に下がってきますが、28 度以下になる時刻が、夕方 6 時、夜 9 時、夜 12 時の 3 つに分けその時刻に冷房を止め、窓開けて通風します。

朝 6 時には、窓を閉めてエアコンを入れますが、窓の日除けがきちんとしていれば、室温は低く、実際にエアコンが作動するのは昼頃になります。夜 12 時でも 28℃ 以上あれば、その日は朝まで冷房することになります。このそれぞれの日数を代表的な都市で集計したのが、図-3 です。

やはり、関西以西と、関東以北では、桁違いに暑さのレベルが変わることがわかります。この分類で、東北の福島、秋田では、27℃ で集計しています。暑い地方より北海道や東北では暑さの感じ方が異なることを考慮して

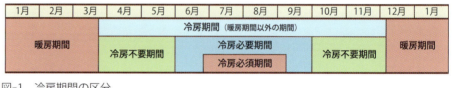
図-1　冷房期間の区分

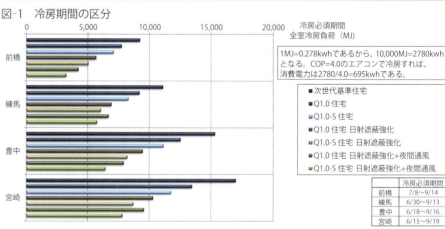
図-2　冷房必須期間の全室冷房エネルギー

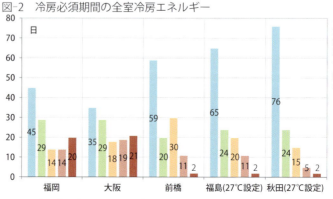
図-3　冷房必要期間の通風パターン別日数

冷房設定温度は 28℃
福島、秋田のみ 27℃

います。

関西以西では、24時間冷房が必要になる日が20日もあり、日中冷房を必要とする日が全体の約2/3の80日もあります。関東の前橋は、埼玉から群馬にかけての非常に暑い地域の中にありますが、24時間冷房が必要な日は2〜3日で、日中冷房を必要とする日は1/2、60日ぐらいです。

東京都内などは、ヒートアイランドでもっと大阪に近くなるとは思いますが、東京周辺地域は、夜の温度が関西より、かなり低いことがわかります。夜間通風によって、家中の温度が下がれば、翌日の少なくても、午前中は窓を閉め切って涼しく過ごせ、冷房は不要になります。

注目すべきは、この北関東から東北にかけても、大阪のような、24時間冷房の日が存在することです。夕方6時から夜12時の間冷房が必要とされる日数を含めると、30日以上もあるわけです。こうした日を涼しく過ごすことができる住宅は、大阪以西の住宅と何も変わらないことになります。暑さの程度こそ違うが、本州全域〜九州の住宅の夏対策は、同じということになりそうです。

このように夜間通風を外気温に合わせてこまめに行うと、冷房負荷は更に少なくなります。（図-4）

しかし、通風で温度は28℃以下になったとしても、実は夜の外気はとても湿度が高く、通風により室内の湿度も高くなり、不快な環境になることが予想されます。

図-5は、室温について主冷房期間の1時間ごとの温湿度および不快指数をプロットしたものです。かなりの時間不快な環境になっていることがわかり、通風可能な時間帯でも窓を閉めて、エアコンをかけておいた方が快適になることが予想されます。この間の冷房負荷はわずかですが、図-4よりは増えそうです。いずれにしても、現状の住宅でエアコンにかかる電気代よりは少ない電気代で、全室冷房が可能であることはわかりました。

（鎌田紀彦）

省エネ度を CO_2 に換算して測る

私たちが住宅内で使うエネルギーは、暖房・冷房・給湯・家電・調理の5項目です。住宅の省エネ度を表すのに、暖房費や冷房費、電気代などがマスコミではよく使われ、身近ではありますが、灯油・ガス・電気の単価は省エネとは関係なく決まるので、尺度としては不適当です。

また、灯油の量や電気消費量も、それを使う機器の効率で変わってくるので、やはりだめです。そこで、1次エネルギー換算ということが行われるのです。例えば、電気を重油で発電すると40％弱しか電気として使えないので、電気1kWhは、2・5倍してその発電に使った重油を原油に換算して表します。そうすると原子力発電はどうなるのでしょうか。

この辺があいまいになり、またその数値はあまりピンとこない、わかりにくい数字になります。そこで CO_2 排出量で、住宅の省エネ度を測ってみます。CO_2 排出量なら、いろいろなデータが公表されていますから、好都合です。原発についてはやはり怪しいのですが。

（鎌田紀彦）

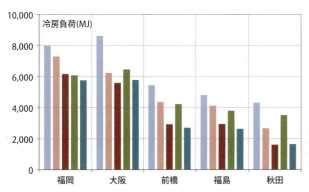

図-4 冷房期間・パターン別冷房負荷（MJ）

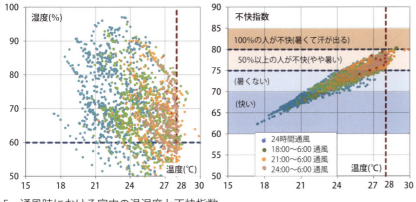

図-5 通風時における室内の温湿度と不快指数

30 エアコンは冷房病になるからできるだけ使いたくない

暑い部屋でエアコンをつけると、エアコンは急速運転を始めます。付けたり消したりすると、この風が元で冷房病になるのです。全室冷房で人間に直接風の当たらない、穏やかな涼しい室内を造れば、冷房病にはなりません。

冷房病にならない快適な冷房とは

エアコンの風に当たっていると、次第に不快になります。不快だけではなく頭痛、肩こり、腰痛、等冷え性のような症状まで引き起こします。いわゆる冷房病といわれています。これは、暑くなったり涼しくなったりの環境の変化に体がついて行けず、自律神経の失調をきたすからだそうです。

また、クーラーをつけっぱなしで眠ってしまうと、朝には風邪を引いたようになることもあります。本来涼しく、快適にするためのエアコンは、実はとても不快な設備です。

このような設備のまま、全室冷房や、快適な夏の涼しさは得られません。結局、風が直接人間に当たり、強すぎるのです。この風から逃げたいのに、最近は人間を検知して、風が追いかけるエアコンさえあります。

本州の温暖地では、このエアコンを使って、冬の暖房もする家が多いと聞きます。冬もやはりエアコンは不快です。温風が体にあたってしまう暖房は、同じ乾燥した環境でも、のどが痛くなったり、肌がかさかさになったりします。

いまのエアコンは、室内の温度が設定温度になっても風は止まりません。しかも室温と同じ空気が出てきますから、暖房時でも寒いとさえ感じてしまいます。とても快適とはいえず、いくら暖冷房負荷が小さく省エネになっても、これではいけません。

床下暖冷房

寒冷地で、私たちは、これまでの経験から、温水のパネル暖房設備が快適だということを知っています。

床暖房が快適な暖房設備だと、よく本には書いてありますが、床暖房では、窓からの冷気を軽減することができず、また室温をある程度確保しようとすると、床表面温を上げてしまい、床が熱すぎる不快な暖房になることが多いのです。

温水パネル暖房でも、基礎断熱では、床表面温がちょっと低く、それを改善するために、私たちは窓付近の床にガラリを設け、その床下に温水放熱器を設置して、床下暖房をするようになりました。こうすると、床下の温度も高くなり、床表面は室温より少し高い、とても快適な環境になります。

冷房も、同じことで、エアコンの空気を床下に回したらどうかということで、いろいろな実験を試みました。

図のように設置したエアコンから、1階の空気を冷やして床下に送り込みます。エアコンは除湿もしてくれるので、床下の結露の心配もありません。こうして床下と一階の空気を循環する

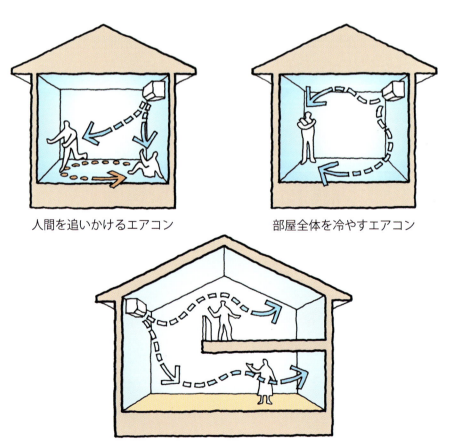

人間を追いかけるエアコン　　部屋全体を冷やすエアコン

全室冷房：吹抜け2階にあるエアコン

と、床表面温が低くなり、1階は空気の流れをあまり感じなくてすみます。

　この方法で同じエアコンで暖房すると、温風は直接人間には当たらず、床表面の温度が上がる床下暖房になります。エアコンによる暖房の欠点はほぼ解消して、とても快適な環境になります。温暖地ではこの床下暖房のエアコン一台で、十分2階も暖めることが可能です。

2階の床下にエアコンを入れる

　もう一つ考えられるのは、1階の床下ではなく、2階の床下にエアコンを同じように入れると、1階は天井から、2階は床から温冷風が吹き出し、家全体を暖めるというものです。

　1階の床下エアコンと併用すると、さらに良いと思っています。これを更にダクト式にして家全体を暖冷房する機器も考えられます。現状でそうした設備は店舗や事務所用に販売されていますが、Q1.0住宅には大きすぎて使えません。

　これらは一つの方法として、いま試みていることですが、単に部屋の壁にエアコンを設置するだけでは、快適な環境は得られません。このような工夫をして、一年中快適な環境を創る研究も、また必要だと考えています。

（鎌田紀彦）

電力の CO_2 排出原単位

　電力以外の燃料を使う場合と、その発熱量や CO_2 排出量には決まった値があります。しかし電力は、発電の燃料によって異なります。水力が最も少なく、火力ではガスが少なく石炭が多いのです。原子力は、ほとんど0という嘘みたいな数字で計算されます。発電所の建設や、廃棄物の処理、廃炉には莫大な費用とエネルギーがかかるにもかかわらず、これを計算にほとんど入れていないようです。

　これらの組み合わせで、電力会社によって1kWh当たりの CO_2 排出量は異なります。一番少ないのは、原発が最も多かった関西電力、東京電力などです。北海道電力は、泊原発第3号機が稼働したことにより、2010年には 0.588 kg/kWh から、0.353 kg/kWh に大幅に下がりました。今は3機とも停止していますから、この数値は跳ね上がっていることになります。

　住宅の評価をするに当たって、建設地の電力会社によって CO_2 排出量が変わるのは問題なので全国の平均値をとると、0.405 kg/kWh という数値が出てきました。しかし、原発がすべて停止した今、この値は 0.6 kg/kWh ぐらいになっています。

　㉜で、住宅の CO_2 排出量の計算は、この 0.6 Kg/kwh を使って計算しています。電気で、そのまま発熱させる電気ストーブや、電気温水器は、実はものすごく CO_2 を排出する機器なのです。

（鎌田紀彦）

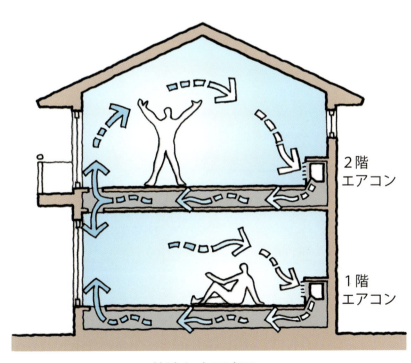

快適な床下冷房

　一般に住宅で使われるエアコンは、とても安く、色々なおせっかいな機能のないシンプルなものは5〜6万円／台で設置できます。
　これを上手に使って快適な暖冷房システムを作ろうという試みです。暖房も電気を使う点だけが残念です。

31 Q1.0住宅ができるまで-1 〜計画編〜

「Q1.0住宅」の設計の段階から燃費の検討を行います。この時に使用するのが、新住協の会員が使う熱計算プログラム「QPEX」です。住宅のエネルギー消費量が計画段階で検討できるようになります。

設計の段階から

Q1.0住宅を建てるためには、設計の初期の段階からも、よく考えておかなければなりません。

住宅の計画の最初は、基本設計となるプランニングを行うことになりますが、この最初の設計そのものも実は非常に重要です。それは、出来るだけシンプルな構成に設計することです。

ユーザーの要望に沿って組み合わせた凸凹した設計は、外表面積が大きくなり熱損失が増えるだけでなく、施工も難しい箇所だらけになってしまいます。シンプルな設計は、建築費全体のローコスト化にもつながります。

一方、そうはいっても、住宅のデザインは単調になりがちです。しかし、デザインのために、複雑にアクセントをつける住宅は、避けなければなりません。

私たちは、あくまでも住宅はシンプルに作って、カーポートや物置、門扉等の外構も上手に組み合わせて、住宅全体としてのデザインを整える設計をおすすめしています。

総2階建てやあるいは構造ラインが整理されて、一部が下屋となっている程度のすっきりとした2階建てプランをベースにして、設計を進め、グッドプランを見つけることが第一歩です。

プランが決まったら

国の次世代省エネ基準は、壁の断熱はいくら以上にしなさいとか、窓の性能の規定をしたりすることによって、省エネ性能基準としていますが、それでは、最も重要な暖房エネルギー量は、まったく見えてはきません。

そこで、QPEXの登場です。プランが決まったら、次にQPEXにその情報を入力して、実際に熱計算をして燃費シミュレーションを行います。QPEXに一度入力を行ってしまうと、あとは、いろいろな検討が好きなだけできてしまいます。燃費の目標を立てて、さまざまな方法を試してみるわけです。

このQPEXの優れたところは、仕様変更がそのまま燃費の削減量として表れるところです。断熱材の厚みを変えると、暖房エネルギーがいくら減ると

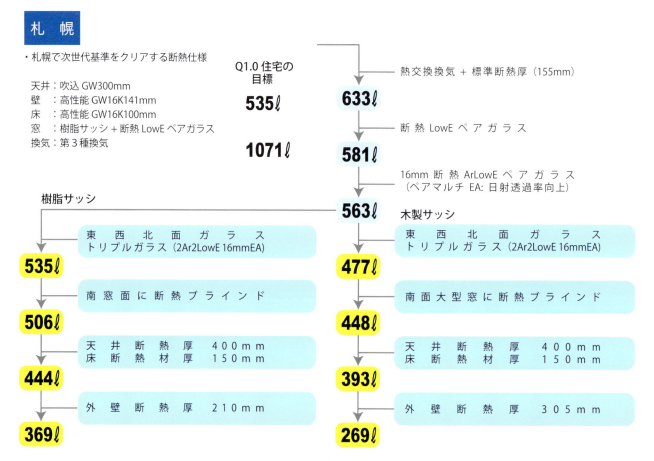

いうことが極めて簡単に手に取るようにわかります。いろいろな方法で目標値までの削減を試しながら、Q1.0住宅の断熱仕様をじっくり模索するのです。

場合によっては、断熱強化や開口部の仕様を変えることはもちろんですが、窓の大きさ自体を変えたり、プランを再考したりすることもあります。

また、QPEXは、全国各地の気象データが入力されているので、エネルギー削減手法も地域によって異なります。日射をより多く取り込むことで削減する地域もあれば、より断熱強化した方が効果的な地域も出てきます。

いずれにしても、QPEXでさまざまなシミュレーションを行って、最適なQ1.0住宅の断熱仕様を設定します。

札幌と東京でのQ1.0住宅熱性能設計プロセス

下のフローチャートでは、札幌と東京の2都市で、およそ120㎡のモデルプランを想定し、Q1.0住宅への設計プロセスをQPEXで計算した結果をまとめたものです。

札幌市に建設した場合、全館暖房（室温20℃設定）の次世代基準クリア住宅の年間暖房エネルギーは、1071ℓになります。北海道でのQ1.0住宅は、その半分以下ですむ住宅ですから、535ℓが目標になります。

住宅の面積や気積（家全体の体積）、窓の大きさ等を、方位別にまずは一通り入力します。そして、熱損失係数ではなく、あくまでも暖房エネルギーの削減をにらみながら、換気設備を熱交換換気にしたり、窓やガラスを変えたり、断熱材を厚くしたり…と仕様をさまざま変えてみます。

そうしているうちに、何をどう変えると、暖房エネルギーがどのくらい減らせるだろうかというコツのようなものが、わかってきます。これをうまくできるかどうかがQ1.0住宅の設計における勘所ともいえますし、面白いところでもあります。

なお、下の例では、熱交換換気→窓の断熱強化→壁や天井の断熱強化の順で削減を進めていますが、もちろん、その順序についても決まりがあるわけではありません。まずは自由にQPEXを使ってみるところから始めてみましょう。
（久保田淳哉）

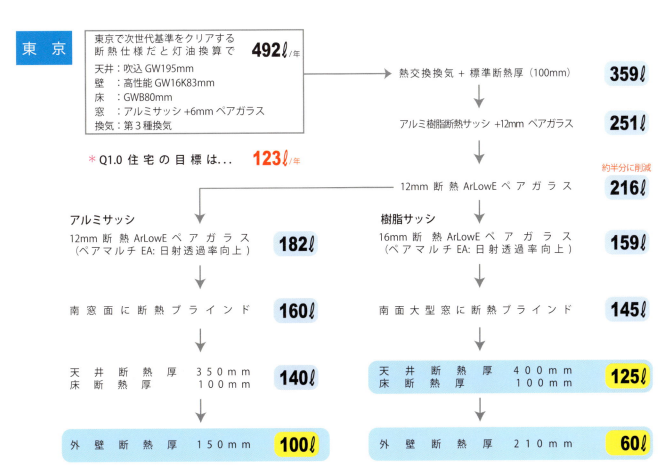

32 Q1.0住宅ができるまで-2 ～施工編～

設計が決まったら、着工です。高断熱住宅の施工には、それぞれの工程で、押えるべきポイントがあります。
原理原則に基づいたチェックを家づくりにたずさわる全員が、きちんと理解していなければなりません。

施工中のポイント

QPEXを設計ツールとして駆使しながら、吟味検討した住宅を、実際に施工するとき、これまでの住宅ではなかった高断熱住宅ならではの注意点が、それぞれの工程や納まりにはあります。

設計でシミュレーションしていた住宅は、あくまでも高断熱住宅としての基本性能が発揮されていることが大前提です。作り手がおろそかだと、身も蓋もありません。

高断熱住宅では、外壁の断熱と4つの断熱部位（屋根断熱・天井断熱・基礎断熱・床断熱）があり、それぞれが断熱層として連続します。そして、これらの接点…つまりは壁の上下端のすべてに確実に気流止めが施工され、同時に気密層が連続する必要があります。

この連続を確保するために、あらかじめ建て方の際に、従来の木造住宅にはない先張りシート等の施工が要求されるケースが出てきます。

もちろん、その気密層を貫通するスリーブ等の処理は慎重に行わなければなりません。これらに加えてQ1.0住宅では、付加断熱を行ったり熱交換換気の設置をしたりといったことも行われますから、この紙面内ですべてを言いきることはできません。

しかし、少なくとも現場監督は、高断熱住宅を理解し、すべての部材の役割を把握し現場を指揮しなければなりません。

住宅を建てるには、木工事だけでなく、電気工事や設備工事といったさまざまな工事が絡み合いながら、多くの施工者が入れ替わります。だから、それらに広く目を配りながら抜けなくチェックをすることが大切です。

高断熱住宅　3つのポイント

①気流止めがきちんと施工されていること

繊維系の断熱材がきちんと性能を発揮するためには、気流止めが壁の上下にあることが、何よりも絶対条件です。グラスウール等の断熱材は、その中で空気が動かないことによって断熱効果が生まれます。だから、上下がきちんと蓋があって、その中に気流が起

① 基礎断熱
防蟻に注意して断熱施行を行う

② 貫通部
気密性・断熱層の壇点にならないように適切な処置を行う

③ コンセントボックス
ポリエチレンシートが連続するようにする

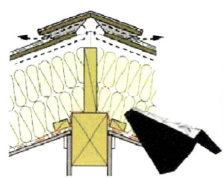
④ 棟換気
屋根断熱とした場合の通気層の出口に設ける部材

⑤ 屋根断熱
屋根の勾配なりに断熱する

⑥ ポリエチレンシート
防湿層（シート気密の場合は気密層）となる

きないようにしなければなりません。

しかし、在来木造は、床下から天井裏までがつながっている工法だったから、単に断熱材を入れただけだと、まったく意味をなさない。つまり、このつながっている箇所を気流止めで止めることが、きわめて重要です。

②気密層と断熱層がすべての部位で連続していること

気密層は、室内側のポリエチレンシートによるシート気密工法と、地震力に対する耐力面材として張る構造用合板等による合板気密工法との2種類があります。

高断熱住宅は、シート気密工法で開発され普及し始めましたが、阪神大震災以降、耐力壁として合板を張ることが一般的となり、これを気密層とするボード気密工法が主流になっている。

ボード気密工法は、これまでポリエチレンシートで防湿層と気密層との両方を兼ねていましたから、壁の中の電気配線やコンセントボックス廻りの処理といったすべての部分で気密の連続を求められました。しかし、ボード気密は、ポリエチレンシートは、防湿層の役割のみにできるため、きわめて施工が楽になりました。

いずれの工法においても、重要なことは、気密層とそれに密着する断熱層が住宅全体で連続していることが必要です。必ず、乾燥木材・シート・合板等で断点なく連続していることです。

③通気層工法がきちんと施工されていること

通気層工法は、仮に壁の中に水蒸気が入り込んだ場合でも、通気層から排出することができる安全な工法です。

また、通気層に面して透湿性能と防水性能を併せ持った張るタイベックシートを張り、これが外壁の防水層になります。

サイディング外装材の継ぎ目のコーキングが切れてしまっても、このタイベックシートが防水層としての役割を果たすため、壁内に雨水が侵入することはありません。さらに、このシートは防風性能があり、防風層としての役割も担っています。　　（久保田淳哉）

⑦　付加断熱
　下地を組み、その間にGWを充填している様子

⑧　タイベックシート
　通気層に面しても設けるシートで外壁の2次防水層を兼ねる

⑨　熱交換換気設備
　色々なタイプがある。排気の熱を回収する換気設備

⑩　通気胴縁
　通気層をきちんと確保します

⑪　耐力壁のための構造用合板が気密層になります

⑫　気流止め
　床の合板が気流止めになります

3章

CO_2削減・リフォーム・デザイン

33 省エネは最大の発電所〜原発のない社会を目指して

省エネ、特に省電力を社会全体で積極的に推進すれば、原発の稼働を減らすことができます。夕方に 2 kWh の IH 調理器が 50 万戸で使われると、100 万 kWh の原発 1 基分に当たります。

地球温暖化防止のため、住宅の省エネは必要

地球温暖化は、地球が長い間に地中深くに貯蔵した地下資源をエネルギーとして使い、大量の CO_2 を排出していることを最大の要因としているといわれます。住宅でも CO_2 排出抑制が要請されています。国は、住宅そのものを省エネ化することでは間に合わないと、住宅内の設備の高効率化を推進しようとしています。

しかし私は、この両方を同時に、強力に推し進めるべきだと考えます。Q1.0 住宅では、住宅の暖冷房による CO_2 排出はきわめて小さくなります。さらに、太陽熱給湯や、バイオマス燃料を使えば全くゼロにすることもできます。これに高効率設備や電気製品の使用で、太陽光発電を取り入れなくても、CO_2 を約 60% 以上も削減できるのです。

これまでもてはやされてきたオール電化住宅は、原子力発電を抑制していくためには、もはや造るべきではないでしょう。特に台所のIH 調理器は、新たな発電ピークを作り出し、将来大きな禍根となるような気がします。

脱原発のためにも省エネを

私たちが高断熱住宅の研究を始めた動機は、日本の住宅は冬寒く、断熱材を使っても少しも改善されないばかりか、木材が腐って住宅が長持ちしなくなったという昭和 50 年代の北海道の状況でした。それに加えて、オイルショックが続き石油資源の枯渇が叫ばれていました。（石油はあと 40 年といわれたのですが、40 年たったいま、またあと 40 年といわれています。）

20 年ぐらい前から地球温暖化問題が提起され、CO_2 がその原因とされ、20 年後には大変なことになるともいわれ、その後のシナリオが提示されました。CO_2 排出は増大を続け、確かに世界的に異常気象と呼ばれる気候変化が起きているように感じます。

しかし、それはマスコミが過剰な演出をしているようにも思えるのです。例えば夏の異常高温なども温暖化のせいにしますが、急激な都市化や気象観測網の拡大など、他にも要因はたくさんあります。少なくとも 20 年前に示されたシナリオは、幸いにも実現していないようです。

こうした中で福島原発事故が起こりました。ドイツは、ロシアではなく日本でこうした重大事故が起こったということを深刻に受け止め、早々に原発廃止を決めました。当の日本は、産業界の要請で原発再稼働を実現しようとしていますが、国民の多くは、少なくとも将来的な原発廃止の方向を望んでいるでしょう。

これまで、日本の発電量の 30% 以上を占めるようになっていた原子力発電を廃止していくためには、火力を増強しながら地熱、バイオマス、風力、太陽光発電など再生可能エネルギーの

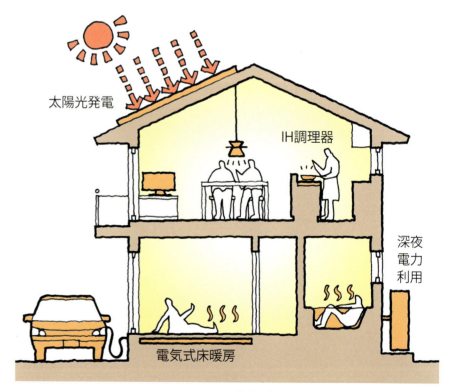

オール電化住宅

オール電化住宅は、深夜電力を中心として大量に電気を消費します。この深夜電力をつくるのはまさに原発なのです。IH 調理器や日中の暖房は、昼間電力です。原発ゼロの方向を望むことと、オール電化住宅は矛盾でしかありません。

発電を増やしていく必要があります。

ここで最近注目されているのが、「省エネ」という発電です。社会全体で、10%の省エネを実現すると、10%の発電所に相当するという考え方です。節電というと我慢をしようという感じで、福島原発の事故が起こった年のような節電を続けると日本の産業が衰退するといわれました。しかし住宅ならば、我慢しないで快適性を向上させながら省エネを図ることが可能です。今度の省エネは、まさに3度目の正直なのです。

省エネの中でも省電力が重要

福島原発事故の年を含む、東京電力の電力供給量を見ると、2010年の最も暑い夏に史上最高の供給を行い、2011年は原発事故で節電を企業に義務づけたせいで大幅に減少、2012年は、ゆるい節電要請だけだったにもかかわらず、やはり大幅に減少しました。

2014年は、太陽光発電が急激に増え、日中の冷房による電力供給のピークカットが実現しました。太陽光発電を総量で見るときわめて小さいのですが、冷房需要が大きいときに最大発電量をもたらしますから、電力供給を考えるうえでは、重要な役割を果たしそうです。

今後、太陽光発電が順調に増えれば、逆に住宅のIHレンジによる夕方のピークが問題になっていくでしょう。原発再稼働を極力避けたい立場からは、電気をできるだけ使わない住宅もまた、太陽光発電に劣らない効果を持つのです。

（鎌田紀彦）

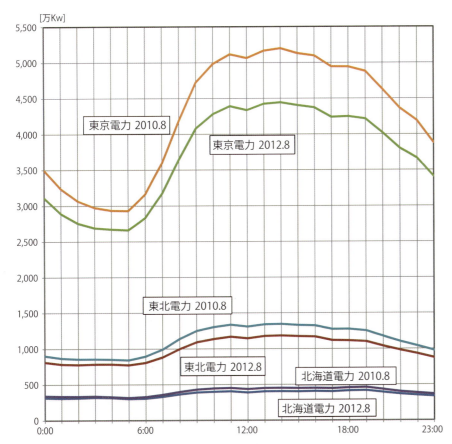

東京電力・東北電力・北海道電力の年別8月供給電力

# Column

原発神話とともに消えたオール電化住宅

この10数年、オール電化住宅がもてはやされてきました。これは、北海道電力が日本で最初に始めました。北電が原発建設に着手したとき、原発は発電量の調整がきかないために、大量に余ることが予想される深夜電力を有効利用するために、深夜の料金をすべて安くするという時間帯別電力料金制度を導入し、深夜電力で暖房給湯を行う住宅を推奨したのです。電力料金は、同じ高断熱住宅で灯油を使う場合より少し安く設定されたようです。

この方法は同じ問題を抱えていた全国の電力会社にあっという間に広がりました。現在では400万戸に上るといわれます。

私は、当初からオール電化住宅に反対の立場をとってきました。原発と関連づけたからではなく、直感的に、せっかく造った電力をニクロム線で熱に変える仕組みに不合理を感じたからです。また、高断熱住宅では、蓄熱暖房機を設置すると設置場所が大きく、自然放熱で日中オーバーヒートする欠点もありました。

これからはオール電化住宅の建設はブレーキがかかる思いますが、問題が一つ残っています。オール電化住宅とワンセットで推進された電気レンジ（最近はほとんどがIH調理器）です。今後も電気レンジは増え続け、やがて夕方の大きなピーク電力となって大問題となるでしょう。

今は原発神話とともに、オール電化住宅は消えた感がありますが、これからの省エネ住宅は、ガスレンジを使うべきです。やがて、吹きこぼれ汁が隙間に流れ込まないガラストップのきれいなレンジをつくってくれるでしょう。

（鎌田紀彦）

34 Q1.0住宅のCO2排出量

暖冷房エネルギーをQ1.0住宅なみに減らし、効率の良い設備や家電照明を設置し、太陽熱給湯設備を導入する。これでCO2排出量は半減し、太陽光発電で容易に相殺してCO₂ゼロの住宅ができます。

省エネ度を計算するモデル

Q1.0住宅は、暖冷房負荷をいかにして削減するかということを考えています。しかし、給湯や住宅内で使う電力、調理のエネルギーについては、建築本体とは関係なく、皆さんの生活の仕方、使う設備機器の効率や熱源によって変わってきます。住宅全体の省エネ度をCO_2排出量によって求めてみます。

ここでは皆さんの生活をモデル化する必要がありますが、次世代基準の解説書にのっているデータによって、給湯量や電力消費量を設定して計算することにします。

住宅の仕様は、次世代基準住宅とQ1.0住宅です。次世代基準住宅では、冬は全室1日平均18℃で暖房し、夏は前述の冷房必須期間だけ窓を閉めて、27℃の全室冷房です。Q1.0住宅も同じですが、冷房では窓の日射遮蔽をしっかりして夜間は通風をしています。給湯や電力の使用は、4人家族を想定しています。

熱源については、次世代基準住宅では電気を直接熱に変えるいわゆるオール電化住宅と、灯油、ガスの普通の効率のボイラーを使った住宅、オール電化で暖房給湯共にヒートポンプを使ったモデルを想定しました。

Q1.0住宅では、石油（エコフィール）、ガス（エコジョーズ）はそれぞれ高効率ボイラーを使い、電気もエコキュートを給湯に使い、暖房もヒートポンプとしました。ヒートポンプの効率は、札幌は東京より低く設定しています。

温暖地では、暖房機能付きエコキュートが使えますが、日中の暖房は昼間電力を使います。暖房時は効率がだいぶ下がるようです。寒冷地では、エコキュートで暖房するのではなく、暖房専用のヒートポンプが使われ始めています。また、北海道電力は、日中でも料金を安くする料金体系を始めたために、電気を単純に熱に変える方式のボイラーや暖房機が使われ始めており、大きな問題だと考えています。

ガスコージェネレーションシステムとして、興味深いエコウィルや燃料電池のエネファームも検討しましたが、データ不足で計算できませんでした。発電した電力を電力会社が買い取るかどうかで、ずいぶん評価が変わってきます。

オール電化住宅は1.5～2倍のCO_2を出す

19の代表都市について計算しましたが、札幌と東京（練馬）の計算結果を、グラフに示します。

次世代基準住宅では、電力を単純に熱に変えて使うオール電化住宅が、圧倒的にCO_2排出量排出量が多くなっています。これは当然のことで、せっかく作った電気を熱に変えるのは、もったいないのですが、深夜電力という美名の元に許されてきたわけです。

最近は、このタイプのオール電化住宅は、さすがの電力会社も受け付けなくなってきたようですが、代わりにエコキュート等のヒートポンプを使い、給湯や暖房をまかなうタイプに変わっ

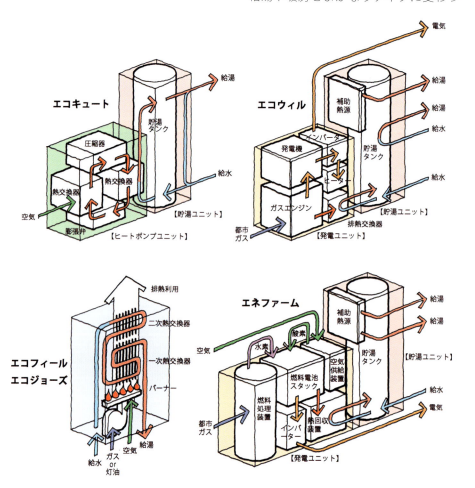

てきています。これをここでは新オール電化と呼びます。

熱源によってあまり変わらない省エネ度

新オール電化、灯油、ガスの中では、札幌ではガスが一番少ないのですが、これは寒冷地では外気温の低い冬にヒートポンプの効率が下がるためです。

東京では、新オール電化が一番少なくなっていますが、エコキュートで暖房も行うと効率が下がり、これより増えて結局ガスが一番少ないということになりそうです。

新オール電化で調理のCO_2が多いのは、IH調理器で大量の電気を使うからで、これはガスに変えた方が相当少なくなります。いずれにしても3つを比べるとそれほどの大きな差がないことがわかります。

Q1.0住宅に太陽熱給湯を組み合わせることで高い省エネ度になる

Q1.0住宅で暖房エネルギーが1/2～1/4になるにもかかわらず、CO_2は次世代に比べてあまり減りません。これは、やはり給湯や電力の消費量が大きいためです。

この給湯を太陽熱給湯で約半分以上をまかない、冷蔵庫やテレビ、LED照明の採用などで電力消費を減らすと、目に見えてCO_2が削減されることがわかります。

太陽熱給湯のシステムは、日本のメーカーではあまり作られていませんが、世界的に見ると、その高い省エネ効果とコストの安さで、普及が進んでいます。日本でも、補助金などを利用して積極的に推進すべきだと思います。

この住宅に太陽光発電パネルを載せることで、CO_2排出量がゼロからマイナスの住宅ができるわけです。

（鎌田紀彦）

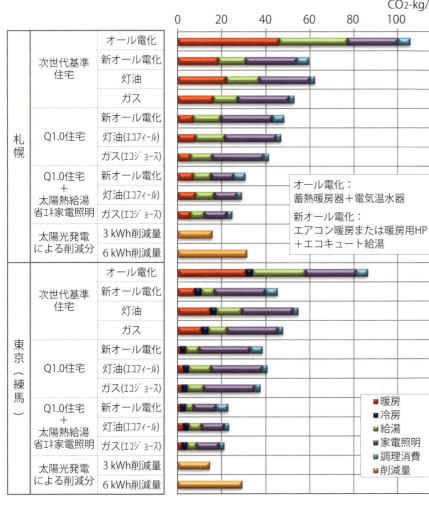

LCCM実証住宅

住宅の建設には、使われる建材の製造、輸送、建設作業などに大きなエネルギーがかかります。また、居住する間にもエネルギーが必要なことは言うまでもありませんが、その長い間に行われる修繕、また最後の取り壊しにも、エネルギーが必要です。

住宅の屋根に太陽光発電パネルを載せて得られるエネルギーよりも、住宅に必要とされるエネルギーの方が小さければ、その住宅のトータルエネルギーはマイナスとなり、CO_2排出量もマイナスになります。

こうした住宅をLCCM（Life Cycle CO_2 Minus）住宅と呼んでいます。これの実証住宅と称する実験的な住宅が2011年春に筑波の建築研究所構内で公開されました。（写真）

住宅を見てびっくりしました。南面が全面窓で、1階窓には庇もありません。筑波では、夏暑い住宅になるはずです。どうしてこんな設計をしたのか不思議に思いましたが、暖房エネルギーを削減するために太陽熱を増やそうとしたようです。断熱厚さは、次世代基準よりちょっと厚いだけなのです。

案の定、この住宅は夏の暑さが予想以上で、エアコンが全く効かなかったようです。こんな設計をせずとも、普通の家で簡単にLCCM住宅はできるはず、と感じました。どうも東京の研究者は厚い断熱に抵抗があるようです。

（鎌田紀彦）

35 CO2排出量削減の切り札 ～太陽熱給湯とバイオマス燃料

効率の高い設備は、CO_2排出量を減らすことはできますが、ゼロにはできません。バイオマス燃料を使う設備は排出量がほとんどゼロ、太陽熱給湯もその分はゼロになります。価格は太陽光発電設備よりはるかに安く済ませられます。

使われなくなった太陽熱給湯

太陽光発電は、日射エネルギーの約15%しか電力に変換できませんが、太陽熱温水器は、その40～60%を、お湯という熱エネルギーに変換します。小さな面積で太陽光発電に匹敵するエネルギーを得ることができます。

給湯の負荷を太陽熱給湯で減らすためには、集熱パネルの枚数を増やすほうが有利です。パネルを4枚使うシステムは、家庭用には販売されておらず、標準は2枚です。温暖地域では、2枚で夏は80%ぐらいがまかなわれてしまうためです。4枚にすると夏に余ってしまい、それを防ぐ工夫が必要になります。

太陽熱給湯システムは、現在日本で住宅用に販売しているメーカーが少なくなり、国の補助金などの助成もなく、実際に設置しようとするとなかなか難しいのが現状です。

一方、中国では、国が強力に推進しており、最近はヨーロッパからの技術導入で、高性能な機器が大量に生産されていて、このような機器が日本にも輸入され始めています。コストもびっくりするほど安いので、改めて太陽熱給湯システムを導入する時期だと考えています。

夏には、集熱効率を下げお湯が余らないようにして、冬は晴れた日には十分間に合うような太陽熱給湯システムが、国が補助金などの仕組みを充実させれば開発されることでしょう。

バイオマス燃料を使うCO2削減手法

Q1.0住宅では、温暖地では暖房エネルギーは灯油換算で100～200ℓ分ぐらいにしかなりません。給湯用のエネルギーも太陽熱給湯を併用すると同じぐらいになります。これらを、もし、バイオマス燃料でまかなえば、この分がほとんどCO2排出ゼロになります。そして、残りの電気エネルギーを太陽光発電でまかなえば、住宅全体のCO2排出量はゼロになってしまいます。

「バイオマス燃料」というと、何かよくわかりませんが、要するに薪やリサイクルに出す古新聞や段ボールです。

地方の人は山で枝を拾ってきても良いし、庭の剪定した枝や落ち葉も燃料になります。最近は製材で出る木材の捨てていた部分をペレットに加工して販売されています。このような木質系燃料は、燃やせば当然CO2を排出しますが、これは地球温暖化に寄与しないので、ほぼゼロと見なすことになっています。

古紙をリサイクルに出すことは、いかにもエコという感じですが、実は集配に大きな手間とエネルギーがかかり、製紙工場で再生紙を作るときも普通の紙より大きなエネルギーを必要としているのです。家庭内で、燃料として使いその分電気やガス等湯などのエネルギー消費を減らす方が、CO2削

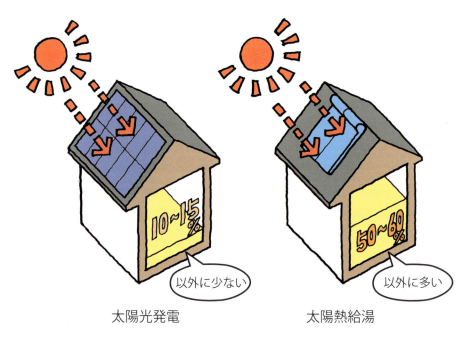

太陽光発電 （以外に少ない）　　太陽熱給湯 （以外に多い）

図-1 タンク別置形太陽熱給湯

図-2 屋根置型太陽熱給湯

減には効果があります。暖房給湯のエネルギーがとても少なくなっているQ1.0住宅だからこそできる技で、一般住宅では必要とされるエネルギーが大きいため、保管場所などを考えるとなかなかできない手法です。

バイオマス燃料を使う設備

Q1.0住宅は、晴れた日なら日中は窓から入る太陽熱で全く暖房はいらなくなります。夕方もまだ暖かくちょっと寒くなってきたら、気軽にストーブでゴミを燃やす。こうした生活は住宅にゴミ焼却を兼ねたストーブがあれば可能です。

こうした設備には、図1のようなゴミ焼却ボイラーがあります。これを住宅内に設置してゴミや薪を燃やして使えば、Q1.0住宅では暖房・給湯によるCO_2排出量を容易にゼロにすることができます。このような設備を暖炉のようなデザインにして居間の片隅に置けば良いのです。ストーブを設置すれば調理も可能です。しかしお湯をつくることができません。

ペレットを使うストーブも開発されています。図2は今回の地震で津波の被害を受けた釜石でつくられていましたが、工場が再建されて販売が再開されているそうです。

図3は、ストーブメーカーのサンポットが販売しているもので全自動運転が可能。いずれも上部が調理に使えるようになっています。サンポットには、ペレットボイラーを早く開発してくれるようお願いをしています。これらの設備の中には電気を使わないものもあり、災害時にも強い味方になってくれると思います。

（鎌田紀彦）

> ## Column
>
> ### CO_2削減に本気で取り組んでいるのか
>
> 次世代省エネ基準が2020年に義務化されることになり、昨年改正された国の省エネ基準では、ほぼこれまでの次世代基準での住宅の熱損失を踏襲しながら、一次エネルギーの消費量を一定以下にすることも要請されています。これでCO_2排出量も規制することにはなるのですが、住宅の省エネ政策としては、大いに疑問を感じています。
>
> 住宅本体の省エネレベルと、そこで使われる設備の効率を、同時に規制しようというものですが、設備の寿命は住宅に比べるととても短いのです。設備の更新時に同様の高効率設備が使われる保証はありません。
>
> 住宅と設備は別々に規制すべきと考えます。また、高効率設備は、せいぜい10％程度の省エネ効果しかなく、国が決め手としているエコキュートは、もっと高い省エネ効果を持っているでしょうが、年間のCOPは実際は以外に悪いようです。そして、エコキュートは電気で動きますから、原発の多くが再稼働して、大量に深夜電力が余ることを想定しているのです。
>
> 太陽熱給湯やバイオマス燃料による暖房給湯は、その分のCO_2排出量をゼロにする技術です。効率を高めることとは一線を画する設備なのです。太陽光発電や、燃料電池に比べると、まったくのローテク技術で、実は、コストもとても安いのです。経産省は、こうした製品を普及させても日本では意味がないと考えているのでしょうか。
>
> 住宅本体の省エネレベルをもっと高めるわかりやすい政策と、こうしたローテク技術の採用で、CO_2排出量は半減する、というのが私たちの計算です。
>
> （鎌田紀彦）

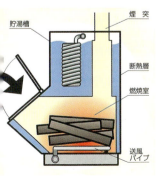
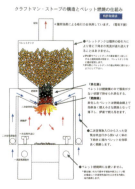

図-3 家庭用ゴミ焼却ボイラー　　図-4 釜石製ペレットストーブ　　図-5 サンポット児童ペレットストーブ

36 大地震に対して、実は危険な日本の木造住宅

木造住宅の耐震性能は、法律の改正とともに強化されてきた歴史があります。しかし、それがきちんと現場に反映されていたかどうかは、疑わしいといわざるを得ません。リフォームの際には、きちんと耐震性能を診断、把握する必要があります。

日本の木造住宅の耐震性は、いつ建てられたかによって、その性能の目安が、おおよそわかります。建築基準法の大きな改正とともに、住宅の耐震基準が厳しく強化されてきていますが、実際に、基準通りの施工がきちんとされていたかどうかは、少し慎重に判断する必要があります。

昭和56年以前の木造住宅

日本の木造住宅の耐震性能は、昭和55年（1980年）に、建築基準法が改正されて、新耐震基準と呼んでいます。少なくとも、これ以前に建てられた住宅は、耐震性能そのものがきわめて低いものですから、耐震改修によって向上させることは、必須条件ともいえます。

特に、鉄筋が入っていない基礎（無筋基礎）の場合さえ、ありえますから、基礎の鉄筋探査機での調査も必要です。

昭和56年～平成12年の木造住宅

昭和55年に新耐震基準が制定された以降についても、必ずしも十分とは言い切れません。

まず、この新耐震基準が施工されたのは、翌年の昭和56年（1981年）6月でした。必要壁量が大幅に増やされ、柱・筋違いと横架材との結合に金物を使う等して強化されたことが主な内容です。

壁量の強化に関しては、確認申請を提出した際に、役所のチェックがされたこともあって、クリアはしていても、接合金物の使用に関していえば、現場できちっとチェックされることがなかったために、実際の普及率はきわめて低かったのです。当時の様子を、大工にヒアリングしても、それほど接合金物に意識がされていなかったといいます。

この結果、耐力壁があっても、それがしっかり効く耐力壁にはならず、壁の倍率（必要な耐力壁の量）が十分に得られないため、壁量不足に陥っていることが多くなってしまいます。

昭和56年以降の建物についても決して安心はできません。慎重に耐震診断を行うべきです。耐力壁を図面から位置・量を確認したうえで、出来ればその耐力壁の筋違い端部の接合状況を確認できれば、全体の施工がおおよそ見えてくるでしょう。金物補強だけで良いか、加えて耐力壁も増やす必要があるのかを見極める必要があります。

一方で、金融公庫の仕様書を調べてみると、やはり昭和56年版には、まだ新耐震が適用されていません。柱・筋交いと横架材との間に金物を使うように指示されているのは、昭和57年版からでした。

金融公庫住宅は、確認申請に提出する図面も多く、壁量計算や断熱伏図が義務づけられていて、現場工事にも、中間検査があります。ここで、構造上重要な部分がチェックされることになっていましたが、検査の内容は、あまり重要視されていなかったようで、やはりこちらにおいても、金物補強の普及率は、きわめて低いと言わざるを得

建築時期	1960年代 (S35～S44)	1970年代 (S45～S54)	1980年代 (S55～H元)	1990年代 (H2～H11)	2000年代 (H12～)
耐震性能		1959年改正基準（必要軸組量強化など）	1980年改正基準（1981年6月施行）（新耐震基準）	（必要軸組量強化など）	2000年改正基準（筋かい端部の金物補強など）
断熱性能		防湿層の普及	1980年省エネ基準	1992年新省エネ基準	1999年次世代省エネ基準
高齢化対応				バリアフリー化	介助しやすい空間
外装	下見板張り	モルタル		サイディング	
基礎	布基礎（鉄筋なし）			布基礎（鉄筋あり）	鉄筋／アンカーボルト
ユーティリティ				ユニットバスの普及	

北方建築総合研究所：「住宅の性能向上リフォームマニュアル」より引用

ません。

　これらの建物は、壁量が不足することはないので、筋かいや柱の両端部を金物などできちんと適切に補強すれば、耐震的には十分となりますし、耐力壁の配置バランスをチェックするだけで良いでしょう。

　ここでも筋かいの端部を目視で確認することが必要になります。この柱・筋かいと横架材の接合部分が耐震性においては、きわめて重要なのです。私たちはこの重要ポイントを、いかに簡潔にリフォーム工事の中に取り込めるかを考えてきました。

平成12年以降の木造住宅

　1995年（平成7年）の阪神淡路大震災での木造住宅の倒壊被害を受けて、2000年（平成12年）にも、建築基準法が大きく改正されました。

　この改正で、耐力壁の量はもちろん、その配置の偏りがないようにバランスよく配置しなければならないルール（通称：1/4ルール）が設けられました。

　また、柱等にかかる引抜力に耐えうるように接合金物が強化され、とりわけ、ホールダウン金物と呼ばれる接合金物を、大きな力が作用する箇所に設置するようになりました。

　この2000年以降、木造住宅でも、現場での接合金物の検査が行われます。また、耐震偽装問題も発生し、確認申請等の業務におけるチェック体制が厳格化されました。

　最近では、これらに加えて、瑕疵担保責任賠償保険の検査等もありますから、耐震性能の面では、十分に満足しているものと考えていいと思います。ただし、チェックを怠ってはいけません。

　　　　　　　　　　　（久保田淳哉）

昭和55年以降の新耐震基準の住宅は危ない

昭和55年以降の新耐震基準の住宅は危ない

　阪神大震災から20年目の2015年1月、マスコミはこぞってニュース番組でいろいろな取材と特集報道を行いました。

　昭和55年に改正された新耐震基準以前の建物がまだ半分以上を占め、そのほとんどで耐震改修が必要であるという報道がありました。

　それに関連して、昭和55年以降、平成12年の建築基準法改正までの間に建てられた住宅の85％が耐震性不足であるということが、関連業界の調査で判明したということも合わせて云われていました。

　私は、耐震・断熱改修工法の開発を始めた10年ほど前、これまでの経験でこの事実を予想していましたから、共同研究を行った北海道の研究者や行政の人に、昭和55年以降の住宅も耐震改修の補助の対象にすべきであると云うことを進言してきたのですが、今でも日本中でこれらの住宅には耐震改修に伴う補助金は出ないのです。

　私たちが提案する耐震改修工法は、とてもシンプルで、昭和55年の新耐震基準の工法に改修する誰でもが思いつく工法です。国は、是非この工法を取り上げ、積極的に耐震改修に取り組むべきと考えます。

　今の建築基準法による耐震基準より、多少レベルは低くても、将来予測される大地震に、少なくとも倒壊よって人命が失われることは食い止められると思うのです。

　断熱改修についても同様なことが云えます。今の次世代基準まで達しなくても、これまで30～40年住んできた住宅の断熱改修は、高齢化で居住人数が減り、2階はあまり使わない状況で、これまでより十分快適で省エネになることがわかっています。

　　　　　　　　　　　（鎌田紀彦）

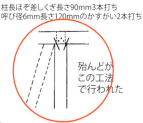

37 圧縮GWを壁の上下に詰めるだけで断熱材が息を吹き返す

改修工事の際には、ぜひ断熱を見直したいものです。「気流止め」の設置という簡単な施工で、古い断熱材さえも息を吹き返し、見違えるほど暖かさや冷房の効きが改善します。ついでに耐震の補強もできてしまうのです。

断熱に関していえば、ほとんどすべて欠陥住宅

耐震性と同じように、断熱性能も同じような問題を抱えています。

昭和54年（1979）にオイルショックを受けて「省エネ法」が制定され、木造住宅は全国的に断熱材の施工が義務づけられました。

しかし、その施工は、断熱材の効果が発揮されないばかりか、壁の中や天井裏で結露が生じてしまうような、きわめて不完全なものでした。

その後、平成4年（1992）の新省エネ基準、平成11年（1999）の次世代省エネ基準で高断熱工法が取り入れられましたが、これらは義務基準ではなく、一般の住宅は、これらの基準に従うことなく、殆どの住宅が建設されてきました。

その施工仕様を代表的な住宅金融公庫の仕様書で見ると、現在最新の「フラット35」の仕様書でも、まだ気流止めのない工法が標準工法として掲載されています。こうした欠陥住宅は今でも建設され続けているのです。

黒い断熱材は壁内気流が生じ断熱材が効いていなかった証拠

今まで多くの改修工事を見てきましたが、室内の壁仕上げを剥がして壁内部を見てみると、グラスウールが灰色や真っ黒に変色しています。黒色は排気ガスなどのタール分を、灰色は住宅内外のほこりを含んだ空気が、グラスウールの中を流れ、グラスウールがフィルターの役目をして付着したことを示しています。同時に結露も生じて、周辺の木材には濡れたあとやカビの生えたあと、腐りかけている部分が見て取れます。

こうした住宅に気流止めを設置する

リフォームの対象となる住宅のほとんどがこうした状況にありますが、これを改善するには、すべての壁の上下に気流止めを設置するしかありません。しかし、既存住宅では、これがとても難しいのです。外壁や屋根の張り替えをするなら、施工できますが、多くの場合、単独で屋根や外壁の改修を済ませていることが多いのです。

大抵の場合、訪問販売などで、私たちから見るとだまされているとしか云えない高い工事費を払って、必ずしも必要ではない改修をしています。

ローコストに、断熱耐震改修を行うためには、できるだけ建物を解体しないで気流止めを設置したいのですが、床下や天井裏から壁の中に何かを詰め込もうとしても、壁の中に突き出ている釘が邪魔をして入ってくれません。

そこで考えついたのが、圧縮グラスウールを使う方法です。

圧縮グラスウールによる気流止め部材

45ℓのポリ袋に高性能グラスウール（HGW）を入れて、掃除機で吸引圧縮してみたところ、みごとにぺちゃんこに薄くなりました。これなら狭い壁の空洞に容易に差し込むことができます。その後カッターできりこみを入れれば、膨らんで壁の空洞を塞いでくれます。

HGWは、従来のGWよりはるかに弾力性があり、ポリ袋に包まれているので気密性も十分です（図-2）。

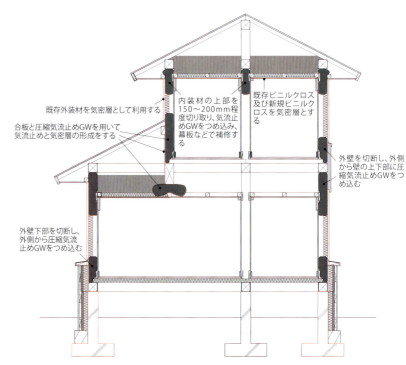

図-1 圧縮GWによる気流止め施工による断熱耐震改修工法
できるだけ建物を解体せずに圧縮GWによる気流止め施工を行い、ローコストで改修を行うことが可能。室内の石膏ボードや外壁の一部を切り取り、そこから気流止めを施工する。同時に筋違いや柱の上下の補強も行う。工事費は100万～150万円ぐらい。

断熱耐震同時改修工法の完成

これを住宅1軒で数百枚使い、気流止めを設置します。気流止めの大部分は、天井裏や床下から詰め込みますが、一部外壁を切り取り、外側から設置して、その後幕板状の部材で防ぎます。(図-1)

一番大事なのは土台廻りです。外壁の下部を約30cm切り取り、土台や柱が腐っていないか、土台と柱、筋違いがきちんと金物を使って結合されているかを確認します。そして、気流止めGWを充填、必要な金物補強をします。

ここが、断熱耐震同時改修のポイントです。両方が1つの工程で可能になりますから、ローコストですむわけです。

床下に潜っての施工ができないときは、基礎断熱とします。これで、外壁に入っていた50mmのGWは本来の性能を取り戻します。気流止めの厚さが100mmありますから平均60mm位の断熱厚になります。

天井にはブローイングGWを200mm以上、追加施工します。これで住宅は驚くほど暖かくなります。北海道での施工例では、ほとんどの住宅で、これまで寒い思いをしていたときと同じ程度の暖房費ですんでいます。

改修でQ1.0住宅もできる

その後既存のモルタル壁を剥がさずに、その上から付加断熱をして、モルタル壁が耐力壁として働く工法も開発しました(図-3)。この工法を使えば図-4のように、外壁と屋根の断熱厚さを十分とれますから、窓も強化してQ1.0住宅に改修できるようになりました。この場合はもちろんそれなりの工事費がかかります。

(鎌田紀彦)

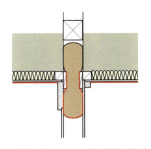

図-2 圧縮GWによる気流止め部材と、その納まり

図-3 既存モルタル外壁を耐力面材とする付加断熱工法

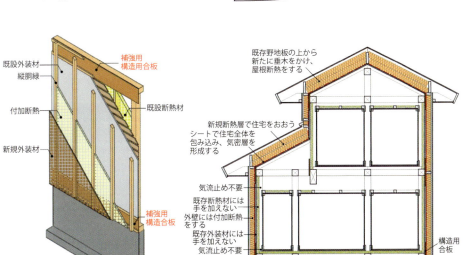

図-4 付加断熱による改修Q1.0住宅のイメージ

Column 布団圧縮袋からヒント

住宅改修のコストを切り詰めるには、できるだけ壊さないことが鉄則です。例えば、外壁材を交換するのに、既存の外壁材を撤去し廃棄する費用は馬鹿になりません。外壁をそのままにして、その上に断熱材を張り新しい外壁材を取り付けるだけなら安くすみます。

既存の住宅をできるだけ壊さずに、すべての外壁および間仕切り壁に気流止めを設置できれば、今までほとんど効果を発揮していなかった断熱材が、効くようになります。昭和56年以降の住宅なら、省エネ法により断熱材が施工されており、それがきちんと性能を出せば、相当な改善になります。

ところが、この気流止めの設置が難題でした。壁の上下の空洞部には、壁の石膏ボードを止めつける釘が、下地の木材を貫通して飛び出しているのです。不用意に手を突っ込むとけがをします。ぼろきれやグラスウールを丸めて詰め込もうとしても、この釘の先端に引っかかって、なかなか入っていきません。

天井裏や床下は狭いので、強引に入れようとしても手が届かなかったり、力が入らなかったりで、どうにもなりませんでした。現場発泡ウレタンなどを注入することも考えましたが、引火性の強い材料で、狭い密閉された空間での作業は危険が伴い、断念しました。

あるとき、我が家で女房が布団圧縮袋を買ってきて布団を詰めているのを見てひらめきました。グラスウールを同じように圧縮すれば、壁の上下に容易に詰められるのではないかと考えたのです。早速大学で学生とともに試してみました。大成功で、空隙厚さの2倍ぐらいの厚みの高性能グラスウールを圧縮すると20mmぐらいになり、施工はとても容易でした。そのメーカー各社が商品化してくれました。

(鎌田紀彦)

38 断熱・耐震同時改修は、こうして進められる。

実際に断熱耐震同時改修工事を具体的に進めるにあたって、どのような調査や計画・工事が行われていくのでしょうか？順を追って、その小路過程をご紹介します。

断熱耐震改修の手順

改修工事では当然のことですが、現場調査をきちんとして、その施工計画を立てることが非常に重要です。特に気流止めの設置には、いろいろな方法がありますから、現場の状況に合わせた工法を選択することになります。断熱耐震改修だけなら、住みながらの改修も十分可能です。

現場の現況診断

①**基礎**：基礎に鉄筋が入っているかどうかをまずは確認する必要があります。これは、建物外周から鉄筋探査機を使って簡単に確かめることができます。

上部構造の耐震性能を向上させる上でも、健全な鉄筋コンクリート基礎の上に載っていることが大切な条件となります。もし、無筋基礎だった場合は、基礎の打ち直しや添え基礎等の方法で、対応を考えていかなければなりません。

②**軸組**：床下や天井の点検口等から潜って目視できる場合は除いて、多くの場合、一部外側から土台や胴差部分の外壁を剥がして、木材の腐朽具合や既存断熱材の状態、筋違いの位置把握や接合金物のチェックを行います。

調査個所は、傷みやすい北側の壁や、浴室廻り等の結露を引き起こしやすい壁を、中心に調査します。なお、既存住宅の図面がきちんと残っている場合も必ずこれらを行い、図面と照合して間違いがないことを確認します。この調査不十分で工事を進めた場合に思わぬ障害にあたることがありますから、特に重要です。

③**窓**：窓の改修をする場合、そのサッシそのものを丸ごと交換する以外にも、ガラスだけを交換する方法、既存サッシに内窓を付けるなどのいろいろな方法があります。そして、それらの選択がコストにも大きく影響します。

改修計画の立案

現況診断をもとに作成した改修前の図面を見ながら、実際にどのように気流止めを施工し、接合金物補強等の耐震工事を行うか計画を立てます。

④**断熱改修**：現場調査をもとに、内装や設備の入れ替え、間取り変更、外壁の張り替えなど、その他のリフォーム工事の内容と合わせ、気流止めが必要なすべての箇所の施工方法を計画し、図面化します。開口部の交換や、内窓の取り付け、断熱材を新たに入れるとか、新規に付加断熱をするといった計画もここで総合的に整理します。

リフォームといっても、大改修から極めて小規模な改修までさまざまです。特に小規模な改修では、出来るだけ既存住宅を壊さないで気流止めを施工する必要がありますから、詳細な計画が重要になります。

また、これと同時に、熱計算ソフトQPEXを用いて、改修前と改修後の熱計算を行って、改修後の断熱性能と燃費性能がどのくらいになるかを計算し

・既存の基礎外周から鉄筋検査機で鉄骨の有無を調査。無筋基礎なら補強が必要になる。

・床断熱での改修：気流止めを施工の上、床下からグラスウールボードを新設した様子

・基礎断熱での改修：健全な鉄筋コンクリート基礎であることを確認の上、外側から断熱材を貼る。

・外壁下端を30cm程切り取り、土台や柱、筋交い等の既存構造体・接合金物・断熱材の種類や厚みをチェックする

・気流止めを外側の壁から施工している様子。既存の断熱材には触らずに気流止めだけで改修する手法。

・基礎が無筋と判った場合、添え基礎等で補強しなければならない。

ます。次世代省エネ基準クリアが目安となります。

⑤**耐震改修**：断熱改修における気流止めが必要な箇所と、耐震性能のポイントとなる箇所は、ほとんど同じで、壁の上下端部ですから、これを一緒に施工してしまうことがポイントです。

気流止め施工と一緒に、どのような接合金物を使って補強を行うか、あるいは新規に構造用合板を貼る等によって、耐力壁を計画します。この耐力壁が、どこに、どのくらい必要かを決めるためには、広く利用されている耐震診断『一般診断法』を用います。

診断の結果は、上部構造評点として算出され、改修後の評点が1.0以上（一応倒壊しない）になるように性能向上させます。

⑥**夏対策など**：夏の暑さに対する対策も考えておきます。開口部に対して、日射を遮るための庇やすだれ、オーニングといった計画も重要です。

他にも、これからの高齢者対応について、手すりを設ける、あるいは手すりを設けられるような下地補強をしておく配慮も必要といえます。

改修工事着工

計画が決まったら、順次それに沿って施工を行います。場合によっては、ユーザーが仮住まいなしに、住みながらでも改修できるケースもありますから、工事計画を入念に立てた上で、施工業者と施主とのコミュニケーションを密にとりながら進めていきます。

断熱耐震同時改修リフォームといっても、高断熱住宅の原理原則と変わることはありません。既存住宅を活かすのですから、その応用編と言えるでしょう。

きちんとした準備と計画によって、住宅の基本性能である断熱性能及び耐震性能能は劇的に向上します。リフォームは、ユーザー自身がその改修する前の住まいを体験すみですから、改修工事でどれほど改善されるか身を持って感じられます。　　　（久保田淳哉）

リフォームの工事見積もりは難しい

大規模な改修で、家を空けてほとんど取り壊すような場合、工事費の見積もりはそんなに難しくはありません。新築に準じて見積もりができるからです。しかし、多くの場合、その家に住みながら、部分的に工事を進めることになり、そうした工事はいろいろな手間が余分にかかってしまいます。

一番難しいのは、改修のため壁の一部を取り壊したりして、中の木材が腐っているのを発見した場合です。見積金額にその木材を取り替える費用が入っていないと、工務店にとっては大赤字になります。余分にかかる費用を後から請求すると、施主にとっては予算オーバーになります。

どちらにとっても困ったことになるため、事前調査を十分にしておく必要があります。しかし、この調査にも結構お金がかかります。工事見積もりをする段階では、まだ工事を頼むかどうか決まっていませんから、この費用は当然、見積もりに入れるのですが、工事の発注が得られないと工務店が負担することになります。

八方ふさがりですが、結局はお互いがどれだけ信頼し合えるかということだと思います。腐った木材を"知らんぷり"でそのまま仕上げてしまうと、大地震で建物が倒壊する危険が出てきます。工事の進行と状況に合わせて、弾力的な工事金額の想定をお互いにするしかないと思います。　　　（鎌田紀彦）

天井点検口から小屋裏へのぼり、間仕切り壁上部から気流止めを詰めた様子。室内側は全く手を付けていない。

気流止めに用いる圧縮グラスウールは、ポリエチレンの袋に高性能グラスウールを入れて掃除機等で空気を抜くことによって薄く硬くなり圧縮される。これを計画位置にセットし、袋にカッターで切れ目を入れることによってグラスウールが膨張し、元通りになって気流止めになる。

圧縮前

圧縮後

39 リフォームのお値段

断熱耐震改修は、普通にリフォームを考えている皆さんの予算の中で実現できます。多少は取りやめる項目もあるでしょうが、住宅の基本性能を高め、住宅を快適にすることができるのです。

リフォームばやり

日本も住宅の建替えや新築が減って、リフォームの時代に入ったといわれます。

高度成長期からバブルにかけての30年近い間、住宅が売買されたり、手狭まになると既存の家を壊して新築するのが当たり前でした。この結果、日本の平均建替え年数は、ヨーロッパのベンツやボルボの自動車より短い時もありました。

バブル崩壊からデフレの時代が続き、こうした状況は一掃されました。団塊の世代は、30〜40年前に夢のマイホームを手に入れ、その後子育てを経て、子供達も独立し、ほとんどが別の町に住んでいます。ローンの支払いも終わり、定年退職を迎え、いくばくかの蓄えと退職金の中から、何年続くかわからない老後の暮らしを、我が家をリフレッシュして気持ちよく暮らしたいと考える人が増えているようです。

もちろん、家を売り払ってマンションに住み替えたりする人も多く、こうした中古住宅を買って、大規模に改修して新居とするより若い世代も多いわけで、リフォームをターゲットにした企業も猛烈に増えてきています。

新築住宅同様に改修する

こうした状況で、今のリフォームは家がきれいになること、便利になることを目指し、最新の設備や内外装建材の展示会場のようになってしまい、お金はとてもかかります。

それでも、リフォームは新築よりは20〜30%くらい安くなります。住宅をほとんどばらばらにして新築のように改修する企業のTVコマーシャルが目につきます。

こうした企業の資料を手に入れようとすると、自動車やマンションのような豪華なパンフレットが、すぐに数cmの厚さになります。しかしこの資料を熟読しても、高断熱住宅に改修しますという言葉はまったくありません。大手のハウスメーカーは全棟次世代基準に対応している状況の中で、1,500〜2,000万円にも上る予算の中で、これでは詐欺みたいなものではないでしょうか。

リフォームの予算

多くの人にとって、リフォームの予算は、300〜1,000万円ぐらいです。

私たちは、断熱改修の工法開発のため北海道で3〜4年の間に、試行的に住宅の改修を試みました。北海道という土地柄、リフォームを考えているのだが、何とか暖かく快適な住宅に変えたいができるのだろうかと思う人に偶然で会い、4〜5軒の住宅の改修工事を実際に行いました。その際の予算は300〜500万ぐらいでした。もちろん同時に、バスユニットや洗面トイレ、キッチンなどの改修を含んでの予算です。

興味深いことは、すべての住宅が、過去10年以内に外壁と屋根の改修を二度に分けて行っていて、すでに200〜300万円位を使っていたことでした。本当なら塗装のメンテナンスだけ

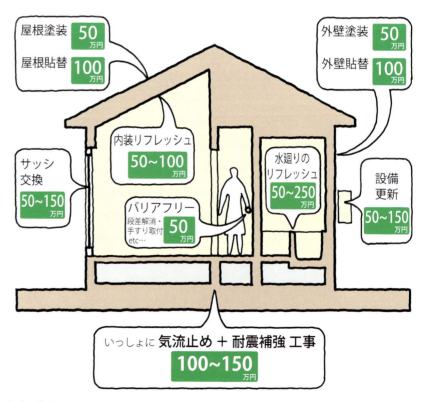

＊住宅の状況により工事金額には大きな差が生じます。ここでは大ざっぱに工事費全体をイメージできるよう、あえて金額を入れました。

で70～80万円ぐらいですんだはずのことでした。そのお金があれば、もっと手を入れられたのにという思いを強く感じたのです。それでも、まずまずの暖かさになり、そうした中から私たちの断熱・耐震同時改修工法は生まれました。

リフォームにメリハリをつける

改修工事は、新築工事に比べさまざまな手間がかかります。必ず既存の住宅を部分的に壊すという工事があるからです。壊した廃材は捨てなければなりません。壊して捨てるということには、とてもお金のかかる時代なのです。一部を壊してきれいにするとその廻りがみすぼらしく感じられ、結局全体に及んでしまいます。

快適、省エネで、地震や台風に安全に暮らすことができるという住宅の基本性能部分にどれだけ重点を置きながら、必要な改修工事項目を見極めることが大事です。予算の中でできるだけ満足がいくように、場合よってはあきらめることもたくさん出てきます。

多くの人は、この基本性能の改善ができるということを知りません。またお金をかければできるだろうと思う人は、こんなに安くできるとも思っていません。

リフォームを手がけるハウスメーカーや工務店、改修専門業者もまた、詳しいリフォームの内容については知りませんから、打ち合わせにそうした要求を持ち出すと、「とてもお金がかかりますよ」といって取り合わず、もっと手軽に儲かるリフレッシュ改修に話を振ってしまいます。

一番うれしいことは、冬暖かく快適だということ

私たちは、数年前、国の補助金枠をもらいながら、約300棟以上のリフォーム工事を行いました。もちろん、断熱・耐震同時改修を盛り込んだ改修です。その方々にアンケートを採ると、リフォームの結果で、一番うれしかったことは、冬暖かく快適になったこと。あるいは、予想外にうれしかったことは、冬暖かく快適になったことという声が多く寄せられました。きっと、これからやがて起こる大地震で、耐震改修を行っておいて、良かったと胸をなで下ろす人も多くおられることになろうと考えています。

（鎌田紀彦）

坊主憎けりゃ袈裟まで憎い

次のような相談を受けました。「住まいがメチャクチャ寒いんです。お風呂もトイレも。とにかく暖かくして間取りに変えて欲しいんです」。

その図面を鎌田先生に送付して見てもらうと「プランは悪くない、暖かくすれば使いやすくなるよ」との回答。そのまま伝えると「とにかく嫌いなんですこの間取り、何もかも、この際だから変えたいんです」。

一方、新住協会員の工務店自身に、次のような話もあります。「子供が巣立ったことを機会に断熱改修して、寒い台所や浴室の配置も見直そうと思い立った。住んだまま外から断熱改修して家が暖かくなったら、台所も浴室も動かす必要がなくなってしまった」。

結局、前者は全面的な改修をしました。ちょっと著名な設計事務所が設計したまだ新しい家です。

改修前、その家を訪問したことがありますが、1月下旬の午前11時、その家の廊下は外より寒い家でした。

（会沢健二）

改修工事の費用 (35～40坪一部2階建ての住宅で、あくまでも目安の参考金額)		
屋根	金属屋根塗装	15～20年に一度塗り替え：35～45万円
	屋根葺き替え	重ね葺き：70～80万円、金属屋根葺き替え：100～120万円
外壁	外壁塗装	10～15年に一度塗り替え：50～70万円
	外壁張り替え	重ね張り：100～150万円、剥がして張り替え：150～200万円
開口部	ペアガラスに交換	気密材交換と6mmペアガラスに交換：40～50万円
	内窓設置	既存サッシの気密材交換とシングルガラス内窓設置：60～70万円 既存サッシの気密材交換とペアガラス内窓設置：70～80万円
	サッシ交換	アルミPVCの断熱サッシに交換、ガラスはArLow-Eペア：100～130万円
玄関戸	引き戸	引き戸は気密・断熱性が悪いのでドア＋ガラス窓に交換：40～50万円
	ドア	玄関戸を断熱・気密性の高いドアに交換：30～50万円
バリアフリー	段差解消	洋室床を和室に合わせてかさ上げ：70～100万円
	手すりなど	階段・トイレ・浴室など：20～40万円
	玄関周りの段差	状況による
内装	壁天井クロス	壁・天井のクロス張り替えなど：30～100万円
	間仕切り壁変更	状況による
水廻り	バスユニット	タイルの浴室をバスユニットに取り替え：100～120万円 既存の浴室がバスユニットの時のユニット交換：60～100万円
	トイレ洗面	状況によるが30～60万円。車いす対応などで広くしたりするとその改修費は別
	キッチン	交換するキッチンセットの仕様による：50～200万円
断熱改修	基本的工事	天井断熱を200mm、気流止め設置、床断熱補強：100万円
	外壁付加断熱	外壁重ね張りの費用に20～30万円追加
	基礎断熱	床断熱補強が困難な場合、基礎外周断熱：30～50万円
耐震改修	断熱と同時改修	金物設置と耐力壁追加の費用：30～60万円（状況によりこれよりかかる場合もあり）
仮設工事		外壁足場設置する場合で色々な仮設40～60万円 上記の工事を別々に行った場合、例えば屋根のメンテナンス、外壁のメンテナンス、水廻りと断熱耐震改修で3回に分けたとすると、それぞれの工事で架設工事費がかかり、全部一度に行う場合に比べ100万円は高くなる。

40 シンプルデザインのすすめ

設計者も人間。要望を叶えてあげようと一生懸命に間取りを考えますが、間取りを現在の希望通りにすることはやめましょう。間取りを細かなパズルにするのではなく、シンプルにしておくことが寿命を長くします。

要望通りに造った家は寿命が短い？

シンプルに設計するとは、具体的にどうお願いすればよいでしょうか。

住まいの間取りを考えてくれる設計士さんにも、いろいろなタイプがあります。

お客様は神様だからと、要望を聞いたら全部叶えてあげた方が喜ばれると思って、一生懸命それを詰め込む性格の設計士、はたまた、理想の住まいは彼の頭の中にすでにあって、どんな要望がお客様から出ようとも、自分のプランに当てはめて、そのまま住みなさいと命令するタイプの設計士。

どちらも極端な例ですが、設計士も人間。真面目な人ほど細かく要求されれば細かく答えようとするものです。したがって、依頼する側の家族が、詳細なことまでを要求すれば、その内容はきちんと取り込まれるわけですから、そのまま完璧な間取りの家になるのかもしれません。

しかし、こういう家はその時点での家族の生活を満たしていても、実はその後の生活の変化で、寿命が一番短い家になる可能性があります。細かく決めたことが、後でかえって不自由になることがあるのです。

ぴったりサイズの功罪

以前こんなことがありました。鍋のサイズまで測ってぴったりと造った引き出し。でもコンロをIHに替えて鍋も替えたら、アララ、そのサイズが入らない！　趣味の雑誌をしまいたいからと本棚を設計に盛り込む。しかしその趣味も飽きて、DVDやCDが増えたら今度は棚の奥行きサイズがあわない。新築に持ち込むつもりで将来を見越して買ったタンス。新築時にサイズを測ってぴったりの収納場所を造ったのはよいけれど、実はそのタンスがハリボテの安物だと気づき一生もののタンスを買い替えたのですが、届いてみたら高さが足りない！　などなど。

こうした話がたくさん出てくるのは、少しでもスペースを節約し、モノにあわせて間取りを設計するということが発端になっています。モノに合わせて設計するということは、一見、丁寧で親切な設計として受け止められるでしょうが、本当は違います。寿命の長いモノ、つまり住宅を、短いモノ（家具／モノなど）にあわせようとするのは、そもそも不合理です。

シンプルデザインを目指すなら、余計な造作は、建設コストもあがりますし、複雑になりがちですから、避けるべきでしょう。その予算があれば、少しでも広い部屋にしておけばよいのです。

生活は変わり、間取りは変わる。

間取りについても同じことがいえま

す。日常の暮らしの中からでる要望をそのまま無限に取り込むと、たいがいその家は、複雑で小さな部屋のパズルになります。

例えば子供室。2人の子供がいればその数だけそれぞれの部屋をつくるでしょうが、いずれ子供たちは巣立ちます。その後に荷物置場になるのは必至です。

子供部屋の位置を一番日当りもよい東南角にしたのに、そこが物置になってしまうのはもったいないですね。2つの子供室が後々ひとつになるように考えておけば、DKにも、リビングにもなりそうな広さです。2世帯に改造する時にも便利ではないでしょうか？

玄関も同様です。靴を脱ぐ、という行為のみに限定した設計では、無理があります。

玄関は大きな港のようなものです。すべての荷物の出入り、通過をする場所。それなりに広ければいかようにも対応できますが、ギリギリサイズで作ってしまうと、後悔することになります。

自分たちもいつかは老います。2階に設置した寝室でさえ、1階に移動したくなり、すべて身の回りに揃っていた方が便利になるときもきます。

今を大事にするのも構いません。でも、将来リフォームをすることがあるかもしれません。どちらにせよ、住まいのあらゆる場所について、長いスパンで考えていくと、今の最良が将来の最良とは言えないかもしれません。いろいろなことに気づくと思います。

生活は変わるものです。シンプルなデザインを勧めるのは、こうしたことからです。　　　　　　　（鈴木信弘）

「シンプルなデザインはつまらない？」

上棟で骨組みが完成してから2ヶ月。外壁工事が一段落して足場がとれ、家の全体像が見えるようになったある日、お客様から電話がかかってきました。「今日、外観を初めてゆっくり見たのですが、なんか物足りない気がするので、今からで申し訳ないが、腰部分にレンガタイルを貼って2色に塗り分けるとかはどうでしょうか？」とのこと。

シンプルなデザインが物足りないと言われたと思い、現場監督は早速タイルのカタログを持って顧客のところに行こうとしていますが、ちょっと待って下さい。

「この家、素敵！」と思うのは、樹木や花・塀・立派な門・ガレージなど、できて、敷地の外回りの造り方が印象を決めていることが多いのです。建物本体はそれほど自己主張していないことのほうが多く、素敵な雰囲気は外構計画が大切。

建物の設計は、敷地全体で考えるべきなのです。建物がシンプルだからつまらないのではなく、敷地全体をデザインしていないからつまらなく見えるのです。

物事は全体で見るべし。それを間違えないようにするのが素敵な家にするコツなのです。
（鈴木信弘）

41 百年使える家

あまりにも短い日本の住宅寿命に対して、アメリカでは家を100年使うは当たり前。そのために、シンプルな間取りで、広めに造るという意識が、住宅の寿命を変えていきます。

高断熱住宅の技術によって、木材でも腐りにくい百年住宅の「構え」ができました。百年といえば、三世代分の寿命と考えて良いでしょう。最初の世代が住むのはせいぜい30〜40年ぐらいですから、住み終わってもまだ70年の寿命があります。

したがって、そのときの買い手が良い家だなと思えば、その分高く売れる可能性があります。どんな家を建てるかで、30年後の資産価値が決まるのです。

ローンの終りが住まいの終り

日本の住宅の平均寿命は、国土交通省の統計などから見ると35年。実に短いと思いませんか？

住宅ローンが終わると家がすでにガタガタ。もう改修して住むこともできないというのでしょうか？　まるで時限爆弾のように、ローン期間と平均寿命が一致しているのでは、銀行の住宅ローンのための家づくりを担ってしまっているようで、悲しすぎます。せっかく大枚はたいて建てた家、大事にしたいものですが、なぜ建て替えられているのかその理由を調べてみました。

多くは親から子へ受け渡され、2世帯住宅としてリノベーションして住み継がれるときに、その間取りが原因で使えない家が多く、建て替えに踏み切るのです。

つまり、家の構造的な耐久性よりも、間取りの欠点によって暮しの耐用年数が短くなっていることが、建て替えの直接的な理由です。

住まいのライフサイクル

当初は子供が2人。それぞれに個室が必要で、来客のための和室も欲しくて、収納も欲しい。いろいろと詰め込んだ間取りに満足していたはずなのですが、時間の経過とともに子供は育ちます。そして自分たちは歳を取り、階段の上り下りも辛くなり、庭の手入れも面倒になり、モノの量も質も変わり、当時ぴったりジャストフィットしていた間取りは、次第に適合しなくなってきたのです。

家を建てた子育て世代の20年後には、だいぶ暮らしも内容も変わってくるのです。家の設計とは、その時点でのベストを選択するということは、必ずその後に不都合も出てくるという宿命があるのです。

そういうことがおぼろげにでもわかっていれば、設計も変わっていたかもしれませんが、当時にそこまで考えるゆとりもなかったのだと思います。

買う時より売る時のほうが高い家

アメリカでは、住宅は百年使うのが当たり前。家を選ぶ基準が、売るときに高い値段がつく家なのです。しかも、きちん手を入れてきたことは、売るときでも価値が下がらないため、買い替えによるステップアップも可能。

若い夫婦がだんだんとステップアップして大きな家に移り住むことができるのは、こうした理由からです。

スクラップアンドビルト（建設と破壊）を繰り返してきた私たちも、そろそろ家の価値について考え始めてきています。家の造りも仕様も良いものを選べる時代になってきています。ならば、その家の価値も存続し、実際に住み継がれるようにしたいとは思いませんか？

では、どのような設計だと価値が存続し、売る時に高い値段がつくのでしょう？

日本人の生活は、すでにライフスタイルの多様化が進み、家で過ごす時間が圧倒的にふえていくことでしょう。こうした変化に対応しやすい家を考えていけば、小さな部屋を複雑に入り組ませパンパンに詰め込んだ「間取り」よりも、シンプルでひとつひとつの部屋が少しでも広いことが重要だと思います。

家全体の凹凸を少ない形にするのがよいでしょう。例えば部屋を広く見せるための出窓などは造らないようにするのです。

シンプルな形と間取りの家は、材料費も施工費も抑えられます。実質的に坪単価が安くなるのですから、その分ちょっと広めの家にすればよいのです。また、シンプルであれば、将来自分の希望に沿うように改築することも、簡単になります。シンプルな家は、地震にも強く、雪や雨によるトラブルも少なく、メンテナンスも容易で安くすみます。そして、メンテナンスが行き届き、耐久性と安全性が確認できる家は、数十年後には高く売れるのです。

こんな家をつくることを考えてみてください。そうすれば意識が変わるはずです。
（鈴木信弘）

 Column

「100年前はどんな家？」

昔から住まいは、その風土・土地にある安価で手軽に入手できる素材を使って、いい土のあるところは日乾し煉瓦、石の産地では石積み、森のある地域は木材で造ってきました。

人間は、材料に知恵と手間を加えて、雨・風・日照から暮らしを守るシェルターを作り上げてきたのです。

これから100年使える家を目指すのなら、一度100年前の家を見てみるのはどうでしょうか。森鷗外・夏目漱石の家（東京都文京区千駄木）や幸田露伴の「蝸牛庵」（愛知県明治村）などは現在も公開しており、見学が可能です。

木造建築の法隆寺は、すでに1300年以上経過していますが、きちんと管理すれば木造は十分過ぎるくらいに長い年月を維持できます。

金属はどうでしょう？鉄は古くから使われていますが、防錆加工をしたとしても残念ながら年に0.01-0.02mm確実に錆びていきます。ガラスが大量に使われ始めてから100年を超えましたが、割れなければ永久的に使えます。瓦に該当する陶器、焼き物も大丈夫です。

逆に、歴史の浅い素材であるプラスチック、ゴム、樹脂といった石油製品は、発明されてから150年ほど経ちますが、製造者は耐用年数の明示を避けており、実際に黄変、紫外線劣化が避けられません。

このように考えていくと「100年使える家」を造るということは、家の骨格には歴史が証明している耐久性のある素材を使い、新しい材料や機器類を使うところは将来交換が可能な使い方をするのが良さそうです。

安易な材料の使い方をして、適材適所を間違えると、住宅本体の耐久性をきわめて低くしてしまいますのでご注意を。安価な建売住宅をみると、その内容に唖然とすることがあります。購入者のことを深く考えないで造っていることが多いからです。銀行で生涯の住宅ローンを組んでまで買うのですから、購入者も見かけだけではなくその内容についても十分研究してほしいものです。

長い時間に耐えられない家は、すぐに壊すことになります。まったくもったいないことです。子供と孫に「あの家をおじちゃんが造ってくれたことに感謝！」と言われるようにしたいものです。
（鈴木信弘）

42 柱/梁の見える家

きちんと法律を守って建てられた従来工法の家は、大地震でもほとんど被害を受けませんでした。アレルギーやアトピー症状の方にも自然素材の家が求められます。

最近の住宅は、室内の壁や天井に、石膏ボードを張ります。その上にビニールクロスで仕上げることがほとんどです。自然素材の漆喰や珪藻土を塗る家でも、柱や梁などの住宅内部の構造部材はまったく見えません。

見た目だけでは、鉄骨造か、コンクリート造か、プレファブ、ツーバイフォーか、伝統的な在来工法か、などの見分けすらもつきません。

昔の日本の家は、柱と柱の間に竹などの細かい格子を組み、その上に土を塗って壁を作りました。柱がそのまま見えていたのです。「柱の傷はおととしの〜」という童謡は、私たちの家に対する共通の想いを表していると思います。柱は家の中で見え、触れるものだったのです。しかし、この唄も今の子供たちには通じません。

「ねえ、お母さん、柱ってなに？」

「え？　そうねえ、ウチにはそんなのないわよ」なんてウソのような話しもあります。

さて、最初に説明した木造住宅の柱の見えない仕上げを「大壁（おおかべ）」、柱の見える仕上げを「真壁（しんかべ）」といいます。真壁の家はもうほとんど造られていないかというと、実はそうでもありません。

近年この真壁造りが再び見直され、復活してきているのです。その発端は食材と同じ「地産地消」という発想。その土地に建つ家の材料は、その土地の材木で造る、というものです。

あなたの家の材木はどこから？

あなたの家の材木は、どこが産地でしょうか？　それを知らないまま家を建てている方がほとんどかもしれません。食材であれば産地を気にしますし、国産かどうかを気にします。食料品のラベルには産地がきちんと表示されることがあたりまえになりましたが、材木はどうでしょう？

考えてみれば、中国、ロシア、アラスカ、カナダからの外来木材を使用するということは、大陸を延々と鉄道で運び、船に積んではるばる輸入しているのですから、わざわざ莫大な輸送コストと大量の二酸化炭素を排出して運んでいることになります。そもそも木材資源の多いこの国で、外国から運んでくる必要があるのでしょうか？

そんな気運の中で、国産材を使うという意識が高まり、また二酸化炭素（CO_2）の排出を抑えることや、森を活性化して守るためにも国産材を使おう！という方が増え始めています。地場の山から出た地元の材料を使い、せっかく良い材料を使うのだから隠してしまうのはもったいないと考え、積極的に構造材の木材を見せる、真壁在来工法を採用することが多くなってきているのです。

香りのよい木材で深呼吸できる家

また、別の方向からも真壁にたどりつく方もいます。

家を建てるに際して、家づくりをいろいろ調べていくうちに、大量に出回

る新建材の危うさや安全性に対する疑問が生まれます。それを除いていくと、残るのが自然の木の風合いを生かした、天然の材木から香る匂いもよく、思いっきり深呼吸ができるようにと、室内の床、壁にふんだんに無垢材を使い、左官で壁を仕上げ、外壁に無垢の板を張るケースも多くなりました。アレルギーやアトピー症状の方も、こうした自然素材の家を求めてくるケースも多くなりました。

この真壁造り。意匠的にも家を支える太い柱や梁が見えて、触れられる家は、長年日本で培われてきた在来木造工法でしか実現できません。

在来工法は地震に弱いというウソ

この在来木造の住宅は、他の工法に比べて、耐震性、耐久性、省エネルギーの面で欠点があると思っている方も多いようです。特にツーバイフォーのメーカーは、精力的に在来工法を駄目な工法と言わんばかりに中傷します。震災が起こると必ず倒壊した古い在来工法の住宅の写真を取り上げ、自分のメーカーの建物はいかにも無傷であるかのごとく宣伝をします。しかし、それは間違いです。

阪神／新潟／東北の地震でも、きちんと法律を守って建てられた住宅は、ほとんど被害を受けなかったのが事実です。

在来工法も時代とともに日々進化しています。通常の工法に加えて、柱と梁の接合部に特殊な金物を用いた、さらに丈夫な工法も普及してきました。木材もプレカット（工場で加工する）工場で乾燥させてからの加工ですから、精度の高い住宅づくりは普通に行われているのです。時代を経て、現代の在来工法は、今の技術でこれからの百年を支えていきます。

（鈴木信弘）

「根太天井って未完成？」

柱の見える真壁の住宅の天井面を見上げると、すべて板材で覆った板貼りの天井、梁だけを露出して見せた天井、骨組みが丸見えの根太天井など、さまざまな造り方があることに気づきます。

プランを打ち合わせしている段階では、お客様のほとんどは天井仕上げを気にすることもなく打ち合わせが進み、上棟時に骨組みを見てもまだ天井を意識することなく、完成して初めて天井を見上げる方も多いのではないでしょうか？

この根太天井仕上げ、実は設計者にとってはかなり難しい仕上げです。自由にプランニングした間取りに合わせて構造を検討すると、床の梁材が綺麗に揃わないこともしばしば。他にも照明器具の配置、2階の水回りの配管ルート、エアコンの設置位置、電気の配線場所など、現代の住宅は設備のための隠れたスペースが数多く必要なのです。それらを検討していくうちに、1階の天井面を隠さず、すべて露出してみせる意匠というのは、相当難しいことなのです。

したがって、一見簡単でシンプルに見える根太天井の仕上げは、設計と工事メンバーの影の努力と工夫の結晶なのです。しかし、残念ながらお客様にはその苦労はなかなか伝わらないようです。

新居が完成して初めての正月を迎えたお客様。楽しみにしていたご両親が訪ねてきて、「まだ天井が仕上がっていないようだけど、いつ完成するのかい？」と言われて苦笑したとのこと。同じような話はほかにも。勾配のある傾斜屋根の天井面に根太天井の意匠を採用した家の見学会を開催した時のこと。見学にいらした方のアンケート記入欄に「高断熱って聞いていたのですが、実際に見学に来て見せてもらったら天井の仕上げがないのですね。これで本当に寒くないのでしょうか？」と書かれていた時はびっくり。

室内から見える天井の上に施した断熱の説明もきちんとしたつもりなのですが、どうやら露出した構造体を見せる意匠には未完成のイメージがあるようです。もう少し勉強しなくちゃ。

（鈴木信弘）

4章

家づくりサポート・新住協

43 儲けるために造る家と生き甲斐としてつくる家

住み手がきちんとした選択眼を養うことが、「家づくり」の第一歩です。世の中にあふれる情報は必ずしも正しいとは限らないのだから。まずは業者に聞いて、実際に住んでいる家を見せてもらうのが一番です。

確かな選択眼を養って

本や雑誌、テレビ、新聞記事、メディアには、日々必ずと言ってよいほど住宅に関する情報があふれかえっています。たまたま目にした情報の中には、間違った情報や知識、技術をイメージだけで語っている無知、売らんがためのウソが多く、怒りすら覚えることがあります。

また、テレビ等でも取り上げられるリフォームや新築の説明でも、番組製作担当者が聞きかじった程度で、もっともらしく語る情報の中には、間違ったものが多く含まれていることに、日々憤慨しています。

例えば、あるベストセラー本では、工務店の社長が初めて高断熱住宅を建て、今までの自分が建ててきた住宅とのあまりの違いに驚き、反省し、高断熱住宅を声高に勧めています。そこまでは良いのですが、その後、あるメーカーの特定の外断熱工法だけが良いもので、それ以外の製品では駄目だと強弁しており、ビックリしました。その工法は、私達が思うに、火災時の安全性や断熱材自体の耐久性に問題があって、とてもユーザーに勧められるものではなかったからです。

建築の技術や材料には、必ず長所と短所があります。コスト、施工のしやすさ、耐久性、耐震性、安全性、デザイン性等など、たくさんの評価項目があり、総合点の高い技術が良いものとされています。

良い住宅の作り手を選ぶ

こうしたことは、住宅を造る側がきちんと勉強する必要がありますが、悲しいことに日本の義務教育の過程では、住まいに関する教育がほとんど行われていないようです。高校や大学に入学して、専攻として住宅や建築を学ばなかったとすると、住まいに関しての正しい知識をもつことができないのです。

誰もが住宅に住み、暮らしているのにも関わらず、正しい知識を持たずに過ごしているのです。

したがって、専門家として住まいを扱う私たちは、建主にその材料や工法の長所や短所を素直に説明しなくてはなりません。

業者が一生懸命売ろうとする製品は欠点を隠しがちです。売りたいがために良い点だけを宣伝しがちです。住まいの作り手の姿勢が問われるのです。

住宅業界は競争の激しい業界です。自動車や家電製品と違って小さな工務店から大企業までが対等に、同じ土俵で競争しています。そうした中で、技術をきちんと習得し、本当に良い住宅を造っていこうとしている小さな工務店も数多く存在します。こうした人たちをしっかりと地域の住宅の作り手として生き残らせるのは家を建てる皆さんの選択です。

本当に百年ですか？

高断熱住宅の技術で可能になりつつある「百年住宅」ですが、皆さんが建てる際には注意が必要です。実はこうした技術は、住宅業界にはまだ普及していないのです。

え？ そんなはずはないのでは？と思うかもしれません。大手ハウスメーカーなら安心とか言うと、必ずしもそうでもないのです。「百年住宅」とう

情報過多？

たっていますが、極めて遅れた技術で造っている企業も珍しくありません。企業の原則は儲けることです。

したがって、利益のための儲けられる技術が優先してしまうのは仕方がないことで、それが皆さんの暮らしのための技術を優先しているとは限らないのです。

冬に強大な「つらら」ができて困っているという相談を受けたことがあります。その家は北海道でも有名な住宅建築設計事務所の設計で、地元でも有数の工務店の施工によるものでしたが、高断熱の技術をほとんど理解していなかったため「つらら」が発生していました。

これは北国のことですが、同様に関東圏でも「結露」や「カビ」でも同じようなことを相談されるたびに、設計、施工の基本的な技術の低さを感じるのです。

家を訪ね、住人の話しを参考に

しっかりした家を造るには、業者の見極めが必要です。人が良い、顔が良い、活気があるという様子ももちろん大切かもしれませんが、一番良い方法は、その業者が建てた家を実際に見せてもらうことです。一緒に訪ねるのではなく、家を紹介してもらい、業者がいないところで、住んでいる人から直接に話しを聞く必要があります。

住んでどうか？ 夏冬を通しての住み心地や暖房や冷房のランニングコスト、ガス代、電気代は？、住んでみてわかることがたくさんあります。いろいろな話を直接聞いてみることで、リアルに善し悪しがわかってくるものです。雑誌に出ているようなきれいな完成写真では決してわからない、生の声を聞くことで、その業者の姿勢も施工レベルも見えてくるのです。

もし、それがなかなかできないときには、直接国が定めた基準や制度に従った長期優良住宅や低炭素住宅の仕様をオーダーするのもよいでしょう。そのことで最低限確保できる性能が見えてきます。業者にその要求することも効果的です。きちんとした造り手は、そうした質問に対して、誤摩化さずにきちんと答えてくれるはずです。

（鈴木信弘）

「木の節（ふし）はお嫌いですか？」

住宅の柱や梁といった構造体に使う木材の樹種は、桧、杉、松などの針葉樹が中心となりますが、これらの木材は山に植えられてから年輪を重ね、直径が30センチ以上になってようやく1本の柱や梁が削り出せるくらいになります。

山の斜面に植樹された木は、そのままでは育ちません。定期的に枝をはらわないとまっすぐは成長しませんし、植林密度が高すぎると育ちが悪くなるため、間伐も行います。実は、出荷できる材木に育つまでには相当な労力をかけているのです。丸太を削って芯を持つ四角い柱を1本とるときに、もともとも枝が生えていた痕跡が節となって現れます。

この「節」は、本物の木であれば当然あるものなのですが、お客様から嫌われることが多いようです。伊勢神宮や料亭などには節のある材木なんて安物だから使われていないとか、夜寝るときに天井を見上げると眼のようだからギョッとするとか、理由はさまざまです。しかもこの「節」は写真映えがかなり悪く、シミのように見えたりするものですから、不人気です。

お客様がそんなことを言うものですから、材木を扱う製造者も試行錯誤し、早くから無節の化粧材を擬似的につくる技術が発達し、いわゆる偽物の材料が蔓延しています。

ビニールに木目をプリントして貼っている物まであります。本物の木では精度が出ないとか、温度湿度に影響を受けるからとか、量産できないとかいろんな理由がありますが、それを求めている顧客のニーズがあるからこうした製品が生まれるのです。

食品だったら「偽せイクラ」や「偽せ和牛」も大変な社会問題になるのに、住宅ではほとんど問題視されていません。本物の木材に節はつきものなのです。節を避けたいなら、柱材でも、板材でも、少しお金を掛けて無節の材料を指定すればよいのです。安くしたいからと張りボテの柱やプリントの板材を使わないようにしたいものです。安価な材料は、もともと儲けるために作られただけの材料が多いのです。

（鈴木信弘）

本当の情報とウソの情報

44 リフォーム後に東日本大震災に遭遇したが暖房なしで暮らす

2011年3月11日、あの東日本大震災で、住宅損傷がなかっただけでなく、暖房なしで暮らしきった家が、仙台にあります。その3年前リフォームで断熱・耐震性を向上させた家でした。

築26年住宅のリフォーム計画

築26年の我が家を平成19年（2007年）の暮れに全面的にリフォームしました（写真1.2）。場所は仙台です。

私は高断熱住宅の普及啓蒙の仕事をしていて、およそ25年になります。我が家はその専門技術を活かし、仲間諸氏の協力を得て、断熱性と耐震性を同時に向上させる改修工事を行いました。具体的には

1. 全室暖房して暖かく暮らしたい
2. 年間の暖房費が2～3万円の省エネ住宅にする
3. 大きな空間をつくって広々暮らしたい
4. 予想される大地震に耐える家にしたい
5. 老後も暮らしやすい間取りに変えたい
6. 水廻り設備なども一新したい

などを計画し、断熱材を厚くし、耐震補強を加え、ほぼ予定通りの工事ができました。

家族3人住んだまま工事を進めたので、実験的とはいえ少々難儀しましたが、リフォームは大成功でした。

省エネ快適という点では、年間2万円の灯油で12月から3月まで寒さ知らずで暮らすことができています。

震災後の非常時、暖房なしで暮らせた

そして、高断熱耐震改修の威力をまざまざと実感したのは、あの東日本大震災時です。

2011年の3/11と4/7の2回、震度6を超える強震に見舞われました。特に、4/7深夜は震度6強で、激しい揺れでした。玄関脇の電柱は今も傾いたままです。（写真2）

リフォームの結果は、というと、大きな空間があるにもかかわらずまったく無傷でした。珪藻土を塗った壁にも亀裂一つ入らなかったのです。もちろん室内の小物は足の踏み場もないくらい散乱しましたが、住宅本体には被害らしい被害もなく、せいぜい皿の2、3枚が割れた程度にとどまったのですから驚きです。

さらに大いに助かったのは、震災後暖房しなくても暮らせたことです。停電で暖房ができない状態が続きました。地震の一週間後の3/17は雪が降るくらいの寒さでしたが、この間、暖房しないでも15～16℃の室温が保てていたのです。結局、灯油タンクを手に提げて寒空のスタンドに並ぶこともなく、4月の春を迎えることができました。

震災後の波紋

以上は震災直後のできごとでした。この話にはそれ以後にも続きがいくつかあります。大地震に耐えて暖房なしで暮らせたという話を聞いた人が何人か来られました。皆さん、何らかの形で新築か大規模改修工事をしなければならない人たちでした。ある人は地震により大規模損壊と認定されたもののリフォームで改修可能ということで、我が家と同じような方法で、大規模改修をしたいとお考えの人でした。別な人は、地盤改良の必要もあって新築、さらにある人は、リフォームを計画していて、途中から新築に変更したと聞きました。

写真1　改修前　平成19年

写真2　改修後、平成23年7月　震災で、電柱は大きく傾いた

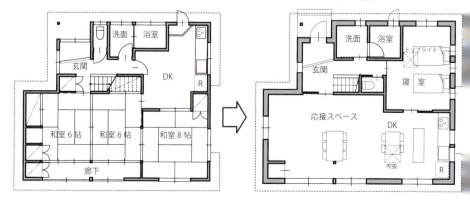
3部屋に仕切られていた和室を開放的なワンルームに間取りを変えた

いずれも工務店へ、この家と同じように暖かくして欲しいと注文していたようです。後で会うと、皆さんが冬暖かい家になったと大満足しています。リフォームを選んだ我が家の二軒隣の家では、冬暖かいばかりか夏も涼しいと老夫婦二人が、にこにこして暮らしています。

ちなみに、我が家では平成21年夏から冷房を使わないで暮らせています。高断熱住宅で夏涼しく暮らすには、設計の他に暮らし方があって、夏は暮らし方が大きく左右すると思っています。

高断熱リフォームだからできること

我が家に来た訪問者には、面白いことに共通した開口一番の言葉がありました。「ウチもこうしたいのよねぇ」です。

それまで三間続いていた和室の襖障子を取り払って大きなワンルーム（図1）にしたのです。具体的には、南側の廊下も床続きにしたので南に面する明るく広い部屋になりました。西側の部屋は天井を外して吹き抜けにしたので、上方向にも広がりました。

この団地は、昭和50年代後半に開発されました。大体同じ世代の人が住んでいて、どこの家でも子供が離れて夫婦二人で暮らしているようです。小さな部屋の仕切りを取り払って広々と明るい部屋にしたいと皆さん思っていたのでした。

私は加齢対応として1階ですべて用が足せるような間取りにしました。そのテーマは「食う寝る遊ぶを一カ所で」で、ベッドからトイレまでは9歩、浴室13歩、食卓8歩という横着間取りです。大変暮らしやすいと、自画自賛しています。

同年代の訪問者は「これでいいのよねぇ」と言って帰ります。それもこれも、十分すぎる以上に高断熱されているからできることです。　（会沢健二）

真冬でも1日一㍑で全室暖房

本文にも記述しましたが、この家はQ1.0住宅をめざして全面改修をした住宅です。快適な室内環境を超省エネで実現することが目標でした。どんな温度環境でどのくらい暖房エネルギーがかかるか、暮らし始めてからずっと測定していました。

大震災があった2011年に室内の温度が測定できたのもその延長だったのです。その時設置されていたのは「おんどとり」という測定器がリビングに1台だけでしたが大変貴重なデータが取れました。

2007年12月末に暖房を開始して以来、ずっと暖房に使った灯油の消費量を日単位で測定しています。暖房用タンクは給湯とは別になっていて、取り付けた流量計は使用量が1cc単位で目視できるのです。

暖房をある温度に設定しておいて、冬期間は常時ONにしておきます。1日の使用量を毎日記録していると、おもしろいことがわかります。真冬の1、2月でも日が照ってやや暖かい日は一日1リットル程度（100円/ℓ）しか消費しない日もあれば、寒波が続くと4ℓ（400円）かかる日もあります。住宅の断熱性能と日射エネルギーの関係を身体で感じて暮らしています。

南面の大きな開口部には断熱ブラインドを付けています。日差しがあるときはブラインドを上げ、日射熱を沢山取得、夜間や曇天の日はブラインドを下ろして断熱を強化し、熱を逃がさないという仕組みです。それが省エネのコツだということが暮らしていて、よくわかります。

熱帯魚のグッピーを水槽で飼っています。震災後の停電で、ヒーターが止まった水槽のグッピーも被災者なのですが、なんと一匹も死にませんでした。これもQ1.0住宅の力です。

（会沢健二）

写真3　震度6強でもほぼ無傷だった珪藻土の壁

写真4　南に面した大きなワンルーム　冬は日射が奥深く入る

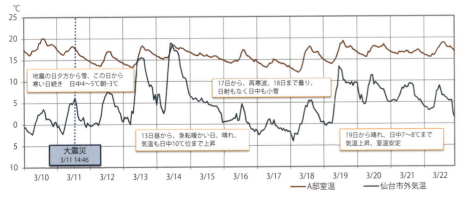

3/10〜3/22 大震災(3/11 14:46)前後のA邸室温グラフ

45 高齢化社会対応の家づくり 〜技術と技術を超えた対応

近年は、予想以上の大雨や大雪があり高齢者の暮らしを困難にしています。バリアフリーとか手すりなどの室内の技術だけでは、不十分な課題が生まれています。

これまでの考え方

高齢者対応といえば、床の段差をなくすとか、手摺りを付けるとか、車いす生活に備えたトイレや浴室を改修するなど、物理的なことがまず第一段階でいわれました。いわゆるバリアフリーです。

次に、浴室やトイレなどで起こる脳疾患には室内の温度差がよくないということで、家屋の温熱環境を改善する必要があると叫ばれ、住まいの断熱リフォームが注目されました。物理的なバリアフリーではなく、温度差のバリアフリーです。これが現在の高齢化対応住宅です。

私がみた2つの光景

2014年の冬は、各地で大雪に見舞われました。

私の住む仙台でも近年にない大雪が2度あり、少し離れた場所に借りている駐車場まで歩いて行くのが大変な日もありました。

ある日、思いがけない場面に出会いました。駐車場に行く路地に、見越しの松もある、塀に囲まれた平屋の瀟洒な住宅があります。いつも門は閉まっていて、滅多に住人に会うことはありません。あるとき偶然に玄関から出て来た人を見て、80代も中ばを超えた夫婦が二人で住んでいることを知りました。

この冬、初めて少し雪が積もった朝、いつものように駐車場に向かうと、その家の塀に寄せられて1台の車が止まっていました。建築屋さんの車です。その時は何気なく見過ごしていましたが、次の大雪の日、その車がまた止まっていました。

そしてその日は門から玄関まで大雪がすでに除かれていたのです。私はこのとき知りました。ああ、この車はこの家を建てた工務店の人のもので、前回といい、この家の暮らしを守っているのだと。

時間は遡りますが、一方、あの大震災は人々にさまざまな物語をもたらしました。

私の隣の家には奥さんを何年か前に亡くした70歳になる人が独り暮らしをしていました。この人が地震の後、混乱が静まった翌日になっても表に出てきません。もしや家具の下敷きにでもと心配になり、庭に回っても人の気配がありません。二日目の夕方、おにぎりと味噌汁をもって玄関に立ちインターフォンを押し続けるとやっと物音がして出て来ました。パジャマ姿です。

「家の中はメチャクチャだが片付ける元気もない。昨日から何も食べていないので、おにぎりをいただきます」といっておにぎりを受け取り、また部屋に消えました。

そんなことが何日か続いていたある日、入院したと知らされると、それか

穏やかな老後を過ごして欲しいと思いますが、大雪や大雨が降ったりするとお年寄りだけでは大変です

ら一ヶ月後亡くなったと聞きました。住人を失ったその住宅は、その後寒々と何ヶ月も灯りがつくことはありませんでした。日本を代表する住宅メーカーの家です。

高齢世帯をカバーする工務店との新しい関係

住まいの加齢対応の改修工事について、やることをすべてやっても、人の老いはそれを超えていくようです。玄関の雪、大雨の排水、強風で散乱する周辺、日用品の故障、想定外のトラブル、いままで普通にできていたことができなくなるのが老化です。

子が親を看る、身の回りの世話をする、そういうことがなかなかできない世の中になりました。訪問ヘルパーさんができる範囲にも制限があります。今までの対応では応じきれない事態が来るかも知れません。

住宅を販売すること、バリアフリーや補助工事をすることだけでは家に関するつきあいはおわらなく、高齢者世帯の暮らしそのものもカバーする工務店と施主の関係があるのではないかと思わせられるものでした。

私たち新住協の会員工務店は、寒暖のバリアフリーもできるし、後継者がいるところも数多くあります。工務店の社長自身が高齢化したら、若い後継者が施主をカバーすればいいでしょう。住宅のリフォーム時にそういう関係ができたら、高齢化社会にはもっと暮らしやすい環境がうまれるのではないか、そんなことを期待するのです。

（会沢健二）

人生の小春日和

いつの間にか老夫婦二人で暮らす家が近隣に増えてきました。社会の荒波を越え、現役を退き、穏やかに暮らす日々、人生後半かつかの間の幸せです。

昭和50年代を全盛に、NHKのお天気博士と称された倉嶋厚というお天気キャスターがいました。倉嶋さんは、この束の間の幸せを、人生の小春日和のようだといっています。小春日和とは初冬の穏やかな日をいいますが、やがて来る厳しい冬が間近に迫っているように、人生の小春日和にも本格的な老いという冬が来るからです。

かつて、学校からあふれ出た団塊の世代が、今度は医療機関からあふれ出ることでしょう。せめて最期を自宅で迎えたい、それは我々団塊世代共通の願いです。

築30年を過ぎた家に住んでいる友人がこう言います「息子夫婦でも戻るなら家も直すけど、それもなさそうだから家はこのままでいい」。私はこう言い返します「まだ間に合うから暖かく暮らせるように直した方がいい。やがて必ず人生の冬が来るのだから・・・」

私は、自分の家で幾冬も過ごしてみて、寒くないということがどれだけ楽か、それを知っているから親しい友にもそうして欲しいと願うのですが、なかなかその気になりません。

今度会ったら、病院のような暖かさだと話してみようと思っています。

（会沢健二）

季節のいい時期は何の不便もありませんが、高齢者にはちょっとした雪でも暮らしの不自由さが増します。特に、北側の道路は、いつまでも雪が溶けにくく、転倒したりする危険が高まります。

高齢者だけの世帯が増えて、公的な除雪がない住宅地では、雪がいつまでも残っている光景を見かけます。これも高齢化社会に増えてきた予想外の現象です。

46 新住協の高断熱住宅と有名ハウスメーカーの家

断熱性能の違いが、季節のいい時期にはわからなかった住宅も、真冬になればはっきり差が出ます。「外観は立派でも、冬になったら寒い家」、そんな家にならないよう要注意です。

ありとキリギリスのような話

今から数年前、私たち新住協会員にあった話です。長野県北軽井沢周辺をエリアとして住宅建築業を営む群馬北部のある工務店F社が、その年、埼玉から移住するYさんの家を建築しました。Yさんは高断熱住宅に関心を高め、真冬に岩手の方まで暖かさを確かめに出向いたほどでした。当然高断熱住宅を希望して夏に完成しました。

同じ時期、隣の敷地に有名ハウスメーカーC社の家が建ちました。その家の主婦Aさんが時々Yさんを訪問、我が家を是非見に来てと誘います。Yさんはその家を訪問し、その家の室内の装飾や設備機器に、住宅展示場のような雰囲気を感じていました。もちろん、家を購入した金額が違うことは知っています。

その年の冬、軽井沢に厳しい冷え込みが続いたある日、AさんがYさんを訪ねて来て玄関に入ると開口一番こう言ったそうです

「お宅は温室みたいだわ、暖かくていいわねェ…」。そしてそれから春になるまで一度の来訪もなかったそうです。寒い家だったのです。「こんなはずではなかった…」何かを悔いつつ閉じこもっていたのかも知れません。

軽井沢に高断熱住宅を、と考える工務店

F社は、もう何年も前から高断熱住宅しか建てない方針を貫いています。その理由は簡単です。寒い軽井沢で、冬暖かく暮らすためには高断熱が絶対必要という考えになったからです。

軽井沢は別荘地です。首都圏の富裕層が夏の避暑に来るのが主で冬は空き家になっているのが常です。なぜ冬に来ないのか、冬は冬でいいところがたくさんあるのに、と、かねてから思っていて、自分自身が暖かい家をつくるようになってから、それは別荘が寒いからではないか、と考えるようになりました。

冬晴れの軽井沢高原、葉を落としたカラマツの林が続く道、遠い山々にかかる雪、移住してよかったとYさんがT社長に話すそうです。暖かく暮らしているから、冬の自然を美しく感じられるのです。

軽井沢で高収益を、と考える住宅メーカー

C社は、軽井沢に住宅展示場を造って、家を建てる人を待ち受け、土地を斡旋したりして住宅を販売します。販売後は別荘が使われても使われなくとも、関知することはありません。豪華な展示場で客を待ち、そつなく応対し、土地を斡旋し別荘を建てる。その繰り返しです。

そこで事業を継続する理由は、その事業で収益を得ることです。もし利益を上げられなくなれば、一企業として事業する意味はなくなります。ここで

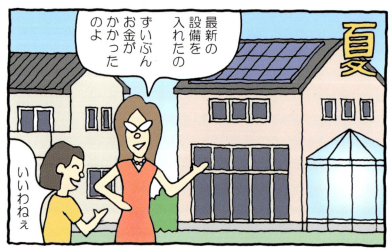

は住宅は単なる商品です。特段のクレームもなく、住宅が売れて利益が上がればいいのです。その住宅が暖かいとか寒いとか考えることもありません。Aさんが何かを悔いつつというのは、そういうことを感じたのかも知れません。

コストダウンは誰のため？

これは軽井沢を舞台にした話ですが、今の日本の住宅業界も本質的には同じ構造です。

日本を代表する巨大な住宅メーカーは、利益のない事業はできません。最小限のコストで最大の利益を上げるのが大企業です。テレビでCMを流し、全国に住宅展示場を持ち、沢山の営業マンをかかえ、住宅を販売する。これらの費用も販売価格の原価に組み入れられますが、これらは建築そのものにかかるコストではありません。住宅をより多く売るためにかかる費用といえます。多くの人は、その上手な宣伝広告に魅せられて、大きな会社＝いい住宅と思い込んでしまいます。

一方、営業も持たない、広告もしない、勿論展示場ももたない、中小工務店のコストは、ほとんどが建築そのものにかかる費用です。資本力では自分たちは劣勢なことを知っているから、より性能のいい家をつくることが自分たちの存在を堅持することになると考えています。

しかしそのために高価格になってはユーザーが困るので、さらなるコスト削減に努力する、つまりすべてはより良い住宅を作るためのコストダウンといえます。

（会沢健二）

知っていますか？年間の冷暖房日数

自然界の辞書といわれた理科年表（発行所：丸善）という本がありました。

それによると私たちは、外気温が平均10℃を下回ると暖房が欲しくなり、10℃を上回ると暖房が要らなくなるとされています。冷房は同じく日平均気温25℃が基準とされています。つまり暖房日は日平均気温10℃以下、冷房日は25℃以上です

そこで、年間いったいどのくらいの日数を冷暖房することになるのかアメダスデータから該当日を拾ってみました。

都市	暖房日	冷房日	計
盛岡	170	10	180
仙台	145	10	155
東京	102	81	183
京都	114	77	191
神戸	98	83	181

冷暖房の合計日数が180日ということは、暖房か冷房かの違いこそあれ、日本全国ほぼ1年の半分は冷暖房の世話になっていることになります。暖房も冷房も、その快適性、省エネ性とも、住宅の断熱に大きく影響されることはいうまでもありません。どうして今まで断熱のことがいわれなかったのか不思議に思います。

ちなみに、仙台に住む我が家の実質冷暖房日は、この5年間平均で105日程度です。（冷房日は0）。

なぜでしょう？室内取得熱（日射熱と生活から発生する熱）がこの住宅の10.6℃に相当するからです。これを自然温度差といいますが、自然温度差が高いと暖房開始する時期が遅く、終える時期が早くなるからです。我が家では暖房開始が例年12月10日から15日、3月31日には終わりにしています。断熱がしっかりしていると少しの熱でも住宅の暖房熱に大きく貢献するからです。

（会沢健二）

47 工務店もいろいろあるが、あなたはどれを選びますか

気密性能も断熱性能も、本来はすべての住宅の基本性能ですが、実は工務店によって考え方がまちまちです。無関心派や独善派もいます。どんなタイプに該当するか見極めも必要です。

高断熱住宅への取組み方で分類すると

建築業者を「高断熱住宅にどういう取り組み方をしているか」という視点で見ると、工務店には4つのグループがあるように思えます。もし読者がこれから工務店と高断熱住宅の建築を進めるなら、その工務店は、次の4つのいずれかに当てはまるでしょう。

まず、第1番目のグループは「しっかりした住宅を安い価格で提供することが工務店の使命」と考えている「高断熱には無関心派」。

次に、高断熱住宅をやっているのかと問われたら「やってます、たのまれれば何でもできます」と答える「高断熱日和見派」。

以上の2つは、普段は高断熱住宅をつくっていないグールーブです。

3、4番めは、通常高断熱住宅をつくっているグループです。

第3グループは「高断熱住宅専門で、中でも○○にこだわっています」という「独善的高断熱住宅派」。

そして最後のグループは、「すべての住宅に高断熱高気密は基本性能と考え、高断熱住宅は進化していますと常に前向きな」進歩的高断熱住宅派です。省エネ快適住宅をめざしています。

それぞれの特徴

それぞれどんな傾向があるか、次にまとめてみます。

1. 高断熱住宅無関心派

「いい材料を使って、しっかりした大工技術で、施主の要望を聞いて、できるだけ安くあげることがお客さんには一番。断熱材も入るしサッシもペアガラス。それで十分だ」こういう人は悪気はなく善良で人当たりもよく、人としては好かれているでしょう。

しかし、暖かい住宅にはなりません。高断熱住宅がどんな住宅か体験したこともない人です。

2. 高断熱住宅日和見派

世の中に一番多く存在します。通常は高断熱住宅をつくらないで、「暖かい家にして欲しい」といわれたら、「できます」といってフランチャイズの○○工法を持ち出したりします。あるいは、「外断熱にしましょう」とかいって、壁だけ外断熱にし、高断熱サッシを付ける。しかし、所詮付け焼き刃となります。体裁だけの高断熱住宅になりやすい。

建築する側も施主も本当の高断熱住宅を知らないから、特段の不満も出ないケースが多いけれども、きちんとした高断熱住宅になっているかどうかは不明です。

3. 独善的高断熱住宅派

高断熱住宅を作っています。しかし、何か特定の機械設備や建材にこだわり、それが一番と思い込んでいてお

1. 高断熱住宅無関心派

2. 高断熱住宅日和見派

客さんにもそれを強要することがあります。

外断熱工法信奉者やオール電化信奉派も、広い意味ではここに入ります。住宅の性能についてはまちまちです。ビニール一枚に包まれたビニールハウスでも陽が照れば暖かくなると同じように、薄い断熱でも暖房を強めればどんな家でも暖かくなります。独善的では進歩がなく施主がやや不幸です。

4. 進歩的高断熱住宅派

高断熱高気密を基本性能として、全建築の標準仕様としている。高断熱住宅だからできること、高断熱住宅だからすることを住宅設計に入れています。断熱性能や省エネ性能などを数値化して、より進んだ家づくりをめざしています。断熱も進歩的で200mm、300mmという厚い断熱材施工もしています。

新住協会員は一つの目安

こういう分類をすれば、誰でも4.進歩的高断熱住宅派に依頼したくなります。1～4まで大げさに聞こえるかも知れませんが、実際高断熱住宅にはそのくらい歴然とした差があります。

では、私たち新住協の会員は、すべて完成された進歩的高断熱住宅派かというと、残念ながらそうではありません。勉強のために入会している会員もいます。会員は一つの目安であって、会員であれば安心ということではありません。事務局では啓蒙につとめています。

（会沢健二）

3. 独善的高断熱住宅派

4. 進歩的高断熱住宅派

Column

名ばかりの断熱住宅

少し前、名ばかり店長という言葉が登場して、店長とは名前だけで、それをいいことに過酷な労働条件を強いて問題になりました。今はブラック企業とかに置き換えられています。

高断熱住宅と謳っていて、'結果'が伴わない住宅が依然としてあります。結果とは、冬の暖かさであり、省エネであり、快適な温熱環境です。夏はより暮らしやすい涼しさです。

労働条件の苦情が所轄官庁に届くように、新住協事務局にも時々相談が寄せられます。たとえば、断熱が最高ランクの長期優良住宅で建てたのに、なぜこんなに暖房費がかかるのか、なぜ暖かくならないのか、床が冷たい、ペアガラスなのに結露する等々、私たちがおかしいと思う声が結構あります。

これらの住宅には、断熱材も断熱サッシも高断熱住宅に必要ものは全部使われています。なのになぜか結果が伴わない。そんな住宅が依然としてあるのです。

多くの原因は、施工が正しく行われていないことにありそうです。本書の前段に述べられているように断熱材を入れれば効くというものではありません。効かない方法で入れられているのが原因です。逆に原理原則にそった施工がなされていれば、断熱はちゃんと効きます。したがって、工務店の姿勢が問われます。この項でいえば日和見派がもっとも危険です。

結果が出ない高断熱住宅は高断熱住宅といえません。名ばかりの高断熱住宅が蔓延していますから要注意です。結果がわかる冬に住宅性能の品定めをするのは一つのコツです。

（会沢健二）

48 「長期優良住宅先導事業」後のアンケート調査

2010〜2011年に国交省の補助事業で断熱耐震同時改修工事を250件行いました。真冬を経験した施主に暮らし心地アンケートを実施したところ、結果は予想以上の大満足です。

国の先導事業に採択されたリフォーム工法

今から4年前、国交省は「長期優良住宅先導事業」を一般から募集して工事金額の一部に補助を出す政策を実施しました。

この政策は、簡単に言えば、これからの住宅業界のお手本となるような新築やリフォームの事業があったら提案しなさい、業界のお手本となる先導事業として補助しますというものです。

私たち新住協は、そのリフォーム部門に「新住協の断熱耐震同時改修」という事業名称で、文字通りの技法を応募したところこれが採択され、2010年、2011年の2年間一戸当たり最大200万円の補助を受けることができました。勿論、補助を受ける人は建築主（施主）です。

歓迎すべき補助内容

この政策は大いに歓迎すべき、いい内容でした。何か設備機器を購入したらその一部を補助する、例えば300万円の太陽光発電器を購入したら100万円補助する、という性格のものではなく、住宅の性能を改善することが補助の条件でした。

「新住協の断熱耐震同時改修」は、既存住宅の断熱性能を、最低でも国の次世代省エネ基準以上、耐震性能は阪神大震災レベルに耐える性能（一般診断法で平均1.0以上の強度）が必要条件でした。

つまり、リフォームによって高断熱高気密住宅になって、なおかつ大地震に耐えうる住宅にすれば、最大200万円の補助が受けられるというものです。建築主にとっては、断熱性能耐震性能のどちらも保証されるようなものですから、こんなうれしい話はありません。

私たち新住協の会員は、この補助を生かして250戸、北海道から九州まで、全国でその工事を行いました。

夏冬を体験した暮らしのアンケート

そして今年、2014年2月、その建築主に「夏冬の暮らし心地をお聞かせ下さい」というアンケートを実施しました。2014年の冬を迎えてはじめて全施主が夏冬を体験したのです。改修したすべての住宅が、次世代省エネ基準以上の高断熱住宅になったのですから、室内環境は大幅に改善されたはずと期待してアンケート内容を作成しました。

結果は見事に私たちの期待通りのものでした。回答は133件、回答率55％でしたが、（こういうアンケートの場合、なにも問題ない場合は無回答が多いので55％の回答率で十分です）、その97％の人がほぼ満足、大いに満足の内容でした。

アンケートでわかったこと

夏、冬、暮らした感想のアンケート内容は、大きく二つに分けられてい

リフォームで部屋が明るくなり間取りもよく生活がしやすくなりました。居間台所、風呂トイレ全部よくなって感謝の毎日です。
たとえば脱衣室にはストーブを置いていましたが今は寒くないのでおいていません。一年中快適に暮らしています。しかも省エネです。（徳島県　女性）

あの3.11大震災時は工事中で、耐震工事が終えた段階でした。お陰で倒壊は免れ完成後は格段に暖かい家に変身していて大ラッキーでした。もしこのリフォームをしていなかったら、家は倒壊し寒い仮住まいを強いられていたと思います。
（福島市　男性）

て、一つは、改修前後で改善されて特によかったこと、そしてもう一つは、住んでみて気づいたことを記述式で回答を得ました。

改善されてよかった項目の冬編上位は、

1. 「窓ガラスの結露がひどかった」のが解消された。
2. 「朝ストーブをつけても、部屋がなかなか暖まらなかった」のが解消された。
3. 「押入がジメジメしていた」、「寝るとき、布団がひんやり冷たかった」のがなくなった。
4. 「とにかく家の中が寒かった」のが「とにかく暖かくなった」。
5. 「足元が寒くて手足が冷たくなった」、「廊下の床が氷のように冷たかった」が解消された他、生活の細々した部分に改善点が現れ、「こんなに快適になるのならもっと早く改修していればよかった」という感想が異口同音に何人もの人から寄せられています。

全体として非常に満足度の高いリフォーム事業だったといえます。単に、壁を貼り替え、浴室やトイレを新しくしただけではこれらの満足は得られません。しっかりした断熱気密の改修工事があって初めて実現できるものです。

記述欄には興味深い意見が寄せられました。例えば「こんなによくなるのならもっとグレードを上げればよかった」という施主側の反省の一方、「工務店は専門業者としてしっかり説明して欲しかった」という指摘がありました。

工務店は、リフォームでも確実に性能向上できるプロとしての技量が求められています。 　　　　　（会沢健二）

私は三陸沿岸の被災地に住んでいます。大震災の前に断熱耐震リフォームをしました。地震で壁のクロスは傷みましたが、全体ではその程度で済みました。今は電気も復旧し、暖かく暮らすことができています。
（宮城県　男性）

寒冷地なので冬の寒さはとても厳しく、肩が凝ることも多かったです。薪ストーブを一日中燃やし続けても家全体が暖かくならない状況でした。しかし、リフォーム後は家中が暖かく快適です。燃やす量も半分に減り快適さが倍増でびっくりです。
（群馬県　女性）

関東関西の方が感激！断熱リフォーム

「暖かい、暖房なしでも暮らせるくらいだ、こんなことになるのだったらもっと早くリフォームすればよかった」。この度の夏冬体験暮らしのアンケートで、こんな感想がたくさん寄せられたのは、意外なことに、関東関西からでした。

アンケートを企画した私たちは、東北北海道の施主からそういう声が多く出ると思っていたのですがそうではありませんでした。

四国高知市の方は、「とにかく冬暖かい、玄関に入ってホッとします」。北九州市の方は「本当に暮らしやすい家になり、うれしく、快適に過ごしております」と言っています。

私たちからみれば、あの温暖な九州四国で、今までどんな暮らしをしていたのか聞いてみたくなります。このことは関東関西のこれまでの家が、室内の温熱環境がいかに貧弱だったかを物語っています。

一方、東北北海道からそういう声が少なかったのは、初体験の感動の差といえそうです。つまり、すでに高断熱住宅の暖かさがある程度普及しているので、断熱リフォームの結果はいわゆる想定内というわけです。

逆に関東関西の人たちにとって、高断熱住宅は初体験だったのです。しかもリフォームで、見た目は大して変わっていないのに、今年の冬はどうして寒くならないの？という不思議感覚の驚きだったかも知れません。

つまり、少しの断熱材でも、ちゃんと効く施工をすれば、元々暖かい地域なだけに住む人にとっては抜群の快適性向上になるのでしょう。関東関西こそ、断熱リフォーム効果が高いといえるようです 　　　　（会沢健二）

49 誰でもが良質な住宅を求められる社会環境を目指して（1）

新住協は地場の小さな工務店や設計事務所が会員となり、その会費だけで運営されています。高断熱住宅の技術の開発普及を目指し、特定のメーカーと与することはありません。その技術は一般にも公開されています。

新住協とは

新住協（正式名称 NPO法人新木造住宅技術研究協議会）は、任意団体として設立して今年で25年になります。この間、内に住宅の高断熱高気密化を推進する「技術研究機関」として働き、外に向けては「高断熱住宅の普及啓蒙活動」を展開してきました。

室蘭工業大学の鎌田紀彦教授が技術指導者です。同教授の研究を主軸に、地域の中小工務店と設計事務所それに建材機器会社やメーカーなどおよそ700社の構成員が共に住宅技術を研究、共に学んでいます。

平成16年からNPO法人として今日に至っています。

この団体が続くわけ

この種の団体が25年も継続するのは極めて珍しいことだそうです。会では宣伝広告もしませんから世の中に広く知られているわけでもありません。それでも結構な大所帯で25年も続いているのですから、別な見方をすればそれだけ続くには続くなりの理由があるはずともいえます。

本会が衰退しない大きな理由は、高断熱高気密をすべての住宅に必要な基本性能と位置づけて家づくりをしていることにあります。

それはなぜでしょう。「自社の住宅を売るために他の業者との違いを出すため」ではありません。断熱性能を住宅には必要不可欠なものとして、根本のところにとらえているからです。そこが会員の家づくりに対する強い思い入れでもあります。そして理念とも言うべきこの思い入れこそ新住協が長く続いている大きな理由になっています。その背景には次のようなことがあります。

高断熱が生んだ家づくりの理念

高断熱住宅は（寒冷地においては特に）冬の暮らしの快適性を一変させました。一口に高断熱住宅といっても世の中には名ばかりの高断熱住宅が蔓延していますから、ここではちゃんとした本物の高断熱住宅と前置きをします

1985年
在来工法の欠点を改良した新在来木造構法は、北海道からはじまりました。

新在来木造住宅の原点

在来木造構法の熱性能的欠陥は、躯体そのものの隙間だけでなく、根本原因は壁内部の構造的な問題でした。それは、壁の上下が床下、天井に開放されていて、室内を暖房すると壁内に気流を生じることで、そこを根幹的に改良しました。

冬季の暖房時、室内をサーモグラフィーで見れば、床壁の接合部に欠損があることがわかります（写真上青色部）。内部結露が原因で腐った土台柱部（写真右）気流止めが施工された新在来木造構法の室内（写真下）

断熱技術は複合的でさらに多様に

充填断熱とか外張り断熱だけの区分ではなく、天井断熱-屋根断熱、床断熱-基礎断熱、壁付加断熱など、住宅の断熱技術は複合的で多様性を求められます。

新在来木造構法には下図のような基本4型があります。住宅のデザイン、暮らし方、気候など様々な建設条件に対応した住宅計画の自由度が高まります。

●新在来木造構法の基本型

断熱材選択の社会性

二酸化炭素（CO_2）に比べて、数千倍の温室効果があるといわれるフロンガス。そのフロンガスが断熱材の製造に使われていた時代がありました。

また、可燃性の高い断熱材は万が一の火災時、その火力だけでなく、燃焼時に発生する有毒ガスが危険です。不慮の事故をも予想しなければならない住宅、断熱材選択の社会性も問われます。

25年
同じ志をもった仲間たちが、情報を共有し、実践を重ね、技術を開発、改良してきました。

小さな力が集まり、ともに分かち合いともに進化する

高断熱・高気密住宅は、フランチャイズ式の工法が多い中、私たちの「新在来木造構法」は誰もが施工できるオープン構法です。1986年に私たちは前身である「新在来木造構法普及研究協議会」を設立。以来、技術を一人占めすることなく「ともに進化する」をモットーに技術開発をすすめてきました。平成16年には、特定非営利活動法人として新たにスタートしました。これからも、よりよい家づくりのために私たちは活動していきます。

これまでの主な研究・開発

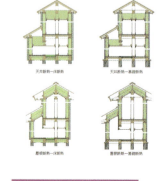

1 基本工法〔新在来木造構法〕
2 2×4工法の高断熱化
3 合理化工法PFPシステムシリーズ
4 ボード気密工法による新在来構法2002
5 屋根断熱-基礎断熱
6 真壁の高断熱化
7 古民家再建
8 夏を涼しく
9 断熱改修・耐震同時改修
10 エコハウス
11 付加断熱
12 Q1.0住宅

その他開発品〈建材・部品・機器〉

が、そんな家に住んだ人は一様にこう言います。「なぜこんなに違うのか」「信じられないくらい暖かい家だ」「今までの家は何だったのか」そんな声が飛び交うのです。

冬が寒いのは仕方ないと、長い間みんなが思っていたその冬を、高断熱住宅は暖かく快適な暮らしができるようにしてくれました。そういう家を何度もつくってゆくうちに、工務店は施主の大きな喜びに「これこそがほんものの家づくり」だと、それまで経験したことのない満足感を得、やりがいをつかんで、家づくりに自信と誇りを持つようになり、それがやがて住まいに対する考え方そのものを変えることになりました。

家とは、本来、人が快適に安全、安心、健康に暮らせるようにつくるのが当たり前で、そういう住宅が特別なものではなく、誰でも求められるようにそれが標準であるべきというひとつの「家づくり哲学」に育ったといえます。高断熱住宅によって「住まいが本来あるべき姿」とも言いかえられる理念が生まれ、会に所属する会員の多くがそれに共鳴しているのです。どんな立派な建築家が建てた家でも冬の室内で氷が張るようでは人が住む本来の姿ではないという考えです。

高断熱の施工技術をどこで学ぶか

次に、すべての住宅を高断熱住宅にしようとしたとき技術をどこで取得するかという問題がありました。

考えてみればそもそも日本の住宅に断熱とか気密という考えがなかったことに気づきます。極端なことをいえば、住宅の建築技術は木と土と紙とで造っていたはるか昔と現在も、基本的な部分は何も変わっていないのです。伝統的な在来木造住宅の構造に断熱材を入れただけではその効果がほとんど出ず、それどころか弊害が生ずることさえわかったのです。

省エネが叫ばれるようになり、平成11年に国の省エネ法ができて断熱や気密の目標数値が示されました。そのために断熱気密をいかに施工するかが重要な課題になりました。

しかし、長い間旧来の技能で家を造ってきた人達にとって国の指導は極めて不親切でした。見たことも聞いたこともない断熱気密のかたちを机上で説明されても現場ではどうしていいかわからず、結果的に手がつけられなかったのです。一時期、様々な断熱工法が売り物として蔓延したのもこういう背景があったからです。

そういう中で評価されたのが新住協です。鎌田教授は、その頃既に在来木造住宅の改良工法を確立していて、日本中でオープンに広めようとしていたのです。それが新住協の始まりでした。新住協の研修では今すぐ現場に役立つ実践的な断熱技術を修得出来たのです。

（会沢健二）

Q1.0 住宅

年間暖房エネルギーが次世代省エネ基準の1/2〜1/4 省エネ・省CO_2快適住宅

高断熱住宅新時代
高断熱高気密は住宅の基本性能です。
省エネ省CO_2で健康で快適環境を実現するために、年間暖房エネルギー消費量の計算からスタートしました。
Q1.0住宅は暖房エネルギーを次世代省エネ基準と比較して1/2〜1/4まで削減しています。

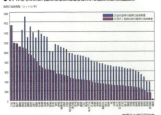

熱損失を抑え、開口部の工夫で大幅な省エネを実現
大規模な機器を設備するのではなく、熱損失を抑え、建設地の気象データを考慮した開口部の工夫で省エネを実現します。

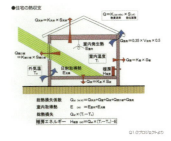

QPEXは新住協が開発したQ1.0住宅のための計算プログラムです

熱損失係数　夏期日射取得係数
年間暖房エネルギー消費量が計算できる
熱計算プログラム QPEX
建設地は全国842地点に対応

Q1.0住宅の計画をバックアップするのは、新住協が開発した熱計算プログラムQPEXです。全国842地点のデグリーデーと冬季の日射量をベースに熱損失係数Q値から、暖房エネルギーを算出します。

100年

躯体の耐久性を高める住宅建築技術と永く暮らせる住まいのデザイン。

住み継がれる住まい
躯体の耐久性を大幅に高める技術は構築されました。永く住み継がれる住まいのデザインが求められます。

100年住宅を可能にする技術
新在来木造構法の、築5年〜20年近くの住宅壁内を開け、断熱材及び土台柱等の経年変化を検証して、躯体の長期耐久性を確信しています。

夏を涼しく
住宅の高断熱高気密化によって、夏がより暑くなった事実もありますが、一方でクーラーいらずの涼しい家が生まれていることもたしかです。
日射を入れず通風をよくすることで断熱住宅はより涼しい夏をもたらします。

既存住宅の断熱耐震改修
新築の断熱技術が、既存住宅の改修に応用されて、断熱リフォームが進んでいます。断熱と耐震性能を同時に向上させる断熱耐震同時改修工法も開発しています。
断熱耐震同時改修は、最小コスト工法から大規模改修まで、新在来木造構法を基本技術として、多様に行われています。

50 誰でもが良質な住宅を求められる社会環境を目指して（2）

NPO法人新住協は本年（2015年）、一般社団法人に変わり、これまでより幅広い活動の展開を目指します。具体的な住宅の設計なども手がけていきたいと考えています。

高断熱住宅をリードしてきた地域工務店

テレビや住宅雑誌でみるような大手の住宅メーカーには、住宅の総合技術研究所があります。中小の工務店にそれはありません。しかし大規模な技術研究所がある住宅メーカーが必ずしも優良な住宅を開発して販売しているわけではありません。

中小の工務店の方がはるかに素晴らしい住宅をつくることがあります。高断熱住宅はその典型です。高断熱高気密住宅に限っていえば会社規模の大小と性能の優劣は一致せずむしろその逆でした。少なくともこれまでは地域の中小工務店が高断熱住宅をリードしてきました。

前述したように、本会の中には建築するすべての住宅を高断熱仕様にしている工務店が少なくありません。その人達は、住宅はすべて高断熱高気密であるべきと考えています。

繰り返しになりますが、それは単に高断熱住宅の暖かさを工務店の"売り"にするためではなく、住まいは「人が住むもの」という本来あるべき姿を追求して、高断熱高気密は、すべての住宅に必要な基本性能であるとの考えをもったからです。その考えこそが工務店を高断熱住宅づくりのオピニオンリーダー的存在に押し上げたのです。

■工務店の家づくりには理念がある

そもそも工務店の家づくりと全国規模の大手住宅メーカーのそれは何が違うでしょうか。私は、工務店は自分の全人格を家づくりに投入できるが、後者はビジネス、どんなに立派なことを謳っても売って儲かる家づくりしかできない、それが一番大きな違いだと思っています。

工務店の家づくりには、その人のも

技術情報マニュアルの公開

＊下記の書籍・DVDは一般の方も購入できます。詳しくは事務局へお問い合わせ下さい。

技術マニュアル

・新在来木造工法技術マニュアル2002（初版 2002.10.30　第6版 2011.8.31）

技術情報

35号	スウェーデン視察旅行レポート	2007.04.01
36号	新在来木造構法　施工後の壁体内検証	2009.06.05
37号	基礎断熱住宅のシロアリ対策	2008.05.12
38号	熱計算プログラム QPEX Ver2.0	2008.07.01
39号	高性能住宅の基礎・外壁・屋根の断熱工法	2008.07.01
40号	熱容量が木造住宅の熱性能に及ぼす影響に関する研究	2009.06.05
41号	夏を涼しく・部品データーシート	2009.06.05
42号	木造住宅の断熱耐震改修	2010.08
43号	Q1.0住宅 Book　Q1.0〜Q1.0Xへ	2011.05.24
44号	東日本大震災　暖房なしで暮らした‥‥	2011.05.24
45号	QPEX 2.07 暖房エネルギー計算‥‥‥‥	2011.12.01
46号	QPEX Ver3.21	
47号	断熱耐震改修アンケート	

つ価値観や人生観、家に対する理念やこだわりが現れます。その土地に生まれ、そこに住み、一所懸命、誠心誠意、施主と共に家づくりに打ち込んでいる姿があります。そこにその人たちの内面の思いが生まれるのです。そこから生まれる家づくりの理念を秘めて、いい家をつくろうと向かっているのです。それらは大手住宅メーカーには必要ないことで、また、やろうとしてもできることではないのです。

■進化する高断熱住宅

それでは今の、私たち新住協活動はどうなっているか、高断熱住宅はどうなっているか。

高断熱住宅は大きく進化しています。断熱の基本技術を習得してそれを応用展開して、さらに高性能化しています。施工する断熱材の厚みも100ミリから200ミリ、200ミリから300ミリ厚も施工しています。

大学の研究と建築の現場が協働で、それらの技術を構築しました。もっとも弱かった開口部も大きく変わりつつあります。日射取得率を増しながら断熱性能が大幅に向上した商品が出てきました。

私たちの要望に応えメーカーが開発に乗り出してくれたのです。しっかりした断熱性能の軀体と高機能高性能の開口部で省エネ性能は格段に進歩します。次世代省エネ基準の5倍10倍の省エネ性能も実現可能になりました。私たちはそれをQ1.0住宅と呼んで全国各地で展開しています。

さらに、私たちはQ1.0の技術を既存住宅のリフォームにも適用する技術をもっています。このとき、耐震性を改善し、断熱と耐震を同時改修する技術も構築しました。

日本は今、少子高齢化、人口減の道をまっしぐらに進んでいます。もはやかつての繁栄時代を再び望むことはできないでしょう。

これからは新築は新築で、リフォームはリフォームで、一戸一戸を丁寧にしっかりと仕上げて行く時代です。そのとき、私たち新住協会員の家づくりに臨む姿勢と技術が必ず生きると確信しています。

（会沢健二）

> NPO新住協は、2015年4月から一般社団法人として新たな活動を展開します。これまで培ってきた高断熱住宅の技術を、より一層社会に定着させ、さらに進んだ省エネで快適な住宅を実現させるため実践的な活動を行うためです。これからの新住協にご注目下さい。

DVD版　失敗しない家づくりシリーズ

- 失敗しない家づくり　1999年6月06日（52分）　　今、住まいづくりで本当に大切なこと
- 失敗しない家づくり　2000年1月30日（28分）　　高断熱住宅の暖かい暮らし
- 失敗しない家づくり　2001年2月24日（52分）　　高断熱住宅の暖かい暮らし〈住宅スタイル編〉
- 失敗しない家づくり　2002年2月（青森版/29分）　高断熱住宅の暖かい暮らし
- 失敗しない家づくり　2003年2月15日（28分）　　断熱リフォーム
- 失敗しない家づくり　2004年2月14日（28分）　　住まいづくり・リフォームで本当に大切な事
- 失敗しない家づくり　2004年2月04日（25分）　　暖房エネルギーを半分にする高断熱住宅
- ボード気密工法でつくる高気密・高断熱の家　　　制作　硝子繊維協会/協力　新住協

ユーザー向け書籍

- 百年住宅をめざして
- 新住協のQ1プロジェクト　北海道事例付き
- 新住協のQ1プロジェクト　東北本州版
- エコ住宅　Q1.0（08年版）
- エコ住宅　Q1.0（09年版）
- エコ住宅　Q1.0（010年版）
- エコ住宅　Q1.0-X BOOK（12年版）
- 新住協の家づくり 2013
- 第1回〜第7回　全国一斉見学会参加住宅データ集
- マンガ　あったか断熱耐震リフォーム物語（2014.1発行）

お問合せ先：一般社団法人 新住協統括事務所
〒980-0014
宮城県仙台市青葉区本町2丁目1−8第一広瀬ビル1F
TEL：022-796-7501　FAX：022-796-7502
Mail：npo.shinjukyo@gmail.com

5章

増補項目

51 2020年に義務化される省エネ基準 ～これで本当に良いのだろうか

私達にとって待望の省エネ基準義務化が実施されます。新たに住宅で消費する全エネルギーについての基準が追加されました。これで日本の住宅も高断熱化に向かって前進するのでしょうか？どうもそうは思えません。

義務化前提の新しい省エネ基準

H11年の次世代省エネ基準施行から21年を経て、H32年（2020年）に新しい省エネ基準が義務基準として登場します。それに向けてH25年に省エネ基準が大改正され、その細かな内容が半年ぐらいごとに改訂版が出され、現在はH28年基準が実施されています。この省エネ基準を義務化するに当たり、国交省は11年基準に比べ断熱レベルを上げないことで大手ハウスメーカーや住宅業界の了承を取り付けたと噂されています。前述の通り結局増エネ基準のままです（No.03参照）。いま日本の住宅の省エネのために何が必要か、どのように推進すべきかを考えるのが行政の役目だと思うのですが、業界への配慮ばかりが目立つ基準になっているようです。

その内容ですが、断熱レベルを熱損失係数（Q値）から外皮の平均熱貫流率（UA値）での基準に変え、小住宅の不利を無くしたと云っていますが、その代わりに凹凸が多い熱損失の大きくなる住宅でも、シンプルな総2階の家でもUA値はほぼ同じになります。その結果、省エネ基準対応住宅の暖房エネルギーは、設計によって大きな差が生じ、本来の省エネという目的はどこかに行ってしまう恐れもあります。

一次エネルギー計算が義務づけられる

新しい点は、住宅の暖冷房エネルギーの他に、給湯エネルギーや照明家電の消費電力なども含めた住宅全体で消費するエネルギーを一次エネルギーに換算して計算し、地域、暖冷房方式、設置する設備の種類などによって決まる一定の基準値より少なくすることを求めている点です。一次エネルギーというのは、灯油やガスは消費量の発熱量をジュールという単位（熱量を表す単位 1kWh = 3.6MJ＊）に換算し、電力は発電効率や送電ロスを加味して約3倍で換算した数値です。こうして住宅での全消費エネルギーを計算します。この計算はWeb上に公開されたプログラムを使って、住宅のデータや設定する設備のデータを入れていくと、比較的簡単に求めることができます。

このように暖冷房エネルギー以外のエネルギーの省エネ化を図ることは、とても重要だと思います。こうした省エネ基準の方向性には、私も全く賛同します。

納得いかない一次エネルギー計算プログラム

どのような項目でどのような設定で住宅の消費エネルギーを計算していくのか、私も楽しみでしたが、プログラムを操作してみたところ、びっくりの連続でした。全く納得できません。

プログラムではまず、住宅の床面積、地域区分、UA値、夏冬の日射取得率などの基本情報を入力します。そして、暖房方式の項目で最初に居室のみの暖房か住戸全体の暖房かを聞かれます。

私達は、全室暖房によって高断熱住宅を家中快適に暮らせる家にすることを目指してきました。ヒートショックの無い安心して健康に暮らすことができる家です。居室のみの暖房というのは全く想定外です。

そこで全室暖房を選択すると、ダクト式セントラル空調機しかなく、解説書によると、これにより24時間20℃の住宅全体連続暖房と、27度での住宅全体連続冷房を選択したことになってしまいます。この方式はオフィスや

Web上のエネルギー消費性能計算プログラム(住宅版)Ver 2.1.1での入力・選択項目

1.基本情報		主たる居室、その他の居室の面積、住宅の全床面積、地域区分
2.外皮		外皮面積、UA値、暖房期、冷房期の日射取得率
		通風の利用、蓄熱の利用、床下空間経由の換気
3.暖房方式	住戸全体を暖房	ダクト式セントラル空調機(ヒートポンプ熱源)
	居室のみ暖房 (各項目で効率の入力を行う)	ルームエアコンディショナー、FF暖房器、パネルラジエータ 温水床暖房、ファンコンベクター、電気ヒーター床暖房 電気蓄熱暖房器、ルームエアコン付き温水床暖房器 その他の暖房設備機器 暖房設備機器又は放熱器を設置しない
4.冷房方式		ダクト式セントラル空調機(ヒートポンプ熱源)
	居室のみを冷房 (各項目で効率の入力を行う)	ルームエアコン その他の冷房機器 冷房設備機器を設置しない
5.換気設備の方式	換気設備の方式 （換気回数の入力）	ダクト式第1種換気(比消費電力の入力) ダクト式第2種又は第3種換気(比消費電力の入力) 壁付け式第1種換気 壁付け式第2種又は第3種換気
6.熱交換型換気設備	熱交換型換気設備の有無	温度交換効率、温度交換効率の補正係数の入力
7.給湯設備	給湯設備の有無	
	給湯熱源器の分類	給湯専用型・給湯温水暖房一体型・コージェネ型
	熱源器の種類 (各項目で効率の入力を行う)	ガス従来型・潜熱回収型、石油従来型・潜熱回収型 電気ヒーター、電気ヒートポンプ（CO2冷媒他）
	風呂機能の種類	給湯単機能・風呂給湯有り：追い炊きの有無
	配管方式	先分岐方式・ヘッダー式
	水栓	台所・浴室シャワー・洗面 (2バルブ水栓・その他水栓) その他の水栓：手元止水・水優先吐水・小流量吐水の有無
	浴槽	高断熱浴槽の採用の有無
8.太陽熱利用給湯設備	太陽熱利用給湯設備の有無	太陽熱温水器・ソーラーシステム 集熱面積・方位角・傾斜角・貯湯タンク容量
9.照明	照明器具の種類と その制御方式の有無	全てLED・全て白熱灯以外・一部白熱灯 主たる居室：多灯分散照明方式・調光方式の有無 その他の居室：調光方式の有無 非居室：人感センサーの有無
10.太陽光発電	太陽光発電の有無	設置方位の数・パワーコンディショナーの効率 システムの容量・太陽電池の種類・設置方式・ 方位角・傾斜角（設置方位毎）
11.コージェネレーション	コージェネレーションの有無	燃料電池・ガスコージェネ コージェネ機器の品番

ホテルなどで採用される方式で、住宅での採用例は余り聞いたことがありません。関西以西の夏の暑い時期には全室冷房が必要になることを私達も認識し始めたところなのです。

それではと、居室のみの暖房を選び、暖房設備の選択をすると、今度は、機器によって連続暖房か間歇暖房かが決まってしまうのです。連続暖房にするにはパネルラジエータを選ぶしか無く、FFストーブやエアコンを選ぶと自動的に間歇暖房になります。私達が温暖地で良く採用する1～2台のストーブやエアコンの全室暖房方式は全く選びようがありません。しかも、高断熱住宅では吹抜けなどを設け全体的に開放的な設計をすることが多いのですが、こうすると家全体が一つの空間に近くなり、家全体が居室ということになり、家全体が間歇暖房になってしまいます。

エアコンを1～2台どこかの居室に設置したとすると、設置されていない部屋には自動的に効率の悪いエアコンが設置されたことにして計算するらしいこともわかりました。これでは何を計算しているのかわかりません。

特に何もしなくても一次エネルギーは基準値を上回ることは無かった

他にも色々な項目があるのですが、普通に住宅設計をするときに採用する設備を選んでいくと、計算結果のエネルギーが基準値を超えることは全くなかったのです。普通に暖冷房機器と給湯機器を選び、照明はすっかり安くなったLED照明を選べば、その他の省エネになる機器や配管方式などの推奨する項目は、全く選択しなくても基準値以下になるのです。

日本人は省エネに対する意識が高く、いま市場にある設備機器の効率はとても良いのです。この一次エネルギーの基準は何のために設けられたのか、全くわかりません。

違いが大きい、暖冷房エネルギーのQPEXとの比較

この一次エネルギー計算プログラムで、初めて国の基準に暖冷房エネルギーの計算が盛り込まれた事になります。私達はQ1.0住宅などの暖房エネルギーを、生活温度20℃の全室暖房（夜は暖房を止め、物置などは15℃以上を保つ設定で平均18度）として計算し、全エネルギーは、27℃で全室冷房（冷房期間を必須期間に限り、外気温が27℃より低いときは窓を開けて通風する）という設定で、QPEXを使って計算しています。この基準での計算結果とQPEXでの計算結果を比べてみて、またびっくりしました。余りにも違いが大きすぎるのです。

温度設定や計算の仕方が違うのですが、できるだけ近い条件で比較すると、図のようになります。省エネ基準住宅の比較では、一次エネルギー計算プログラムの方が。暖房エネルギーは約1.5倍、冷房に至っては3倍以上（6地域）にもなります。そして、Q1.0住宅のような性能の高い住宅を入力しても、国のプログラムでは暖房冷房エネルギーとも余り減らないのですが、QPEXでは大幅に減少します。

消費エネルギー表示をすると偽装省エネ基準住宅が続出？

このプログラムの間歇冷暖房の設定で計算すると、暖冷房エネルギーは半減します。これまでの国の主張通り、間歇暖冷房なら、この省エネ基準でも増エネにならないことが裏付けられているのです。国は、このプログラムを使って、住宅の性能表示を進めようとしています。

暖冷房をどのようにするかは居住者が決めることです。居住者が全室冷暖房の生活を始めたら、この性能表示は偽装でしか無くなるのです。24時間家全体が20℃という設定はあまり現実的ではありませんが、平均18℃位の全室暖房、および春・秋を除く夏の冷房必要期間のみの全室冷房に暖冷房エネルギーの計算を一本化すべきと思います。（鎌田紀彦）

暖冷房一次エネルギー		2地域岩見沢	6地域岡山
全室連続暖房 (Webで計算)	基準値	100%	100%
	UA基準住宅	85%	96%
	Q1.0住宅レベル-1	50%	68%
	Q1.0住宅レベル-3	43%	61%
全室暖冷房 (QPEXで計算)	UA基準住宅	62%	38%
	Q1.0住宅レベル-1	31%	15%
	Q1.0住宅レベル-3	20%	9%
居室間歇暖冷房 (Webで計算)	基準値	100%	100%
	UA基準住宅	88%	93%
	Q1.0住宅レベル-1	54%	57%
	Q1.0住宅レベル-3	47%	49%

設備による一次エネルギー	2地域岩見沢	6地域岡山
基準値	100%	100%
一般設備	94%	86%
省エネ設備	80%	79%
同上＋省エネ換気設備	73%	71%
同上＋ソーラー給湯	66%	61%

■換気動力　給湯　照明　調理家電

住宅断熱仕様別の暖冷房一次エネルギーとその他設備による一次エネルギー比較

住宅の全消費エネルギーを計算するWeb上のプログラムに入力する項目は、左表のように躯体データと設備系のデータで多岐にわたる。このうち、冷房エネルギーに関係する通風などの項目は入力しようとすると大変な手間が掛かる。又、給湯の配管安い線を選ぶところは首をかしげたくなるが、断熱浴槽はこれにより普及が期待され、その効果も大きい。

一次エネルギー計算は、2地域岩見沢では、灯油による暖房給湯とし、6地域岡山ではエアコン暖房エコキュート給湯とした。Web計算とQPEXの計算結果の大差に驚く。又設備では給湯が大きな割合を占める。ソーラー給湯による節減が小さく計算されるのは、何故なのだろうか。

52 国のゼロエネルギー住宅は、省エネ住宅とは呼べない

ゼロエネルギー住宅（ZEH）は厳密にはゼロではない住宅です。住宅の断熱性能を少し高めて、効率の良い設備を取り入れれば、簡単にできます。太陽光発電の高額買い取りと高い補助金に支えられて住宅業界の目玉商品になっています。

太陽光発電で無理やりゼロエネルギーと呼ぶ住宅

省エネ基準義務化と同じくして、国はネットゼロエネルギー住宅（ZEH）推進という政策を打ち出してきました。2020年には新築住宅の半数以上を、2030年には全棟ZEHを実現すると意気込み、大手ハウスメーカーは2020年に全棟ZEHを目指すとまで明言しています。バラ色の超省エネ住宅が普及していく日本の未来は明るい？のでしょうか。

中身を詳しく検討すると、かなり怪しい姿が浮かび上がってきました。エネルギーがゼロ以下かどうかの計算は、あの怪しい一次エネルギープログラムを使います。住宅の設計データを入力して全消費エネルギーが基準値より小さくなっていれば、省エネ基準適合です。その数値から調理・家電のエネルギーを引いて、残りの消費エネルギーと同じかそれ以上の太陽光発電パネルを設置できれば、それをゼロエネルギーハウス（ZEH）と呼び、なんと、百数十万円の補助金が出るのです？？？？

なんと、ゼロでは無いのです。実はこれでも太陽光パネルが屋根の上に乗り切りません。北海道では暖房エネルギーが多いため全くZEHを設計することが不可能でした。結局、省エネ基準では必要が無かった色々な設備の省エネや住宅の性能を上げて、消費エネルギーを少なくする必要が生じましたが、それでもなかなか届かないのです。

本州以南ではそれ程でもなく、住宅の性能を少しあげて設備の省エネを行えば、容易に建てることが出来ました。2020年に半数以上の新築住宅をZEHにするには、省エネ基準よりはるかに高い性能の住宅が必要になります。これがあるから省エネ基準のレベルは上げないで済むと考えたのでしょうか。

経産省はZEH基準を打ち出す

ZEHへの補助金は、なんと国交省と経産省が別々に予算を取って募集しています。そして経産省は、2015年12月にZEHロードマップを発表し、省エネ基準のUA値を10～30%も上げるZEH基準なるものを打ち出してきました。国交省が所轄する大手ハウスメーカーなどに対して、しがらみが無い経産省だから打ち出せたのでしょうが、これは省エネ基準の上位基準としていまや機能し始めています。経産省のZEHの定義は、全消費エネルギーから家電・調理分を除いた基準値から20%以上削減し、太陽光発電量を引いたらゼロ以下になる住宅ということです。北海道は、これでも困難なので、太陽光発電の量を必要量の75%で良しとしました。（これをNearly ZEHと呼んでいます）これでZEHの設計は容易になりました。

省エネ基準を事実上かさ上げしてしまったZEH基準

業界への配慮からあれほど省エネ基準を上げようとしなかった国交省を尻目に、さらりと上げてしまったZHE基準には、業界の反対があるかと思ったら何も無いようです。実際ZEH基準に適合すべくUA値を上げようとすると、なんと、断熱材の厚さは変えずに、ガラスを近年急速に普及し始めたArLowE16mmペアに変え、5～7地域だけはサッシの枠をアルミから断熱アルミサッシに変えることのみにより殆ど達成できるのです。その他には玄関戸の性能を上げる程度です。

ゼロエネルギー住宅のエネルギー消費と必要発電量　岩見沢(2地域)

2地域では、暖房給湯を灯油の標準的なボイラーで設定してみた。全消費量基準値から家電・調理分を引いた値を100%とすると経産省のZEH住宅は80%以下にすることが条件である。そして住宅の計算上の消費エネルギーを相殺する容量の太陽光発電（PV）を設置する。しかし、2地域ではPVがZEH基準住宅で9kWにもなり屋根の上に載りきらないことになる。そこで75%を相殺すればNearly ZEHとして補助金の対象とすることになった。居室連続暖房では必要PVが6.6kWにもなるが、間歇暖房とすると5.1kWで済む。Q1.0住宅の設定をしてみても暖房エネルギーは余り減らない。前ページのQPEXの暖房エネルギーより2倍近い値となり、住宅を高性能化してエネルギーを削減しようという気にならないところが、大きな問題である。

特にプレファブ住宅メーカーは、断熱材の厚さを変えるとシステムの構成を変えなければならないので、生産設備を変更するモデルチェンジが必要になります。断熱厚さを変えずに、11年基準から20年弱がたち、その間にこのサッシ枠やガラスが技術の進歩で安く使えるようになってきた状況を上手に取り入れた経産省の頭の良さが光ります。

　実際、この基準で住宅を造る際、QPEXで平均18℃の全室暖房で暖房エネルギーを計算すると、これまでの暖房費と殆ど同じで済みます。私達が目指していた、暖房費を増やさずに全室暖房可能なレベルが実現しているのです。費用的にも坪1万円ぐらいで済みそうです。

暖冷房エネルギーの計算が変なために、偽装ZEHが大量に造られてしまう

　省エネ基準適合の判定で、一次エネルギーの暖房計算は、居室のみの連続暖房か間歇暖房かで、暖房エネルギーが大きく変わります。それに合わせて基準値そのものも変わるので、省エネ基準適合判定はできているのですが、ZEHの計算を同じ条件で行うと、絶対値の暖房エネルギーが大きく違う場合、太陽光発電パネルの容量も大きく変わってきます。2020年に全棟ZEHを目指すハウスメーカーは少しでも安くZEHを造るために間歇暖房を選択して申請するでしょう。ハウスメーカーで無くても補助金をもらうために安い方法があるのなら、その方が良いと誰しも思います。

　ZEH基準住宅は、暖房エネルギーを増やさずに全室暖房が可能なレベルのものですから、居住者の多くは全室暖房を始めるでしょう。そうすると、計算上はそのZEHの消費エネルギーはゼロでは無くなってしまいます。国が保証したはずのZEH：ゼロエネルギー住宅の燃費は偽装になってしまうわけです。

　しかし、私達のQPEXによる計算では、平均18℃の全室暖房をしたときの暖房エネルギーは、間歇暖房を選択したときの暖房エネルギーよりほんの少し多いだけですから、実質的には余り大した偽装にならなくて済むかもしれません。それでも偽装は偽装です。

　この国の一次エネルギー計算プログラムには、もう一つの問題があります。住宅の断熱性能をQ1.0住宅レベルまであげても、暖房エネルギーがあまり減らないのです。これは高性能住宅を造ろうという気運に水をさすことになります。冷房エネルギーに至っては、全室冷房では、春・秋も窓を閉め切って冷房をするという設定らしく、考えられないような消費エネルギーになるようです。

全室連続暖房か部分間歇暖房か

　私達が省エネ基準はレベルが低く増エネ基準になると主張したのに対して、国（国交省）は、「北海道を除く日本の住宅は全室暖房を目指してはいない。部分間歇暖房ならこの基準で十分省エネになる」と主張してきました。

　しかし、全室暖房にするかどうかを決めるのは、国では無く、居住者自身です。暖房費が増えずに全室暖房が可能ならそちらを選ぶでしょう。事実本州の南の方でも、増エネ基準の高断熱住宅でも全室暖房に近い生活をしている人の方がはるかに多いと思います。

　今回の一次エネルギーの暖房エネルギーの計算は、全室暖房の設定は殆ど無く、居室の連続暖房の設定があるだけです。この設定は、24時間20℃という、私達から見るとずいぶん贅沢な設定です。夜中も20℃だと布団を蹴飛ばして風邪を引くといわれています。この結果連続暖房を選ぶと暖房エネルギーがとても多くなるのです。

　もっと平均温度を下げた全室暖房一通りで一次エネルギー計算をするようにすれば、ZEHの設計も可能なまま偽装ZEHは無くなります。また性能表示の偽装省エネ基準住宅の問題も無くなり、開放的で自由な高断熱住宅の設計を展開していくことができるようになり、非居室とのヒートショックの問題も全くなくなるのです。（鎌田紀彦）

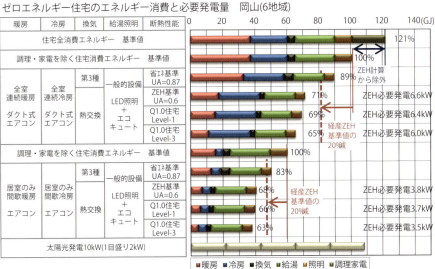

　東京以西の太平洋側の都市は殆どが6～7地域となるが、6地域は暖冷房をエアコン、給湯をエコキュートとして全部電気による設定とした。全室冷房の設定では冷房のエネルギーがずいぶん大きくなっているが、私達の計算では通風と日射遮蔽をきちんとして春秋を除けば、間歇冷房の値と同じくらいになることがわかっている。北海道に比べると暖房が少ない分、必要PVは小さくなるが、全室暖冷房と間歇冷房の差は大きくなる。間歇冷房の設定でZEHを建設して、全室暖房をするとゼロエネルギーにはならなくなる事が懸念される。1～2地域には経産省のZEHでは消費エネルギーの75％を太陽光発電でまかなえば、Nearly ZEHとして補助金の対象になり得る。北海道でぎりぎりのZEHを建てたとして、居住者は殆ど全室暖房に近い生活をする。ハウスメーカーはZEHを安く造るために間歇暖房の計算で5kW位の太陽光発電パネルを載せたZEHを造る確率が高い。これで偽装ZEHができあがる。

53 東京のQ1.0住宅は、想定外の連続。素適な家で「燃費半分の暮らし」
この家にして本当によかった1

デザイン系の建築事務所が設計したQ1.0住宅は、冷房も暖房もほぼ不要。おまけに小さな太陽光発電が光熱費ゼロ円に貢献。みんなが驚く快適省エネ住宅。

断熱も重視したデザイン住宅

Q1.0住宅のような高断熱住宅が、冬は日射を入れ、夏は日射を入れないように、しっかり設計されて東京に建ったら、夏冬どんな室内環境になるのだろうか。冬は、暖房なしで済むようになるのではないかと、私はずっと以前から、そんな思いをもっていました。

東京に住む人は、夏は暑いと思っても冬は寒いとは思っていないのか、断熱に固執しないところがあって、家のデザインや意匠を重視する傾向があるような気がします。

ゼロエネルギーハウスZEH

KSA一級建築士事務所（千代田区）の加藤裕一さんから、「2年前に建築したZEHの家（ゼロエネルギーハウス）に住んでいる人が、面白く暮らしているから一緒に訪問してみないか」という話があって、夏も終わりの9月中旬、所沢市のその家を訪ねました。加藤さんは意匠系の建築士ですが、高断熱を重視した設計をしています。

ZEHの家は、2014年秋に竣工、夏冬を2シーズン経験しています。住んでいる人は天野さんご夫妻です。天野邸は、給湯も冷暖房もすべてのエネルギーが電気、いわゆるオール電化住宅です。暮らしにかかる光熱エネルギーは、電気の使用量と料金表をみれば、わかります。

あらためてゼロエネルギー住宅とは何か整理してみましょう。まず、住宅に太陽光発電パネルを設置して発電、エネルギー（単位kWh）をつくり出します。創エネです。一方、一般家庭では、エネルギーとしてガス、灯油、電気を使います。消費エネルギーです。それらを一次エネルギーに換算して、創エネと比較します（金額ではない）。創エネが消費エネルギーと同等かそれ以上の住宅を、国はゼロエネルギー住宅（Zero Energy House）ZEH（ゼッチ）と呼び、補助金を出しています（当時125万円）。

なお、消費エネルギーのうち、照明を除く家庭用電力（家電など）と調理用エネルギーは除きます。

太陽光発電

天野邸もZEHの申請が認可され、補助を受けています。当初は太陽光発電パネルの設置を躊躇していましたが、「住宅の性能がいいので小規模の機器の設置で認可される」という加藤さんの勧めもあり、2.8kWh容量の機器を設置しました。

天野さんは、入居当初から電力使用量と発電量をきちんと管理していて、表3左が2015年の実績です。実質の使用電力量は、（総発電量－売電量）＋購入電力量という式になります。

入居初年度の2015年1月～12月の年間実質使用電力は4091kWhで、総発電量3096kWhに対して使用電力量が約1000kWh多いのは、家電や調理とみることができます。

快適に暮らして光熱費ゼロ

これを金額面でみると、支払いは年間6800円です（表3右）。売電単価が購入単価より高いためこういう計算結果になるのですが、それにしても月額平均560円です。

天野邸ではガスも灯油も使わないので、光熱費はこれだけです。旧住宅のときには年間267,000円（表1）もかかっていた光熱費が、金額ではゼロに近づいています。

写真1　明るく豊富な日差し

写真2　デザインされた外観

表1
旧住宅　エネルギー使用料

	電気		LPG		灯油	
年間使用料	6,470	kwh	34	m²	612	ℓ
金額	183,000	円	35,000	円	49,000	円
合計金額	267,000					

写真3　天野さんご夫婦

表2　断熱仕様及び暖房エネルギー消費量

部位	断熱材の種類	厚さ等
屋根	高性能GW16K	340mm
外壁	高性能GW16K	100+100mm
基礎	グラスウールボード	90mm
開口部	フレーム	アルミ樹脂複合
	ガラス	断熱LowEペア
換気	第3種換気	
熱性能・エネルギー消費量		
熱損失係数 Q値		1.43
外皮平均熱貫流率 UA値		0.39（＜基準0.87）
暖房負荷/年間		823kWh
灯油換算/年間		94ℓ

暖房が不要

では、天野さん一家がケチケチ生活をしているのかというと、驚くことに実際は全く逆で、実に伸び伸びと楽しく、そして夏は涼しく冬は暖かい快適な暮らしをしています。訪問した日の会話の一部を紹介します。

「暖かい家になるとは思っていましたが、ここまで暖かいとは思いませんでした」。最初にそう切り出したのは奥さんでした。加藤さんが設計者としての満足を漂わせます。「この家、17度以下にならないんですよ。たまに、寒い日がありますが、そのときは電気カーペットにスイッチを入れているんです。」

奥さんが何気なく言いました。「暖房を電気カーペットだけで？」、加藤さんが怪訝そうな表情をして、「奥さん、このエアコンは使わないんですか？」と壁を指さして聞くと「えぇ、ほとんど使いません」。「奥さん、電気カーペットよりエアコンの方が電気代安いんですよ」加藤さんが苦笑いしながらそういうと、「あら、先生、カーペットだってほんのたまに足下が寒いかなというときだけですよ」「じゃあ、暖房どうしているんですか？」「暖房？暖房していないんです」「えーっ、暖房、全然していないんですか？」。私たちは思わず顔を見合わせました。

暖かさの秘密

真冬でも暖房なしで17℃以下にならないという暖かさの秘密は、写真の1、4にある冬の豊富な日差しです。家全体が南面に向いていて、南には遮るものが何もなく、しかもちょっと高台で、冬は日差しが屋内深く差し込みます。高窓からの日射は最深部のキッチンまで届いて、天野邸は家全体が冬の日だまりのようになります。それだけではなく、暖かさの秘密の第2は、日だまりを包み込む断熱材が厚いことです。

屋根、壁とも断熱材が一般の倍以上厚く充填されています（表2）。屋根や壁、開口部のサッシガラスなど、外部に接する面の断熱性能が 0.39 W/m² （平均外皮熱貫流率という）で、この値は省エネ基準で最も厳しい北海道をも大幅に上回っています。着るものにたとえれば、1枚のセーターの上に、さらに羽毛たっぷりのダウンを羽織っているようなものです。暖かくならないわけがありません。

熱計算プログラムQPEXで、この家の年間の暖房エネルギーを灯油換算で計算すると、僅か94リットル／年です。暖房期間100日として1日1ℓ（70円）にも達しません。

冷房も不要

断熱材がたくさん入った家は、「冬は暖かいけれど、夏は暑くなるんじゃない？」と思っている人がいますが、そうではありません。

天野邸に入る冬の陽は、夏になると全く入らないのです。それは太陽高度が高くなるからです。それに軒も出てるし、窓も周到に配置されています。また、屋根の断熱材も厚いので、（高性能グラスウールが34cm）真夏、どんな強い日射でも室内に影響を及ぼすことはありません。厚い断熱は夏も効きます。

「暑いときはもちろんエアコンをつけるのですが、何日もありませんでした」と奥さんが話す。冷房もしないで暮らせる家になるとは、加藤さんも天野さんも予想外でした。

燃費半分　Q1.0住宅の威力

表3のように、天野邸の実質電気使用量は4091kWhですから、売電がないと仮定したときの電気使用料金は116,266円（4091kWh×28.4円）です。これは、旧住宅時の267,000円に比べて半分以下です。まさしく私たちのいう「燃費半分で暮らす家」なのです。これもひとえに住宅性能が高いから成せることです。しかも、冷房も暖房も要らないくらい快適な環境に暮らしていての話です。

すてきな家で、すてきな暮らしができた天野さんご夫妻は、いい建築家に巡り会って、「この家にして本当によかった」と、満面の笑みでした。

（2016.9.21 訪問　会沢健二）

写真4　日射が奥まで差し込んだリビング

写真5　大きな窓の外観

表3

2015年1月～12月	エネルギー使用量	単位(kWh)		2015年1月～12月	電気料金の収支（円）		
月	購入電力量KWh	売電量KWh	総発電量KWh	実質消費量KWh
1月	459	145	205	519
2月	380	162	238	456
3月	357	169	308	496
4月	311	235	299	375
5月	220	316	410	314
6月	172	286	304	190
7月	168	169	302	301
8月	225	218	261	268
9月	210	119	208	299
10月	204	188	242	258
11月	222	136	150	236
12月	308	98	169	379
合計	3,236	2,241	3,096	4,091

創エネ度 77%

月	購入金額	売電金額	支払い額
1月	12,033	5,510	6,523
2月	10,360	6,156	4,204
3月	9,955	6,422	3,533
4月	8,645	8,930	-285
5月	6,758	12,008	-5,250
6月	5,522	10,868	-5,346
7月	5,423	6,422	-999
8月	6,938	8,284	-1,346
9月	6,294	4,522	1,772
10月	5,854	7,144	-1,290
11月	6,265	5,168	1,097
12月	7,920	3,724	4,196
合計	91,967	85,158	6,809

54 25万円かかっていた年間光熱費が、今はゼロ円どころかマイナス
この家にして本当によかった2

住宅の性能が変わると、光熱費も、暮らしもこんなにも変わるものか！住宅建築時から20年間記録された光熱費が、如実に物語る省エネと快適の関係。

信じられない話

読者の皆さんはこんな話を信じられるでしょうか。

冬は寒い寒いと身を縮め、夏は暑い暑いと悲鳴を上げて暮らしている家が沢山の光熱費を払っている一方で、夏は全館冷房で暑さ知らず、冬は全館暖房で寒さ知らず、そんな暮らしをしている家の光熱費がゼロ、それどころかマイナスになる家もあります。こんな一見不公平に思えることが現実に起こっています。今、住宅はそれほど大きく進歩、様変わりをしているのです。

断熱改修で快適な暮らし

岐阜県の中部、美濃加茂市に住む生駒さんご夫妻は、2014年秋に大規模な断熱リフォーム工事をしました。以来、夏は24時間冷房、冬は24時間暖房の暮らしをしています。

それでいて、光熱費はマイナスなのです（表1）。以前は年間25万円も支払っていた時期がありました。この大きな違いに驚嘆する生駒さんご夫妻はこう話されました。「私たちはこの20年くらいの間、家に対してずっと関心を持ち続けてきました。常によりよい家を求め、実際に手を入れたりしてきたはずなのに、冬は寒く夏は暑く、何か満たされないものを感じていました。

ところがこの家になって、そういった不満やモヤモヤが一切消えたのです。それどころか夏支度も冬支度も不要になり、不要な家電製品や洋服は処分でき、生活そのものがシンプルになりました。暑いとか寒いとかを口にしなくてすむようになって、生活を楽しむということが実感できるようになったのです。」

本格的な高断熱改修をしたら、途端に環境が一変したというのです。

■光熱費20年の記録が語る住宅性能と光熱費

生駒さんの言葉を裏付ける資料があります。表1は奥さんが20年間にわたって光熱費を記録していたものです。当初、年間25万円を超える光熱費（電気、ガス、灯油）だったものが、徐々に減少して2011年からは支出ゼロ、トータルではマイナスになっています。

その間、太陽光発電を導入したり、省エネ型の給湯設備に替えたりしています。住宅は、二度の断熱リフォームで断熱性能が上がっています。

最終的には、2015年の改修工事で光熱費マイナスが確たるものになりました。と同時に、その時点から「夏冬全室冷暖房の快適生活」に変わったのです。

一体どういう経緯で現在に至ったのでしょうか、表1から次のように整理してみました。

第一期：1992年～2001年一般的な住宅（無断熱）…光熱費年間25万円時代

1997年大手メーカーで住宅を建てました。省エネ基準も浸透しない時代で、壁の断熱材はロックウールの55mm、ほとんど機能していない状態でした。暖房は灯油のFFストーブ、給湯・調理はガス、その他は電気で、光熱費は年間25万円以上かかっていました。

第二期：2002年～2009年…光熱費15万円～6万円時代

2001年10月、4.16kW規模の太陽光発電を導入し、2002年11月には給湯・調理をガスから電気に変えました。これによって2003年から光熱費

写真1 外観写真

写真2 生駒さんご夫婦

写真3 付加断熱で奥行が大きくなった窓台

表2 第4期 大規模改修内容と暖房エネルギー消費量

部位	断熱仕様	改修内容
屋根		（第3期に先行してリフォーム済み）
外壁	ロックW50+付加断熱高性能GW105mm	既存RWにGWを105mm付加断熱
床	押出ポリスチレンF B3種75mm	床根太間に断熱
窓	樹脂枠+2Ar2LowEトリプル	全個所YKKap430に変更
換気	熱交換換気	熱交換効率81%

改修後の熱性能・エネルギー消費量	
熱損失係数 Q値	1.224
外皮平均熱貫流率 UA値	0.45（<基準0.87）
暖房負荷/年間	1891kWh
灯油換算/年間	216ℓ

が大幅に減少しました。

この頃、電力会社は夜間電力の割引制度を実施、深夜電力を大幅に引き下げ、夜間に貯湯する方法を推奨、給湯器メーカーもエコキュートという省エネ型給湯器を開発してこれに乗り、双方の相乗作用もあって急速に普及した時代です。

生駒家では、11月に調理と給湯を電気に替えました。6～7万円の売電と電力コストの低下で光熱費6万～9万円の時代が続きました。2～3万円の開きがあるのは、2人の子供の受験勉強時代で暖房に使う灯油代です。また、通販で人気のデロンギという輻射暖房を購入した年で、電気代が1万円以上増えたことも見逃せません。エネルギー効率としてはよくない方法だったのです。

第三期　2010年～2014年…光熱費ゼロへ向かう

2009年12月太陽光発電による余剰電気の買取価格が、それまでのほぼ倍近い48円/kWhに上がりました。これにより、生駒家での光熱費は実質ほぼゼロになってゆくのです。特に、2011年から売電量が増えたのは、天井の断熱改修工事によります。夏の日中、冷房する量が減少し、その分売電量が増えたのです。売電量は日中の電気使用量により大きく左右されます。

この期間、暖房に灯油を使っていて、毎年3万円近く、これは全光熱費の20%に相当しました。

第四期：現在　快適環境で光熱費マイナスへ

2015年1～3月、大規模な断熱改修工事を行いました（断熱仕様は表2参照）。生駒家はここから暮らしが一転するのです。暖房を灯油から電気（省エネ型エアコン）に替え、エネルギーのすべてが電気になりました。この年の灯油代が17,690円とあるのは、工事中仮住まいしていた家での灯油代です。それを加算しても、合計で103,163円、月額1万円に満たない額です。そして、売電価額を差し引くと実質ゼロ以上、つまり光熱費マイナスの住宅になりました。

2016年の10月～12月までの3ヶ月は昨年同期の数字を当てはめました。5万円のマイナス光熱費と推定されます。

これが生駒家の20年です。当初、年額25万円かかっていた光熱費が15万円になり、次に6～7万になり、そしてゼロからマイナスに転じました。

大きいのは快適性の違い

決定的な違いは別にあります。かつて一番大きく光熱費がかかっていた時代は、夏は暑く冬は寒い、そういう不快な環境の中で高額な光熱費を支払っていました。しかし、今では夏冬とも完璧な冷暖房のもとで、実に快適な環境で暮らして光熱費ゼロなのです。生駒さんは住宅観が大きく変わったといいます。冷暖房は壁掛け式エアコンを基本的に24時間いつもつけていて、改修した時期に最新の省エネ型に機種変更しています。

快適環境は断熱から

おそらく、地域の同業工務店の多くは、何もそこまで断熱しなくともいいというかも知れません。しかし、高断熱があってはじめて暑さ寒さの解消に向かうことができるのです。断熱なくして快適環境は生まれないのです。

近況

訪問後、生駒さんからこんなメールが届きました。「休日にホームセンターへ行ったら、もう冬用品がたくさん並んでいました。コタツやストーブ、電気カーペットなど冬物商品花盛りです。住宅性能の足りなさを、モノでカバーしているんだと妻と二人で話しました（笑）」

私はこのメールを見て、訪問したとき聞いた生駒さんの言葉を思い出しました。「みんながこういう家だったらいいのにと思うのですが、なかなか人には伝わらないものですね。」

「この家にして本当によかった」と多くの人にいって欲しいと思います。
（2016.10.8訪問　会沢健二）

表1　生駒邸　光熱費20年の推移（単位：円）

		ガス代	灯油代	電気代	総合計	売電	差引額	生駒家のできごと等
		給湯調理	暖房	電気製品等				
第一期	1997年	93,650	0	139,200	232,850	0	232,850	・家族4人灯油代のデータなし
	1998年	100,640	26,090	155,564	282,294	0	282,294	
	1999年	92,890	20,000	138,168	251,058	0	251,058	
	2000年	103,837	17,550	135,479	256,866	0	256,866	
	2001年	111,265	19,851	114,522	245,638	7,911	237,727	・10月太陽光発電導入
第二期	2002年	100,840	16,312	88,744	205,896	58,614	147,282	・11月オール電化（IH/エコキュート）
	2003年		15,123	114,905	130,028	71,163	58,865	
	2004年		19,011	120,497	139,508	74,780	64,728	
	2005年		30,204	122,922	153,126	70,968	82,158	
	2006年		29,593	130,137	159,730	57,863	101,867	・1～3月デロンギオイルヒーター使用 ・4月～長男別居
	2007年		27,523	113,338	140,861	58,559	82,302	
	2008年		33,175	117,364	150,539	57,379	93,160	
	2009年		21,259	108,148	129,407	57,135	72,272	・4月～長女別居 ・12月～太陽光発電買い取り単価改定
第三期	2010年		21,908	103,758	125,666	112,704	12,962	
	2011年		29,584	108,240	137,824	154,944	-17,120	・5月天井断熱リフォーム
	2012年		30,259	110,366	140,625	156,816	-16,191	
	2013年		29,214	104,072	133,286	161,040	-27,754	
	2014年		28,092	114,968	143,060	157,392	-14,332	
第四期	2015年		17,690	85,473	103,163	122,976	-19,813	・1～3月リフォーム工事で不在 ・灯油代は工事中実家で使用した分 ・3月末から居住 ・冷暖房はエアコン3台24時間稼働
	2016年		0	92,294	92,294	144,048	-51,754	・9月までは実績 10～12月は昨年同値とした推定

55 あの暑い高崎で、難なく夏を過ごしているリフォーム住宅
この家にして本当によかった3

高断熱住宅は本当に冬暖かく夏涼しいの？
それを確かめているうちに3年経ってしまったが、お陰で得られた建て方と暮らし方のノウハウと大満足のリフォーム術を取得できました。

リフォームで高断熱

今、リフォームブームといわれています。築30～40年経過した家に住む人の多くは、建て替えか改築かの判断に直面していると聞きます。その中には、高断熱住宅のよさを知っていて、できればリフォームで高断熱高気密住宅になればいいと、考えている人も多いのではないかと思います。

そんな中、関東支部会員の(株)アライから「上手に直して上手に暮らしている人がいる」という話がありました。あの暑い高崎で、どんなふうに「上手に直して上手に暮らしている」のか興味があって、2015年10月、群馬県高崎市の田口邸を訪ねました。

田口さんは、2011年、築40年になる家を大規模に改修しました。ただのリフォームではなく、断熱性能と耐震性能を高める改修で、新住協では断熱耐震同時改修と呼んでいます。115㎡の家で、工事は(株)アライ(本社高崎市)が行いました。

結果はというと、高断熱住宅の看板である「冬暖かく夏涼しい」暮らしができて大成功だと、田口夫妻は実にご満悦でした(写真4)。

いきなりゴーヤ

訪問したその日、リビングに通されて、いきなり目に入ったのが西側の窓一杯広がったゴーヤの緑(写真3)。

「このゴーヤ、葉の密度が濃いですね。これなら日よけに効くでしょう」「ええ、8月はもっと密集していましたよ」「じゃ、夏は日よけをして涼しく、ですか？クーラーはどうしているんですか？」「高崎は40℃近くにもなるので、さすがに冷房なしではいられませんが、でもあまり使いません」。

では、「どんな暮らしになるんですか？」と聞くと、田口さんは次のように話してくれました。読者の皆さんは意外と思うかも知れません。

夏の上手な暮らし方

普通の答えなら「夏は朝早く窓を開けて空気を入れ換え、日中は家の中に風を通して涼しくする」ですが、田口さんはまったく逆で「朝は7時前に窓を閉め、そのまま一日中窓は閉めておく」のだそうです。

部屋が暑くなるまで冷房は入れない、部屋が暑くなったら冷房を入れる、外の温度が室温より低くなったら冷房を止め、窓を開ける。だから、窓を開けるのは夕方以降になる日もある、夜は基本的に窓を開けて寝る、そして明け方窓を閉める、という繰り返しが夏の日常ということです。

勿論全部の窓を開け放しているのではありません。「夜、窓を開けて寝たら物騒じゃないか」と思う人は、写真1をご覧ください。通風が採れて鍵がかかる雨戸です。1階のテラス窓をはじめ家全体に7～8カ所ついています。

朝から窓を閉めるがエアコンはすぐ使うわけじゃなく、一見非常識に見えるこういう夏の暮らし方が、高断熱住宅では常識になりつつあります。

夏の断熱は保冷

夏の室温は30℃以下にしたい、だから屋根壁に断熱して家を保冷する、保冷力が高ければ高いほど室温は外気に左右されない。いくら暑い高崎でも夜間は30℃以下になり、朝方は25～26℃まで下がる日も少なくありません。夜間窓を開けて冷気を家に入れ、朝、外気温が高くなる前に窓を閉めるのは、

写真1　防犯と通風を兼ねる雨戸(夜間)

写真2　防犯と通風を兼ねる雨戸(昼間)

写真3　西側の窓とゴーヤ

写真4　田口さんご夫婦

表1　改修前後の断熱性能・耐震性能

	改修前	改修後
天井	無し	GWブローイング
壁	無し	高性能グラスウール　145mm
床	無し	高性能グラスウール　145mm
開口部　サッシ	アルミサッシ	アルミ樹脂複合サッシ
ガラス	シングルガラス	ArLowEペア
換気	第3種換気	第3種換気
住宅面積	115.4㎡	115.4㎡
熱損失係数Q値	10.0W/㎡K	1.93W/㎡K
耐震診断(一般診断法評点)	0.45	1.05

そういう理由からです。

そして、保冷力をより高めるために断熱材を厚くします。天井は30cm、壁には高性能グラスウールが壁の内外に入れられ合計145㍉という厚さです。だから「カンカン照りの日でも外から照りつけられるような感覚は全くない」と田口さんが話してくれました。

大敵は日射

しっかり保冷されるということは、逆に、室内が暑くなったら暑さも逃げない理屈になります。だから"死ぬほど暑い高断熱住宅"も出来てしまうのです。暑さの大敵は日射。直射日光が室内に入ったら部屋は暑くなるので日射を入れない工夫をしなくてはなりません。

夏の日中は、太陽高度が高いので庇や軒が日を遮ってくれます。しかし、午後からの西日は庇では防げないので、冒頭のゴーヤが出てきます。勿論すだれやよしずでもいいのですが、「緑がきれいだから」と、田口さんはゴーヤの棚でしっかり西日を遮っています。しっかり断熱して日射遮蔽を徹底する、それが夏を涼しくする絶対条件です。

機能ガラスの上手な使い方

日射遮蔽だけを考えれば、一般のペアガラスと違って、日射を通しにくい機能を持った遮熱ガラスを採用するという方法もありましたが、冬の日射も遮ってしまうので、田口邸では日射も取りながら断熱性能を上げるガラスを採用しました。冬、日射のある地域なら南面の窓には最適のガラスです。

明るさは暑さ、暗さは涼しさ

奥さんが面白いことを言ってくれました。「日中、雨戸を閉めておくことがあるんですよ。少し暗くなるけどその方が涼しいんです」。

ずっと以前、私は名古屋で同じ場面に出会ったことがあります。建築した工務店の社長と、真夏にその家を訪問すると、なぜか雨戸を閉めて真っ暗にしています。驚いた社長が「何しているんですか、昼間から雨戸閉めて！」と笑いながらいうと「何言っているんですか、こうしているのが一番涼しいんだよ」と逆襲されました。「少し暗くなるけど、本当に涼しい」は正しいようです。

上手な勉強

田口さんはリフォームする前、住宅の見学会などに出かけて沢山の家を見てきました。「そんなに急ぐこともないので3年位かかった」といいます。「住宅会社はどこでも冬暖かく夏涼しいというが、本当にそのとおりかを確かめるため夏冬体験をしているうちに3年経った」そうです。

「アライさんには実際に住んで何年かになるお宅を夏も冬も見せてもらいました。どんなふうに暖かいのか、どんなふうに夏涼しいのか、何軒も訪問させてもらうことができました。住んでいる人に聞くのが一番の答えですからね。実際、冬暖かいばかりでなく、夏を涼しく暮らしている人もいました。それで暮らし方もすごく大切だということがわかったのです。」

暮らしやすい高齢者の住まい

リフォーム後、トイレと台所、食堂、浴室が全部寝室から近くなりました。すると「すごく便利だと気がつきました。歳をとったらもっと暮らしやすさを感じると思います。」と奥さんが話しました。しかも冬は朝起きたときから暖かいのですから、こういうリフォームは何から何まで高齢者に優しいといえます。

苦笑い

高崎の冬は明け方は、－3〜4℃まで下がることがあって、そんな朝は「今朝はうんと寒かったですねぇ」と挨拶され、夏は夏で「こう暑くちゃクーラーも効きませんねぇ」と挨拶されることがあって、「そうですか、うちはそんなことはありません」とも言えず、言葉を合わせているそうです。

「とにかく宣伝をうのみにしてはいけない」と、田口さんはきっぱりそういいました。（2015.10.3 訪問　会沢健二）

写真5　暮らしやすい間取り　　写真6　玄関の様子

改修後1階平面図

改修後2階平面図

写真7　リフォーム後の外観

56 我が家は要塞（ようさい）。住み心地抜群の家
この家にして本当によかった4

かつての家には極寒ロードがあって、風呂に行くのもひと苦労。しかし新しい家はまるで要塞のようだ。しかも快適。かつては途中で契約中止というできごともあったが、いまは…

メカに強い人の家選び

山形県酒田市で地酒専門店を営む高橋さん（45歳）は、カメラや車、電気製品などいわゆるメカに強いと評判の人。リビングには本格的なポルシェのミニチュアカーも置かれています。お風呂でテレビを見たり、外の気温が室内で見て取れる機器を設置したり、システマチックな暮らしをしています。それらはみんな高橋さん自身が組み立て自分で設置します。

勿論何かあれば自分で修理します。本業の酒店もインターネットで大盛況なのですが、これらは全て高橋さんのアイデアで成功しているようです。

そんな高橋さんが選びに選んで建てた住宅が2014年の春完成しました。建築会社は、これも選びに選んで地元のコスモホーム（有）（酒田市　柿崎圭介社長）に依頼しました。「選びに選んだ経緯」が面白いので読者の皆さんのその顛末を紹介します。

我が家は要塞（ようさい）

高橋邸は厚い断熱材で覆われています。断熱材には、高性能グラスウールが使われていて、壁は内外で210mm、屋根は300mmの厚さがあります。これらは一般的な高断熱住宅と比較して倍以上の厚さで、窓はしっかりした断熱サッシにガードされ、住宅全体の断熱性能は省エネ基準の2倍以上で、年間の暖房エネルギー消費量は次世代省エネ基準の1/3にまで削減されるという優れた住宅に仕上がっています。

室内は暖房換気がシステマチックに設備され、夏冬とも住み心地抜群であるといいます。高橋さん夫妻の表情（写真3）からもそれがうかがえます。

2016年1月末、コスモホームの柿崎社長と共に2度目の冬を迎えた高橋邸を訪問しました。ニコニコと笑顔で迎えてくれた高橋さんは「いかがですか、住み心地は」という私の問いに「すごいですよ、この家は。雨風は勿論どんな寒さにも暑さにもびくともしないんです」そう答えてくれました。私が「そんな家を、メカに強い人が何かにたとえたら何になりますか？」と聞くと、少し間をおいて出た答えは「要塞・・・。そう、要塞ですね」でした。

要塞という言葉を辞書で引くと「外敵からの攻撃を防御する堅固な建造物」と書かれています。（広辞苑）まさにその通りと私も思いました。

酒田鶴岡のある山形県庄内地方の冬は、日本海から吹き付ける風が半端なく強く、コンクリート造のビジネスホテルに泊まっていても、夜中、風の音で目が覚める事があります。内陸のように冷えなくとも、0℃前後の気温に風が吹くと体感温度は寒く、酒田の人が口をそろえて寒いというのはそういう理由もあります。ある人は、冬の暖房時、風が家の中を吹き抜けて、まるで野原でたき火をしているようだと言っていました。

極寒ロード

高橋さんの話す言葉は歯切れよく、実に新鮮です。「実は極寒ロードというのがあるんですよ」と、今度は極寒ロードという言葉が出ました。今となると懐かしい気がすると前置きして「家の中の寒い道」をこう話してくれました。

以前の家は、台所の向こうが戸一枚で脱衣室になっていて、さらに戸一枚を隔ててお風呂がありました。まず台

写真1　リビング内観

写真2　外観

写真3　高橋さんご夫婦

断熱仕様及び暖房エネルギー消費量

部位	断熱材の種類	厚さ等
屋根	高性能GW16K	300mm
外壁	高性能GW16K	105+105mm
基礎	スタイロフォームAT	50mm
開口部	フレーム	樹脂サッシ
	ガラス	ArLowEペア
	ガラス	同上一部日射遮蔽型
換気	熱交換換気	効率80%
熱性能・エネルギー消費量		
熱損失係数 Q値		1.123
外皮平均熱貫流率 UA値		0.4（<基準0.75）
暖房負荷/年間		2906kWh
灯油換算/年間		332ℓ

所が寒く、奥さんの話によれば、立っているのもいやになるくらい足下からじんじん冷えてきたそうです。

お風呂に入るとき、まずその寒い台所を通って戸を開ける、するとまず一回目の冷たさ、外と同じくらい寒いので、ささぁっと服を脱いでお風呂の戸を開ける、暖かいはずの浴室は風がスースーしてさらに寒く、急いで風呂に入るのですが「そうしてお風呂に入ったら暖かいと思うでしょう。それが違うんです。入っている内に寒くなるんですよ。」「ゆっくりお風呂に浸かるなんて寒い家ではできないんですよね」「こうして、決死の思いでお風呂に行くのですが、行きも帰りも、台所から浴室への道は、我が家の極寒ロードでした」と笑っていました。

高断熱住宅との出会い

コスモホームのその頃のホームページには、断熱のことがかなり細かく記述されていました。年間の暖房エネルギー消費量はいくらか、暖房熱源に何を使うか、環境を意識し、省エネで快適な住まいをつくる会社の方針が、延々縷々述べられていました。

そこには柿崎社長の思いが、かなり熱く語られていて、高橋さん夫妻はそれを全部、繰り返し読んだといいます。そうして初めて、暖かい家、快適、省エネ、全室暖房の家づくりがあることを知り、コスモホームと面談したそうです。

土壇場で契約をとどまる

年間どの位の灯油で暖かい暮らしができるか、なぜ高断熱が必要か、そんな話を、柿崎社長から計算を交えて聞くことができ、プランも価格もほぼ決まって、いざ契約というときに、思わぬ「待て」が入りました。

高橋さんの親から、ストップがかかったのです。「そんなローンを組んで大丈夫か、高断熱住宅とかいうものに浮かれていないか」、親心からくる懸念ともいえます。高橋さんは、言われてみればそうかもしれない、そう思い直して、契約を事実上白紙に戻したのでした。

住宅展示場巡りから得たもの

契約中断後、高橋夫妻は住宅展示場回りを始めました。大手のSハウスはじめローコストを謳う住宅会社など数社を回り、断熱性能、省エネ、暖房費などを聞いて回ったそうです。

断熱性能のことをいうと、そんな断熱性能は酒田では必要ないという会社もあれば、我が社は高断熱だという会社もあって、その中には法外とも思われるような高価格をいう会社もありました。概して断熱には不熱心で、年間の暖房エネルギーをいえるような会社はなく、ローコストで売る会社は断熱を軽視しているのが実情でした。

いろいろな話を聞いて、結局、コスモホームの言うことに帰着することがわかって、あらためてコスモホームで建築することを決めたのです。

■ QPEX

コスモホームでは、熱性能や省エネ性能をQPEXプログラムを使って計算結果表を施主に提示します。酒田に限らず、住宅展示場に並ぶ住宅会社にそういう性能を数値で表せるような会社はほとんどなく、論理的、理知的にものごとを進める高橋さんが、コスモホームに戻った理由はそこにありました。

快適さを求める設計

庄内地方の冬は日射を多く期待できないので、高橋邸は断熱を優先した設計になっています。その狙いは当たって、日本海側独特の曇天続きの重々しい冬でも室内は快適で寒さ知らず、その上、以前より遙かに省エネという理想的な家ができあがりました。

今では遠い昔の出来事

「極寒ロードがあったのは、たった2年前。本当に快適な暮らしができるようになったら、それが遠い昔の出来事のように思える」と、高橋さんがいいます。（2016.1.29訪問　会沢健二）

写真4　厚い断熱の下地作り

写真5　壁の断熱工事中写真

1階平面図

2階平面図

57 海を見下ろす絶景、不利なロケーションをQ1.0住宅で克服した家
この家にして本当によかった5

所は青森県八戸市、海岸沿いの高台から望む景観はまさに絶景。しかし、絶景を臨めば、大開口は北向き。冬は寒いし風は強い。さあ、どうする…

まさに絶景。ここに家を建てたい

「青い海、白い雲、遠く水平線まで澄んだ空気、沖に浮かぶタンカー、港に出入りする漁船、そして空を飛び交う海鳥。それらを一望する高台、視界をふさぐものは何もない。まさに絶景・・・ここに家を建てたい、しかしそれには北向きに家を建てるしかない・・・」。

場所は八戸市、これから家を建てようとしていた廣谷さん夫妻は、その場所に立って判断に迷っていました。

悩んだ末、海を見下ろすその高台を選び、一昨年秋、建築工房クーム㈲(沢目安弘社長 青森県五戸町)が施工し、家は完成しました。

結果は上々、大満足の家になりました。「港が見えるリビングは北西に向っていて、冬、日は入りません。でも、全く問題なく快適で省エネ。ここにして本当によかったと思っています。」

一夏と二冬を過ごした廣谷さんが満面の笑みで、そう話します。

北西を向くということは、夏に日は入るが、冬はほとんど入らない、家を建てる上では極めて不利な条件なのです。そのマイナスをQ1.0住宅という高性能で克服し、絶景を手にしたのです。

土地決定の懸念

「この土地が売りに出ていると聞いて見に来たときは、素晴らしい眺望で、いいなぁ、とただただ景色に見とれていました。でも、ここを選ぶとき正直迷いました。景色を取り込もうとすると家は北方向に開放しなければならないんです。母は冬に陽が入らないうちは寒いからだめというし、たしかに、風も強いところだから、どうしたものかと踏み切りがつきませんでした。」

展示場の記憶

それでも、この景色は「なんとしても捨てきれない」と悩んでいたとき、クームが開催していた住宅展示会を思い出したそうです。その年の冬のことでした。「あの暖かい家ならもしかして大丈夫ではないか」、そう思って沢目社長に連絡を取ってその話をしてみると、沢目社長は一も二もなく「やりましょう、大丈夫です」と返事してくれたそうです。

高性能で克服

昭和40年代後半、北海道で温水パネルによるセントラルヒーティングが普及した時代がありました。ストーブ方式から、より快適な暖房方法に変わったのですが、その時代の住宅は断熱性能が悪かったので結構な量の灯油を使いました。灯油が安い時代はそれでもよかったのですが、オイルショック以降、灯油はどんどん値上がりし、暖房費が一冬で20万も30万も掛かる家が続出しました。結果、人々はその暖房を使わなくなってしまいました。

廣谷邸もこの話と似たケースに陥るところでした。北向きに大きな開口を取ったので、断熱性能へのダメージは大きく、しかも冬の日射が全く期待できません。当然その分、暖房が増えます。廣谷邸がもし平凡な断熱性能だったら景観を楽しむ代わりに大きな暖房費を代償として払うことになったはずです。

小さな燃費で快適な暮らし

では、実際どれだけの光熱費がかかっているのでしょうか。廣谷邸には発電能力4.8KWhの太陽光発電が搭載されています。そのため実質の光熱費

写真1 リビングとそこから望む絶景

表1 2015年1〜12月電気料金

購入電力量(円)	180,803
売電料金(円)	180,671
差引年間光熱費(円)	132
参考 (売電電力量kWh)	4,883
(売電単価:円)	37

表2 断熱仕様及び暖房エネルギー消費量

部位	断熱材の種類	厚さ等
屋根	ロックウール吹込25K	300mm
外壁	高性能GW16K	90+90mm
基礎	ビーズ法PSF特号	50+50mm
開口部	フレーム	樹脂サッシ
	ガラス	真空トリプル
	ガラス	2Ar2LowE16ニュートラル
換気	熱交換換気	効率83%
熱性能・エネルギー消費量		
熱損失係数 Q値		0.93
外皮平均熱貫流率 UA値		0.393(<基準0.56)
暖房負荷/年間		1502kWh
灯油換算/年間		172ℓ

を正確に把握することができない（自家消費分の実数が不明になる）のですが、H15年の購入電気料金は年間18万円（表1）です。昼間の自家消費分をこれに加算しても、実質消費量は20〜22万円と推定されます。

八戸での一般家庭の年間光熱費は、25万〜30万円といわれていますから、廣谷邸の光熱費はそれと比較しても燃費は小さく、事実、以前住んでいた住宅では年間30万円以上かかっていたといいます。

開口部から取得できない日射熱を、太陽光発電で補おうと考えたと沢目社長はいいます。結果的に太陽光発電の売電との収支は、ほぼゼロになっているからうまくいっています。（表1）。八戸市の海辺という寒い地域で、冬季間24時間全室暖房する暖かい暮らしをしていてもこの少燃費なのですから、すごい時代になったと感嘆してしまいます。

厚い断熱

不利な条件にもかかわらず、小さな燃費で快適な暮らしを可能にしているのは高レベルな断熱性能です。まず厚い断熱が特長的です（表2）。壁には内外に合計180mmの高性能グラスウール、天井には300mmのロックウールが吹き込まれています。

開口部（サッシガラス）は特に強化されています。北西に向いている大きな開口のペアガラスは、現在国内で最高等級といわれる真空タイプのトリプルガラスが使われています。こうして得られる断熱性能は、現行次世代省エネ基準の最も高い基準0.46 W/m²Kを大幅に上回る断熱性能になっています。

八戸は日射量が少ない地域ではありませんが、大きな開口は北西を向いているので冬に取得できる日射量は少なくなります。この家は断熱性能を高めて少ない日射を生かした省エネ住宅とも言えます。

結露

北向きの大きなテラス戸は、冬季かなりのストレスを受けます。強い風も受けるからです。「寒い日はガラスではなく、サッシの樹脂部分に結露するんですよ」と奥さんがいいます。真空トリプルガラスは、プラスチック部より断熱性能が高いので、そういう現象が起こります。この数年、ガラスの性能はめざましく進歩しています。

性能ばかりではなく

建築工房クームは、断熱性能と省エネばかり重視した家づくりをしているわけではなく、伝統的な建築技術を「生かしたい、使いたい、残したい」という思いを人一倍強くもっています。は人一倍強い。

多くの人がみて美しいと感じる世界共通の縦横比率は、黄金比といわれますが、沢目社長は「法隆寺など日本の古代建築にも、大和比（やまとび）というある種の縦横の比率があり、たとえば切妻の住宅なら3間間口の6寸勾配もその一つで廣谷邸もそうなっている」と話してくれました。

最近は、国の性能基準重視政策があるせいか、工務店に家づくり本来のつくる楽しさ、暮らす楽しさの趣向が足りないのではないか、そんな気がしていましたが、廣谷邸は性能も十分あって、その上、造作の美しさ、細かい部位への配慮が感じられてうれしいと、廣谷さんはその点でも満足しています。

家は家族の港

私たちが訪問したその日、空は相変わらず青く晴れ渡り、海は静かで、浜辺に白い波が打ち寄せていました。

廣谷さん夫婦には、小2と小5の男の子がいます。これから成長して親を離れ、いつか世の中に一人、立つことになります。

港に出入りする出船入り船のように、人生の折々に、育った家を故郷として還ってくる場面があるでしょう。

「この家は家族の港です。この場所の、この家にして、本当によかったと思っています」廣谷さんが海を見つめて、そうつぶやいているようでした。

（2016.7.11訪問　会沢健二）

写真2　リビングの前のテラス

写真3　海側から見た大和比で計算された外観

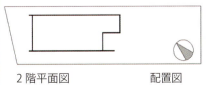

1階平面図　　2階平面図　　配置図

6章

Q1.0住宅 事例編

事例01
来場者の絶えない Q1.0 住宅のモデルハウス

いろいろモデルハウスを見て廻って、なぜかまた訪ねたくなる
建設中から足を止め、工事の様子を眺める人が多かった。オープンすると、同じように建てて欲しいと注文が舞い込む上越市のモデルハウス。人気の秘密は：高断熱住宅としてのハード面が備わっている上に、デザインやプランといったソフト面でした。現在は来訪された方が購入し、居住しています。

■ **高断熱だから出来る開放的な家づくり**〜家中どこにいても同様に暖かく快適。大きなダイナミックな空間も高断熱だからこそできるのです。

　この住宅は、鎌田研究室が基本設計をし、モデルハウスとして建設されました。高断熱住宅はきわめて高耐久で、百年以上持つという規定で、次々と世帯を越えて住み継がれられる家を考えました。だから設計は、さまざまな住い手に対応できる可変性のある、きわめてシンプルで少々広めのプランにしています。施主の細かい要望をつなぎ合わせたプランでは、次世代に引き継ぐ際に困るかもしれません。本文 ㊵、㊶ で触れましたが、シンプルなプランニングは、住み継いでいく百年住宅の要素として大切なのです。

　日本海側の豪雪地帯に建つこの住宅は、日射量があまり多くない地域なので、南面リビングに大きな木製サッシを設け、日射を積極的に取り込む設計にしました。積雪対策で深い庇にしましたが、先端部をガラスにして日射透過を妨げないように工夫しました。

　高断熱住宅は、単に窓を小さくして断熱を強化する住宅では決してありません。

　このモデルハウスの評判は、トータルデザインの大切さを示しています。住宅はカーポートやアプローチ、物置や塀、庭やウッドデッキなどの外構も上手くバランスをとる必要があります。Q1.0住宅本体を出来るだけシンプルに作り、コストを抑え、その分エクステリア（外部）を上手に設えることによってトータルデザインを整えるのがポイントです。

　雪かきをしなくても除雪した道路に、すぐに出入りできるデザインとなっており、これもまた人気の秘訣でした。
　　　　　　　　　　　　（久保田淳哉）

施工　家Ｓハセガワ（株）新潟県

事例 02
初めて Q1.0 住宅に取り組む

初めて取り組んだ高断熱住宅が、外壁 200mm 断熱
新住協では、特に関西以西の会員が積極的に Q1.0 住宅に取り組んでいます。兵庫の山あい（但馬地域）で、一人で、高断熱住宅の建築工事に初めて取り組んだ人がいます。新住協に入会し、開設 2 年目の工務店が Q1.0 住宅に挑んだのです。

　この夏は、広島、丹波の豪雨災害が起き、全国でも 50 年に 1 度という豪雨が発生しました。世界でも異状気象が多発しています。地球の温暖化にブレーキをかけないと災害等がいつ自分や家族が巻き込まれるか解らないのです。そして温暖化は間違いなく大災害と食料危機につながります。

　3 年前に 32 年勤めた工務店を退社して独立し、徹底したエコ住宅建設で社会貢献したいと決心、そして Q1.0 住宅に出会いました。

　徹底した高断熱の住宅で「冬はごく僅かの暖房で暖かく、夏は冷房なしで快適に過ごせる超省エネ住宅」を目標と決め、初めての Q 値＝1.158 W/m²K の住宅が完成しました。

　冬は小型薪ストーブ 1 台を少し燃やすことで 2 階建 49 坪の住宅全体が 20〜25℃、夜消して寝ても朝は 17℃ を切りません。

　夏は「夜換気窓を開けて寝ると朝は寒いくらいで一度窓を閉め、少し暑くなると窓を開け南北の風を取り込むと結構涼しいですよ。」と。実際に夏に訪問すると、外気温 35.8℃ に対して 1 階 32.7℃、2 階 31.8℃ と家の中に心地良い風が通り過ぎていました。

　但馬のような中山間地では川沿いに結構いい風が吹いています。夜も 25℃ に近い涼風があり私は夏の無冷房住宅を目指しています。現在「窓を開けて風を取り込もう！」運動を呼びかけており、超省エネ住宅が広がり、皆で省エネ、節電を進めて温暖化防止、原発もなく自然エネルギーを中心とした安全で永続可能な社会を実現したいと考えています。

（文・自然工房　熊田得男）

設計施工：自然工房（兵庫県）

事例 03

夏を涼しく暮らす（1）

高断熱住宅の夏はどうなのでしょう？
夏について本格研究に取り組んだ最初の住宅：桐生の家です。高断熱住宅という響きから、夏は暑くなる住宅のように言われることがありました。もちろん、きちんとした設計をすれば、むしろその逆で夏は涼しい住宅になります。

　高断熱住宅の研究は、北海道からスタートしました。当初、『高断熱住宅は冬は快適だけれど、夏は暑くて大変……』という声が本州で聞かれました。高温多湿な日本の風土で、通風第一の本州の住宅には北海道の技術は不必要……とまでいう意見が出たそうです。

　高断熱住宅は断熱材がきちんと効いているため、窓からの日射しで室内の温度は一気に上がります。風通しにいいと従来からいわれる方法、つまり窓を部屋に2ケ所開ける工夫をしても、暑い日の外は無風ですから、ほとんど効果がありません。特に外出時には窓を閉めて施錠するので、室温が急上昇してしまいます。

　逆にいえば、日射をきちんと遮れば、断熱がしっかり効いているので、夜間に十分冷えた室内の保冷状態で日中の間を過ごすことができます。

　この桐生の家では、ガラリの付いた雨戸を閉めることによって完全に夏の日射を遮蔽しつつ、ガラリからの通風で涼しく過ごすことが出来ています。エアコンは、盆に家族が集まった数日程度で済んでいるそうです。また、ガラリ雨戸は施錠できるので、防犯上も有効な方法です。

　夏を涼しく暮らすために窓は、
①「きちんと日射を遮る」
②「開け放っていても防犯上問題のない　通風できる窓」
③「立体的に通風をとる」
を備えることが重要なポイントです。

（久保田淳哉）

設計施工：(株) アライ (群馬県)

事例 04
夏を涼しく暮らす（2）

エアコンに頼らない家づくり
高断熱住宅で夏を涼しく暮らすために、まずは設計が肝心です。きちんと配慮された設計をすれば、例えエアコンがなくとも、快適な夏の暮らしが出来るのです。

　この住宅は西側の道路に面する外壁に窓が1つもありません。これは設計者が西日対策を考えた時、日射が入ってくる窓そのものがなければ良い・・・と、ダイナミックにデザインしたものです。夏の窓は地陽熱集熱装置となってしまいますから、断熱性能が高い住宅では日射遮蔽がきわめて重要です。

　また、通風換気の経路も計画する必要があります。一般的には、部屋には2方向に窓を設けることが通風のセオリーといわれますが、特に暑い夏、無風状態の最も通風が欲しい時は、例え2カ所に窓があっても風は動いてくれません。ですから温度差による上下の換気経路を確保しておくことが必要です。暑い空気は上へ上へと上昇しますので、住宅の頂部に換気口を設けるという設計上の工夫は、非常に効果的な手法です。住宅は1つの空間として、熱がこもらない配慮が求められるのです。

　近頃の住宅雑誌を広げてみると、庇のない家が多く見受けられます。断熱性能が高い家は、日射が入ると室内は暑くなり、それがキープされてしまいます。でもそれは、日射をいれない設計をきちんとすれば良い事を意味します。日射遮蔽装置としての庇は、極めて重要です。

　高断熱という言葉から、冬をメインにイメージしがちですが、暑い夏を涼しく過ごす対処も設計の中で当然考えておかなければなりません。断熱性が高いのですから、まずは日射を遮る事を第一に、加えて、室内の熱気を排出する手法をデザインします。

　この2点をきちんと守ることがポイントです。　　　　（久保田淳哉）

設計　KSA一級建築士事務所（東京）

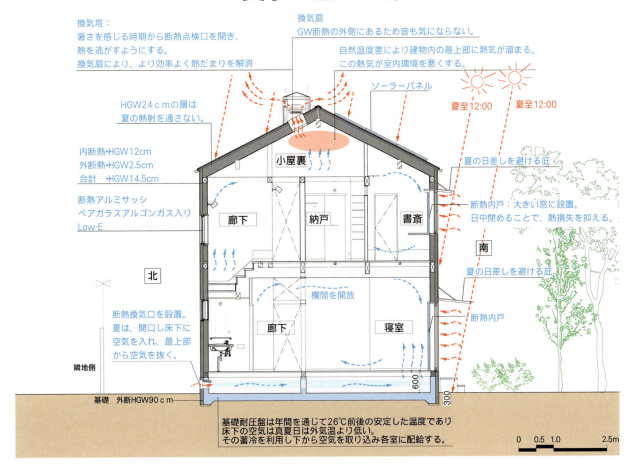

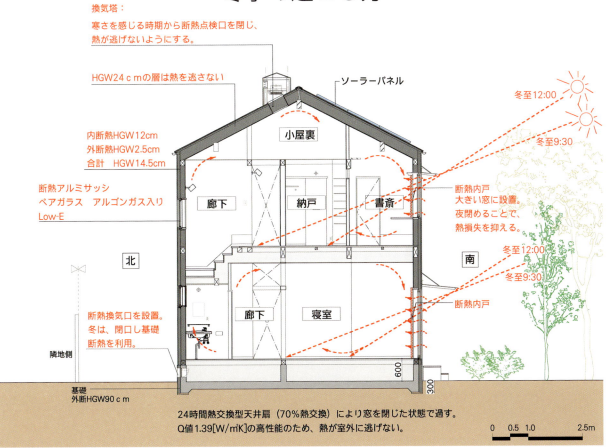

事例 05
いろいろなデザインで Q1.0住宅

Q1.0住宅のデザイン
Q1.0住宅は、高性能住宅ですが、特別な住宅では決してありません。だから、Q1.0住宅だから、こうしなければならない…、というデザインはありません。自由なデザイン。でも、これから長く残していくQ1.0住宅のデザインを考えましょう。

　Q1.0住宅は百年持つのだから、デザインについても100年持つものを考えておかなければなりません。

　現代の日本の住宅地は、ユーザーの、そのときのいわゆる好みだけに従って、色とりどりのサイディングを外装に張りめぐらせた家が、無秩序に並んでいるといわざるを得ません。そこには地域性も、あるいは日本らしさもない…無国籍なデザインと言わざるを得ません。

　私達は高断熱住宅の技術によって、きちんと百年持つ住宅を作ることができます。そのような百年住宅のデザインを考えたとき、100年前から残ってきたデザインは、これからの100年先にも残していくべきデザインともいえるのではないでしょうか。美しい日本の住宅の姿も、きちんと残していくことも、高断熱住宅の大切な使命ではないでしょうか。

仙台市

秋田県大仙市

留萌市

留萌市(内観)

事例 06

地域に根差したデザイン

真壁デザインは日本の住宅の顔
従来、日本の住宅は在来木造工法が持つ軸組みの美しさを活かした確かなデザイン力を持っておりました。Q1.0住宅はこれから先ずっと残っていく住宅です。日本独特の住宅デザインを改めて考えてみませんか？

　私達は、これまで折りに触れ伝統的な日本の住宅のデザインに囲まれ感性を育くんできました。柱や梁といった横架材がデザインとして見える真壁デザインは、日本人に根付いています。軸組工法である在来木造工法が持つ、美しい構造体をそのままデザインとする住宅は、まさしく日本に建つ日本の住宅の表情を持っています。

　そして、これらの日本の民家の記憶は、これからも私達の中に受け継がれていくものです。いかなる住宅デザインも可能な現代の技術ではありますが、伝統的な日本の住まいのデザインと佇まいを大切にしたいとも思います。ここでは、外観のデザインとして敢えて意図的に真壁とした高断熱住宅が並んでいます。

室蘭市

春日井市

室蘭市(内観)

長野県辰野町

秋田市

酒田市

事例 07
Q1.0 住宅
厚い外壁断熱の住宅

壁の厚さが 200 mm～300 mm
Q1.0 住宅を設計するために QPEX でシュミレーションすると、いろいろな手法やアプローチでエネルギーを減らせることがわかります。その中のひとつの方法として、外壁の付加断熱があります。

これまでも 50 mm 程度の付加断熱は行われてきました。しかし、さらに熱性能レベルを上げるために 100 mm 以上の付加断熱技術が確立され、全国で取り組みが既に広がっています。

特に本州で行われる 100 mm の付加断熱、総厚 200 mm の外壁は、従来の付加断熱と比較しても断熱材が増加した分の材料費と若干の木材や金物部品だけで、それほどコストアップせずに可能な工法であることがわかってきています。下地を取付けるといった作業の手間は変わらないことから、従来から付加断熱に取り組んできた会員は、積極的に 200 mm 断熱に取り組みつつあります。

さらに北海道のような寒い地域では、もっと進んでいて、付加断熱が 200 mm 厚の壁の総厚 300 mm も登場し始めました。高断熱住宅は日々進化しています。

また、厚い外壁断熱施工への期待の高まりには、ユーザーからの率直な反応も要因の一つといえます。QPEX で試行錯誤をして断熱性能設計をするわけですが、一般ユーザーにとっては、ガラスが変わったり熱交換換気を導入したりと、見た目が変わらないことも多いのですが、それに比べて厚い断熱材の入った壁は、何より見た目のインパクトがあります。施工中からその厚い外壁に注目が集まり、その工事現場自体が生きた構造見学会場となるからです。

付加断熱を利用してデザイン的な特徴を出している会員もいます。右ページの北海道 300 mm 断熱の住宅では、通常は外壁の外面付近に窓を取付けますが、敢えてその厚い壁厚を利用して、サッシをへこませて取付けることによって外観にアクセントを持たせてしっかりとした重厚感のある表情をつくりだすことに成功しています。

北海道

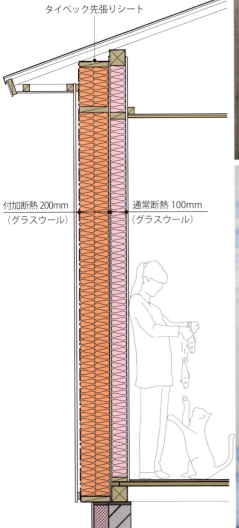

タイベック先張りシート

付加断熱 200mm
（グラスウール）

通常断熱 100mm
（グラスウール）

事例 08
断熱耐震改修の様々なケース

新住協の断熱耐震同時改修
断熱リフォームだけを望むユーザーは少ないけれど、ちょっとしたリフォームと一緒に、暖かくて地震にも強くなる住宅に少しの費用で生まれ変えることが出来ます。実は断熱改修と耐震改修の重要なポイント箇所は一緒です。

事例 1
住みながらの工事を実現したリフォーム

リフォームでは、仮住まいへの引越しなどの煩わしさや、そういった経費が掛かるのが普通です。しかし、工務店と協力しながら計画すれば、住みながら付加断熱の工事も可能です。

帯広市/佐々木工務店

事例 2
スケルトンにして、フルリフォームで生まれ変わった住まい

土台と柱・梁だけを残して、ほとんど取り替えた大規模改修です。この場合でも、高断熱住宅の原理原則に沿って施工を進めます。

長野/向山工務店

断熱耐震同時改修といっても、極めてさまざまなケースが存在します。いま住む家がとにかく寒いのでそれを解消したいという断熱改修を第一に考えたものから、基礎だけを残して全部をやり直すような大規模な改修工事まですべてリフォームと呼ばれます。

　リフォームの動機はいろいろですが、新住協の断熱耐震同時改修はリフォーム工事の機会を活かし、少しだけコストを上乗せすることで断熱性と耐震性の双方を同時に劇的に高められる方法です。高断熱住宅にすることにより建物自体の耐久性がぐっと向上するのですから、リフォームの際にはこの断熱耐震同時改修をしない手はありません。ここでは4つの改修ケースを紹介します。

事例3
外装材リフレッシュで受けた仕事、せっかくなら断熱耐震改修も施工

外装塗装となると、足場が必要です。せっかく足場を組むなら外壁張替えにした方がいいのか悩みます。断熱材の再充填、耐震補強、サッシの入替も同時に出来ると考え、リフォームしました。

山形/コスモホーム

事例4
見た目は変わらずに、ローコストで快適さが格段によくなった住まい

外側からの工事だけで、室内側には手をつけずに寒さを解消します。耐震性を上げるリフォームは、見た目の変化は少ないのですが、住んでみて、初めてその快適さにびっくりします。

帯広/ホーム創建

7章

あなたの街の新住協会員

読者の皆様へ

本書の出版原資は?
一般社団法人 新住協は、基本的に会員の会費で成り立っています。本書はその会費の一部とここに掲載された会員の協賛費が原資となっています。本書発行のための建材や住宅メーカー広告等は一切戴いておりません。

掲載している工務店・設計事務所は?
ここに掲載されている住宅会社等は、本書の出版に協賛した会員です。

会員の住宅技術は?
新住協会員は日頃、高断熱住宅の技術研修に励んでいますが、全会員がすべての技術を修得しているわけではありません。勉強のために入会している会員もいます。

マスター会員とは?

新住協はマスター会員制を設けております。マスター会員とは、新住協の住宅技術をマスターし、所定の実績を有する会員で、新住協の家づくりに対する理念を修得しています。

掲載されていない会員は?
一般社団法人 新住協には、2016年9月現在735社の会員が登録され、全国各地で高断熱をベースに家づくりに取り組んでいます。掲載されている会員がすべてではありません。

詳しくは事務局へお問い合わせ下さい。

一般社団法人 新木造住宅技術研究協議会
(〒980-0014)仙台市青葉区本町2-1-8
第一広瀬ビル　1F
(Tel)022-796-7501　(Fax)022-796-7502
新住協のホームページ
shinjukyo.gr.jp
新住協と検索して下さい

北海道ブロック

（株）アシスト企画
北海道札幌市北区新川5条16-6-5
TEL：011-764-5150　FAX：011-764-5965
URL：www.assisthome.co.jp
Email：guide@assisthome.co.jp

ＳＴＶ興発（株）
北海道札幌市中央区北4条西3-1 北海道建設会館3F
TEL：0120-089-582　FAX：011-232-0058
URL：www.stvkohatu.co.jp
Email：info@stvkohatu.co.jp

（株）リビングワーク
北海道札幌市厚別区厚別南6-2-10
TEL：011-892-1125　FAX：011-892-9539
URL：www.living-work.co.jp
Email：home@living-work.co.jp

大進ホーム（株）
北海道札幌市東区東苗穂3条1-2-1
TEL：011-783-1122　FAX：011-783-7741
URL：www.taishinhome.com
Email：sekkei@taishinhome.com

北海道気密販売（株）
北海道札幌市清田区平岡3条1-1-33-103
TEL：011-303-1103　FAX：011-303-0585
URL：準備中
Email：nori-tanaka@kimitsuhanbai.jp

大平洋建業（株）
北海道札幌市豊平区西岡4条14-2-13
TEL：011-584-3071　FAX：011-584-3072
URL：www.t-kengyo.com

武部建設（株）
北海道岩見沢市5条東18-31
TEL：0126-22-2202　FAX：0126-22-3702
URL：www.tkb2000.co.jp
Email：take2@tkb2000.co.jp

（株）キクザワ
北海道恵庭市黄金中央2-3-15
TEL：0123-32-2440　FAX：0123-39-2193
URL：http://www.kikuzawa.co.jp/
Email：home3@kikuzawa.co.jp

（株）丸昭高橋工務店
北海道上川郡下川町西町473番地
TEL：01655-4-3314　FAX：01655-4-2001
URL：takahashi-home.co.jp
Email：info@takahashi-home.co.jp

（株）芦野組
北海道旭川市旭神町28-106
TEL：0166-65-7087　FAX：0166-65-5270
URL：ashino.bz/
Email：ashino@basil.ocn.ne.jp

（有）猪子建設
北海道河東郡音更町共栄台西12-7
TEL：0155-31-3183　FAX：0155-31-8601
URL：http://www.inokokensetu.com/
Email：inoko-kensetu@ak.wakwak.com

(株)ホーム創建

北海道帯広市西5条南31-1-50
TEL：0155-26-1007　FAX：0155-26-1008
URL：www.homesouken.co.jp
Email：shiawaseni@homesouken.co.jp

(有)山野内建設

北海道二海郡八雲町東町236-2
TEL：0137-62-3498　FAX：0137-64-2077
URL：http://www.nlhome.com/
Email：nlhome@poppy.ocn.ne.jp

(有)辻久建設

北海道檜山郡江差町字柏町226-6
TEL：0139-52-3548　FAX：0139-52-3276
URL：www.tsujikyu.com
Email：tsujikyu@lapis.plala.or.jp

SUDOホーム(須藤建設(株))

本社　北海道伊達市松ヶ枝町65-8
TEL：0142-22-0211　FAX：0142-22-0212
札幌支店　北海道札幌市豊平区中の島1条5-3-11
TEL：011-816-8900　FAX：011-816-8901
URL：www.sudo-con.co.jp

大鎮キムラ建設(株)

本社　北海道苫小牧市日吉町1-4-6
TEL：0144-72-1146　FAX：0144-72-1150
（フリーダイヤル：0120-971-873）
URL：daishinkimura.com
Email：otoiawase@daishinkimura.com

東北ブロック

(株)リーファ

青森県青森市青葉1-3-11（住宅展示場）
TEL：017-757-8202　FAX：017-762-2806
URL：www.reafa.com
Email：reafa@aomori-net.ne.jp

なりこうけんせつ
成功建設

青森県青森市大字羽白池上214
TEL：017-718-1591　FAX：017-718-1591
Email：hina.riku.oto@hb.tp1.jp

(株)森の風工房

青森県東津軽郡蓬田村大字阿弥陀川字汐干178-3
TEL：0174-31-3378　FAX：0174-27-3344
URL：www.morinokazekobo.com
Email：info@morinokazekobo.com

ファインホームズ(株)

青森県八戸市西白山台3-23-1
TEL：0178-27-7000　FAX：0178-27-7577
URL：http://www.finehome-k.jp
Email：finehome@htv-net.ne.jp

(株)ミゾエホーム

青森県八戸市北白山台4-1-16
TEL：0178-27-6300　FAX：0178-27-6301
URL：www.mizoe-home.com
Email：sumai@mizoe-home.com

（株）ジェイホーム

青森県十和田市元町東 3-2-35
TEL：0120-39-5050　FAX：0176-22-3968
URL：www.j-home.co.jp
Email：info@j-home.co.jp

平野商事（株）

青森県十和田市元町東 3-6-1
TEL：0176-23-7111　FAX：0176-23-3967
URL：www.hirano-shoji.co.jp
Email：kihirano@hirano-shoji.co.jp

（株）今泉工務店

青森県十和田市大字米田字向久保 6-52
TEL：0176-28-3064　FAX：0176-28-3100
Email：imaizumi-k@ia9.itkeeper.ne.jp

（有）松田工務店

青森県十和田市大字相坂字白上 248-102
TEL：0176-23-5071　FAX：0176-24-1893
E-mail：matsuda-Koumuten@wave.plala.or.jp

建築工房クーム（有）

青森県上北郡七戸町字笊田 34-5
TEL：0176-60-8166　FAX：0176-62-6073
URL：http://cumu.jp
Email：info@cumu.jp

（株）リアルウッド

青森県平川市蒲田玉田 59-1（Living House）
TEL：0172-88-7058　FAX：0172-88-7057
URL：www.real-wood.co.jp
Email：realwood@jomon.ne.jp

小野住建

青森県平川市猿賀下野 34-2
TEL：0172-57-5007　FAX：0172-57-5011
Email：ono3591@yahoo.co.jp

東北資材工業（株）

岩手県紫波郡矢巾町南矢巾 6-145
TEL：019-697-2711　FAX：019-697-2710
URL：http://www.tsk-kenzai.com
Email：miyamori@tohoku-shizai.co.jp

（有）岩手ハウスサービス

岩手県盛岡市高松 2-2-7
TEL：019-663-3833　FAX：019-663-3834
URL：www.iwate-house.co.jp
Email：info@iwate-house.co.jp

ウチノ建設（株）

岩手県盛岡市みたけ 4-5-22
TEL：019-641-8852　FAX：019-641-8820
URL：http://www.uchino-k.jp
Email：info@uchino-k.jp

（株）D・LIFE

岩手県盛岡市向中野 7-18-1
TEL：019-681-3863　FAX：019-681-3864
URL：http://d-life-iwate.co.jp/
Email：info@d-life-iwate.co.jp

（有）小林ハウス

岩手県岩手郡雫石町丸谷地 30-79
TEL：019-692-5188　FAX：019-692-5326
URL：www9.plala.or.jp/K-hausu
Email：k-hausu@gray.plala.or.jp

暮らしに幸せを感じる住まい

㈱中央コーポレーション　クオリティホーム

岩手県花巻市東宮野目第 11 地割 5 番地
TEL：0198-26-5226　FAX：0198-26-5228
URL：www.qualityhome.jp
Email：tumehara@c.e-chuoh.com

千田工業（株）

岩手県北上市九年橋 1-10-29
TEL：0197-63-3207　FAX：0197-63-3210
URL：www.chidatec.com
Email：sumai@chidatec.com

Q1.0住宅マスター

㈲木の香の家－木精空間－

岩手県北上市本通り 2-3-44 みゆきビル 1 階
TEL：0197-65-7439　FAX：0197-65-7434
URL：www.mokusei-kukan.com
Email：konoka@mokusei-kukan.com

㈱松本 Qhome

本店　岩手県九戸郡九戸村大字江刺家 12-2-3
TEL：0195-42-2293　FAX：0195-42-4575
URL：www.qhome.co.jp
Email：qhome_matsumoto@ybb.ne.jp
盛岡店　岩手県盛岡市稲荷町 16-38
TEL：019-613-2181　FAX：019-613-2182
Email：qhome_morioka@wing.ocn.ne.jp

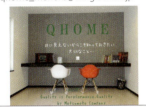

㈲佐藤工務店

岩手県下閉伊郡岩泉町岩泉字中野 45-11
TEL：0194-22-2433　FAX：0194-22-2390
URL：http://www.satoukoumuten.co.jp/
Email：stkmt.12@d8.dion.ne.jp

㈱ヨシ　リフォームのヨシ　ヨシのいえ

秋田県秋田市横森 5-1-1
TEL：018-884-5533　FAX：018-884-5757
URL：www.r-yoshi.com
Email：tegami@r-yoshi.com

Q1.0住宅マスター

㈲池田建築店

秋田県能代市字不老岱 33-2
TEL：0185-52-6009　FAX：0185-52-1691
URL：http://ikedas16.com/
Email：ike@ikedas16.com

Q1.0住宅マスター

アトリエ 105 一級建築士事務所

秋田県大館市柄沢字狐台 54-87
TEL：0186-43-5065　FAX：0186-43-5411
URL：www.atelier105.jp
Email：master@atelier105.jp

志村建設（株）

秋田県由利本荘市中梵天 68-1
TEL：0184-22-3400　FAX：0184-23-4560
URL：shimuken.net
Email：shimu@eos.ocn.ne.jp

Q1.0住宅マスター

㈲夢の家北原

秋田県由利本荘市水林 26
TEL：0184-22-4045　FAX：0184-22-8197
URL：www.kitanoie.com
Email：kitahara@chokai.ne.jp

㈱小田島工務店

秋田県仙北郡美郷町飯詰字北中島 46-5
TEL：0187-82-1314　FAX：0187-82-1660
URL：www.odasima.co.jp
Email：odasima@jeans.ocn.ne.jp

㈲鎌田工務店

宮城県仙台市泉区将監 4-21-10
TEL：0120-739-808　FAX：022-373-3545
URL：http://www.kamata-k.jp/
Email：info@kamata-k.jp

共栄ハウジング(株)

宮城県仙台市泉区東黒松 27-7
TEL：022-355-5175　FAX：022-355-5190
URL：http://www.kyouei-housing.com
Email：kyouei.h@opal.plala.or.jp

(有)ベルハウス

宮城県仙台市青葉区愛子中央 6-3-22
TEL：022-392-9880　FAX：022-392-9881
URL：www.bellhouse.co.jp
Email：info@bellhouse.co.jp

株式会社イノーバ

宮城県仙台市宮城野区日の出町 2 丁目 2-45
TEL：022-239-2242　FAX：022-235-0710
URL：www.housing-innova.jp
Email：info@housing-innova.jp

ハンズホーム(株)

宮城県多賀城市大代 1-3-1
TEL：022-393-6422　FAX：022-393-6433
URL：www.hands-home.net
Email：info@hands-home.net

(有)今野建業

宮城県伊具郡丸森町金山字町 40
TEL：0224-78-1618　FAX：0224-78-1611
URL：http://www.shokokai.or.jp/50/043411s0005/index.htm
Email：Konno.Kenngyo@nifty.com

株式会社鈴木工務店

山形県最上郡最上町大字志茂 210-18
TEL：0233-44-2316（代）　FAX：0233-44-2659
URL：http://www.e-suzuki.net
Email：info@e-suzuki.net

(有)マルコー渋谷建築

山形県山形市大字青柳 1778-2
TEL：023-686-4450　FAX：023-686-6100
URL：marukou-eco.com/
Email：marukou@lapis.plala.or.jp

コルポ建築設計事務所

山形県山形市桜田西 1-7-13
TEL：023-625-1778　FAX：023-625-1778
URL：www.colupo.com
Email：hello@colupo.com

(有)安孫子建設

山形県山形市大野目 1-11-8
TEL：023-624-1042　FAX：023-624-1036
Email：abysan@topaz.plala.or.jp

(株)イディア

山形県山形市沼木 121-55
Tel：023-645-0338　Fax：023-645-0337
Email：idea.j.takahashi@gmail.com

(有)TOMO 設計コンサルタント

山形県山形市若宮 2-8-33
TEL：023-646-3553　FAX：023-679-4131
URL：http://tomodesign.c.ooco.jp/
Email：tomosekkei@gmail.com

夢まど　アルス(株)

山形県米沢市大字笹野 1513-4
TEL：0238-38-4027　FAX：0238-38-4028
URL：http://yumemado.com/
Email：ars@rose.ocn.ne.jp

(株)米住建設

本社 山形県米沢市花沢町 2644-3
山形事務所 山形県山形市嶋北 3-2-3
TEL：0238-21-2316（本社） 023-682-7880（山形事務所）
URL：www.yoneju.e-const.jp
Email：info@yoneju.co.jp

(株)ツジムラ

山形県東田川郡三川町大字押切新田字街道表 112
TEL：0235-66-3228　FAX：0235-66-3992
URL：www.tsujimura-inc.com
Email：info@tsujimura-inc.com

コスモホーム(有)

山形県酒田市下安町 18-15
TEL：0234-26-9505　FAX：0234-26-9506
URL：http://cosmohome-inc.jp/
Email：info@cosmohome-inc.jp

(有)サトー建築事務所

山形県酒田市東両羽町 5-28
TEL：0234-21-6455　FAX：0234-21-6456
URL：skj-ap.com
Email：skj.ap1@plum.plala.or.jp

(株)木づくりの住い結

新庄市大字本合海 1802-48
TEL：0233-26-2751　FAX：0233-26-2752
Email：k-yui@yuihome.jp

(有)若葉建築

山形県寒河江市若葉町 15-2
TEL：0237-84-2260　FAX：0237-84-2695
Email：Kentiku-wakaba@mtj.biglobe.ne.jp

(有)中村建築

山形県上山市金谷 77-1
TEL：023-672-4420　FAX：023-672-7539
URL：www.nakaken-net.co.jp
Email：toiawase@nakaken-net.co.jp

(株)大堀工務店

山形県長井市緑町 12-16
TEL：0238-88-1255　FAX：0238-88-4845
URL：www.e-oohori.jp
Email：info@e-oohori.jp

一新設計舎＋P.f.

山形県天童市蔵増乙 823
TEL：090-2886-0104　FAX：023-653-9433
主宰　櫻井　新一
Email：1-sin@pro.odn.ne.jp

髙橋工務店

山形県天童市大字長岡 87
TEL：023-674-0440　FAX：023-655-5381
URL：www.kane9.com
Email：nor_t@sea.plala.or.jp

(株)ヒロ・アーキテック

山形県天童市老野森 1-15-20
TEL：023-665-1871　FAX：023-665-1872
URL：http://hiro-architec.co.jp
Email：info@hiro-architeci.co.jp

(株)会津デザイン工房

福島県南会津郡南会津町田島字後原甲 3468
TEL：0241-64-5281　FAX：0241-64-5282
URL：http//aizu-design.com
Email：info@aizu-design.com

（株）蔭山工務店

福島県郡山市田村町金屋字上川原 286-12
TEL：024-944-3622　FAX：024-942-0088
URL：http://www.kageyama-koumuten.com
Email：inform@kageyama-koumuten.com

（株）邑建築事務所

福島県いわき市好間町榊小屋字小畑 133-3
TEL：0246-36-3456　FAX：0246-36-3538
Email：yu-ken@fsinet.or.jp

環境建設（株）

福島県須賀川市中宿 140
TEL：0248-76-5940　FAX：0248-76-5950
URL：www.kankyokk.co.jp
Email：info-kankyo@eos.ocn.ne.jp

中部・信越・東海ブロック

エシカルハウス（株）菅原建築設計事務所

新潟県新潟市中央区姥ヶ山 2-26-24
TEL：025-257-8818　FAX：025-257-8819
URL：sugaken1.com
Email：ehouse@sugaken1.com

（株）栗田工務店

新潟市江南区亀田工業団地 3-1-16
TEL：025-382-3707　FAX：025-381-4159
URL：kurita.net
Email：support@kurita.net

（株）わいけい住宅
YK design office

新潟県新潟市中央区附船町 1-4273-1
TEL：025-228-0466　FAX：025-223-3373
URL：http://www.ykhome.co.jp
Email：info@ykhome.co.jp

マモル建築（株）

新潟県新潟市北区横土居 1423-1
TEL：025-388-6583　FAX：025-388-6586
URL：http://www.mamorukenchiku.com/

（有）ユーホーム

新潟県新潟市南区大通黄金 5-17-9
TEL：025-362-1003　FAX：025-362-1004
Email：yuuhome2011@yafoo.co.jp

宮﨑建築（株）

新潟県阿賀野市下一分 1421
TEL：0250-63-0235　FAX：0250-62-3208
URL：www.miyazakikenchiku.com
Email：info@miyazakikenchiku.com

（株）坂詰製材所

新潟県阿賀野市保田 3858
TEL：0250-68-2250　FAX：0250-68-3755
URL：http://www.s-housing.com
Email：info@s-housing.com

（株）誠設計事務所

長野県長野市吉田 5-9-16
TEL：026-219-3351　FAX：026-219-3455
URL：www.sei-house.com
Email：info@sei-house.com

（株）Reborn

長野県長野市稲里町田牧 1327-7
TEL：026-274-5485　FAX：026-274-5486
URL：reborn-nagano.co.jp
Email：info@reborn-nagano.co.jp

山本建設（株）

長野県長野市篠ノ井御幣川 598
TEL：026-292-0938　FAX：026-292-1135
URL：www.yama-kk.com
Email：info@yama-kk.com

ミツヤジーホーム株式会社

長野県長野市稲田 2 丁目 11-5
TEL：026-263-0263　FAX：026-263-0262
URL：http://www.g-home.co.jp
Email：mitsuya@g-home.co.jp（会社代表アドレス）

（有）向山工務店

長野県岡谷市長地柴宮 3-17-9
TEL：0266-27-3880　FAX：0266-27-3895
URL：www.mkoumuten.jp
Email：webmail@mkoumuten.jp

（有）下里工務店

長野県安曇野市豊科南穂高 5243-2
TEL：0263-72-3678　FAX：0263-72-3999

（有）楠の家

山梨県西八代郡市川三郷町岩間 4266-1
TEL：0556-32-3888　FAX：0556-32-3893
URL：http://www.kusunoie.co.jp
Email：kusunoie@rapid.ocn.ne.jp

Li-nart 一級建築士事務所

静岡県磐田市国府台 67-3
TEL：0538-32-5008　FAX：0538-32-5008
URL：http://linart.hamazo.tv
Email：n.katougi@aqua.plala.or.jp

（株）タケダ建創 一級建築士事務所

富山県富山市千石町 6-1-7
TEL：076-493-4321　FAX：076-493-4488
URL：www.partnershome.info
Email：mail@partnershome.info

暮らしデザイン工房 by インベンションハウス

富山県魚津市木下新 8165-16
TEL：0765-22-8898　FAX：0765-22-8897
URL：http://www.invention-house.com
Email：inv@invention-house.com

ほそ川建設（株）

石川県金沢市示野町西 3 番地
TEL：076-267-8008　FAX：076-267-8777
URL：www.hosokawakensetsu.co.jp
Email：info@hosokawakensetsu.co.jp

（有）林工務店

石川県野々市市下林 3-226
TEL：076-246-0019　FAX：076-246-4223
URL：http://hayashikoumu.jp
Email：hayashi0019@ab.auone-net.jp

（有）東出建設

石川県小松市沖町レ 43 番地
TEL：0120-888-867　FAX：0761-58-2949
URL：www.higaside-built.jimdo.com
Email：info@higaside-built.jp

(株)西川建築工房

石川県金沢市泉本町 1-69
TEL：076-245-0071　FAX：076-242-0071
URL：www.nishikawa-kk.com
Email：info@nishikawa-kk.com

日々前進。「省エネ・快適」にまっすぐな家づくりでお客様のお役に立ちます！

天龍木材工業株式会社

愛知県名古屋市昭和区明月町 2-19-2
TEL：052-852-8505　FAX：052-841-9892
URL：www.i-ie.jp
Email：info@i-ie.jp

ハウスクリエイト(株)

愛知県名古屋市西区新道 1-9-28
TEL：052-561-3888　FAX：052-561-3899
URL：http://www.housecreate.jp
Email：info@housecreate.jp

横井建築

愛知県名古屋市熱田区波寄町 11-4
TEL：052-881-8550　FAX：052-871-5135
URL：www.yokoi-kenchiku.com
Email：info@yokoi-kenchiku.com

(株)ビーエムシー

愛知県岡崎市洞町字西五位原 1-1
TEL：0564-64-0067　FAX：0564-64-0069
URL：www.bmc-a.com
Email：info@bmc-a.com

(株)丸協　小牧支店

愛知県小牧市新小木 2-34
TEL：0568-68-8131　0120-517-094
FAX：0568-68-8132
URL：www.marukyo-net.co.jp
Email：ogata@marukyo-net.co.jp

この地球で、たった一軒のわが家のために。

(株)紙太材木店

岐阜県加茂郡川辺町西栃井 484-1
TEL：0574-53-2003　FAX：0574-53-4358
URL：http://kamita-zaimokuten.jp/
Email：kamita2003zaimokuten@gmail.com

(株)ミノワ

岐阜県加茂郡白川町黒川 2478-6
TEL：0574-77-1255　FAX：0574-77-2172
URL：http://www.minowa.biz/
Email：fujii@minowa.biz

楽園住宅

岐阜県恵那市長島町正家 1-5-5
TEL：0573-26-5122　FAX：0573-26-4117
URL：http://www.rakuen-jutaku.co.jp/
Mail：kaneko@rakuen-jutaku.co.jp

ドイツパッシブハウス認証を設計から施工まで自社で行える国内唯一の工務店です。

パッシブハウスコンサルタント　渡邉

関東ブロック

KSA 一級建築士事務所
東京都千代田区猿楽町 2-5-2 小山ビル 401 号
TEL：03-5577-6936　FAX：03-5577-6938
URL：ksa-jp.com
Email：kato@ksa-jp.com

（有）山善工務店
東京都荒川区南千住 2-12-2
TEL：03-801-2781　FAX：03-3801-7689
URL：www.yamazen-komuten.com
Email：yamazen@ruby.dti.ne.jp

Q1.0住宅マスター

株式会社鈴木工務店
東京都町田市能ヶ谷 3-6-22
TEL：042-735-5771　FAX：042-735-3323
URL：www.suzuki-koumuten.co.jp
Email：info@suzuki-koumuten.co.jp

（有）カトウ工務店
埼玉県鴻巣市松原 1-20-10
TEL：048-541-1014　FAX：048-541-1017
URL：http://katoukoumuten.blog.shinobi.jp/
Email：kato_kou@wine.ocn.ne.jp

（株）ダンネツ
埼玉県上尾市今泉 1-27-4
TEL：048-783-1666　FAX：048-783-1667
URL：http://www.dan-netsu.co.jp
Email：info@dan-netsu.co.jp

（株）無添加計画
埼玉県さいたま市南区文蔵 1-8-8
TEL：0800-800-5060　FAX：048-711-8201
URL：www.re-trust.com
Email：otoiawase@re-trust.com

（株）東葛塗装センター
千葉県柏市豊四季 129-2
TEL：04-7148-6766　FAX：04-7148-6760
URL：www.toukatu.biz
Email：info@toukatu.co.jp

（有）鈴木アトリエ　一級建築士事務所
神奈川県横浜市神奈川区反町 3-23-14 明歩谷ビル 2B
TEL：045-317-2627　FAX：045-324-2656
URL：http://www008.upp.so-net.ne.jp/atelier555/
Email：atelier555@mac.com

（株）あすなろ建築工房
神奈川県横浜市南区睦町 1-23-4
TEL：045-326-6007　FAX：045-326-6008
URL：www.asunaro-studio.com
Email：info@asunaro-studio.com

（株）SHIBA 建築工房
神奈川県横浜市戸塚区平戸 4-35-21
TEL：045-823-4888　FAX：045-822-4849
URL：sab.co.jp
Email：book@sab.co.jp

Q1.0住宅マスター

（株）エコハウス
神奈川県横浜市青葉区しらとり台 2-66
TEL：045-983-8112　FAX：045-983-4833
URL：www.eco-house.co.jp
Email：info@eco-house.co.jp

Q1.0住宅マスター

(株)M&Y 一級建築士事務所

神奈川県厚木市戸室 3-17-19
TEL：046-244-6075　FAX：046-205-7366
URL：準備中
Email：mandyh.yumoto@gmail.com

(有)ONE'S HOME

茨城県水戸市見川 2-108-26 アーバンテラス一周館 A棟 311号
TEL：029-257-1188　TEL：029-255-3311
URL：http://www.ones-home.co.jp
Email：info@ones-home.co.jp

(有)田口材木店

茨城県古河市本町 3-5-1
TEL：0280-32-0399　FAX：0280-32-7820
URL：www.zoukaichiku.co.jp
Email：toiawase@zoukaichiku.co.jp

(有)木幡工務店

茨城県かすみがうら市上稲吉 2009-25
TEL：0299-59-5572　FAX：0299-59-6337
URL：kowatakoumuten.com
Email：info@kowatakoumuten.com

(株)グレイスハウジング

栃木県宇都宮市一条 2-6-10
TEL：028-638-8421　FAX：028-634-1963
URL：www.gracehousing.co.jp
Email：welcome@gracehousing.co.jp

夢創ハウジング(株)

栃木県小山市乙女 3-31-28
TEL：0285-38-9290　FAX：0285-38-9291
URL：http://www.musouhousing.com
Email：musouhousing@ivory.plala.or.jp

(有)やなぎたハウジング

栃木県真岡市阿部品 572-1
TEL：0285-74-4655　FAX：0285-74-4657
URL：www.yanagitahousing.com
Email：info@yanagitahousing.com

(株)大熊住宅

群馬県高崎市高浜町 1032-5
TEL：027-343-5866　FAX：027-343-7408
URL：www.okuma-jyutaku.com
Email：okuma@isis.ocn.ne.jp

株式会社アライ

群馬県高崎市飯塚町 382-7
TEL：027-361-4349　FAX：027-362-9682
URL：http;//www.kk-arai.com/
Email：kk-arai@jade.plala.or.jp

(有)古澤建築

群馬県吾妻郡嬬恋村田代 1298-2
TEL：0279-98-0143　FAX：0279-98-0177
URL：www.smile-furusawa.com
Email：furusaw-1@amber.plala.or.jp

住まいのオサダ　(株)長田興産

山梨県富士吉田市中曽根 2-4-21　コムファーストビル
TEL：0555-22-8110　FAX：0555-22-9110
URL：http://www.e-osada.com
Email：info@e-osada.com

SankiHaus（静岡三基(株)）

静岡県静岡市清水区袖師町 510
TEL：054-366-1133　FAX：054-366-1759
URL：www.diyhome.co.jp
Email：info@diyhome.co.jp

石間建築設計事務所

静岡県榛原郡吉田町神戸 1664-4
TEL：0548-32-5931　FAX：0548-33-0190
URL：www4.tokai.or.jp/jigene.r
Email：h-ishima@tokai.or.jp

関西・中四国・九州ブロック

建築工房おおすみ

滋賀県甲賀市水口町虫生野 1192-1
TEL：0748-69-7655　FAX：0748-69-7645
URL：www.kobo-osumi.com
Email：kobo.osumi@gmail.com

（有）宮井建築設計事務所

京都市下京区四条大宮町 21　新三虎ビル
TEL：075-802-0321　FAX：075-802-0331
URL：www.miyai-ap.com
Email：info@miyai-ap.com

株式会社ネオシスエイワ

京都府相楽郡精華町下狛浄楽 18-2
TEL：0774-95-1811　FAX：0774-95-1822
URL：http://www.neosyseiwa.com/
Email：info@neosyseiwa.com

（株）ナカムラ

京都府長岡京市長岡 1-8-7
TEL：075-951-3434　FAX：075-951-3200
URL：http://fun-nakamura.jp/
Email：info@kk-nakamura.jp

えぬぷらす一級建築士事務所

大阪市中央区北浜東 1-14 天満橋 D's コート 703
TEL：06-6966-0696　FAX：06-6966-0697
URL：http://arch-n-plus.jp/
Email：murakami@arch-n-plus.jp

西紋一級建築士事務所

大阪府堺市北区長曽根町 130-42　さかい新事業創造センター 314 号
TEL：072-246-2248　FAX：072-246-2256
URL：http://www.saimon-live.com/
Email：info@saimon-live.com

堀住建（株）

大阪府堺市南区稲葉 2-1760-2
TEL：072-273-2654　FAX：072-273-8598
URL：http://hori-j.com
Email：nobu5157@iris.eonet.ne.jp

（有）ダイシンビルド

大阪府大東市明美の里町 3-4
TEL：072-863-3755　FAX：072-862-2950
URL：www.daishinbuild.com
Email：info@daishinbuild.com

（株）SDI イドタセイイチアトリエ

大阪府東大阪市上石切町 1-12-30
TEL：072-951-4668　FAX：072-921-4907
URL：http://grape.boy.jp/
Email：idota@grape.boy.jp

（株）ダイワ建設企画

大阪府阪南市箱作 3520-5
TEL：072-476-3551　FAX：072-476-5400
URL：www.daiwakensetsukikaku.com
Email：all@dp-daiwa.co.jp

（有）オーブルホーム　Q1.0住宅マスター

兵庫県神戸市垂水区本多聞 2-33-6
TEL：078-784-0206　FAX：078-784-0272
URL：www.arbrehome.com
Email：arbre@arbrehome.com

株式会社　大塚工務店

兵庫県明石市桜町 2-22
TEL：078-911-8537　FAX：078-911-8588
URL：http://www.d2.dion.ne.jp/~oootsu
Email：happy.homes.since1925@s5.dion.ne.jp

建築工房 感 設計事務所

兵庫県芦屋市三条町 17-21-B102
TEL/FAX：0797-22-7941
URL：www.as-kan-ap.com
Email：tada@as-kan-ap.com

自然工房

兵庫県養父市十二所 190
TEL：079-664-0179　FAX：079-660-1069
URL：www.sizenkobo.com
Email：aloha@sizenkobo.com

（株）榎本工務店

兵庫県南あわじ市神代地頭方 1319-3
TEL：0799-42-1010　FAX：0799-42-4447
URL：http://www.freedom.ne.jp/enomoto/
Email：enomotok@lilac.ocn.ne.jp

AD-house　（株）大喜建設

兵庫県たつの市龍野町堂本 241-1
TEL：0120-63-4332　FAX：0791-63-4156
URL：http://www.ad-house.co.jp/
Email：info@ad-house.co.jp

カオル建設（株）　Q1.0住宅マスター

広島県広島市南区仁保新町 1-7-22
TEL：082-288-7708　FAX：082-288-7705
URL：www.kaoru-kensetsu.co.jp
Email：info@kaoru-kensetsu.co.jp

坂本建設工業（株）　Q1.0住宅マスター

広島県福山市駅家町大橋 1005-1
TEL：084-976-4501　FAX：084-976-2890
URL：www.sakamotokk.co.jp
Email：info@sakamotokk.co.jp

株式会社プランサーバー

広島県福山市沖野上町 6-2-28
TEL：084-920-8930　FAX：084-920-8932
URL：http://plan-server.co.jp/
Email：psc@plan-server.co.jp

新協建設工業（株）

広島県広島市安佐南区相田 6-1-27
TEL：082-872-1727　FAX：082-872-1728
URL：http://www.shinkyo-ken.co.jp/
Email：hiroshima@shinkyo-ken.co.jp

(有)辻組

徳島県徳島市八万町千鳥 49-5
TEL：088-668-1326　FAX：088-668-4211
URL：http://www.orisuma.com
Email：tsujigumi@orisuma.com

森の家工務店　暖住空間

徳島県美馬郡つるぎ町貞光太田東 163-3
TEL：0883-62-3137　FAX：0883-62-5717
URL：http://danku.sakura.ne.jp/
Email：kmtm3113@smile.ocn.ne.jp

和建設(株)

高知県高知市東秦泉寺 5-1
TEL：088-822-7100　FAX：088-822-7001
URL：www.kano-kensetsu.com
Email：khp@kano-kensetsu.com

有限会社テンデザイン

熊本県熊本市南区平成 1 丁目 13-11
TEL：096-351-1010　FAX：096-322-1751
URL：http://www.ten10.co.jp
Email：ten10@io.ocn.ne.jp

推進会員・賛助会員

三協立山(株)三協アルミ社

〒933-8610 富山県高岡市早川 70
TEL：0766-20-2337
Email：y_oura@st-grp.co.jp

タミヤ(株)

〒636-0245 奈良県磯城郡田原本町味間 34
TEL：090-5134-1000
Email：koji@tmy.co.jp

日本住環境(株)

〒110-0006 東京都台東区秋葉原 1-1　秋葉原ビジネスセンター 9 階
TEL：080-5929-7158
Email：ogawa@njkk.co.jp

(株)マーベックス

〒578-0982 大阪府東大阪市吉田本町 2-3-30
TEL：080-3866-5121
Email：minami@mahbex.com

エディフィス省エネテック(株)

〒102-0072 東京都三鷹市下連雀 3-32-3　名取屋ビル 2F
三鷹産業プラザアネックス-G
TEL：080-5353-5221
Email：kaisyo@edfs.co.jp

(株)エクセルシャノン

〒980-0011 仙台市青葉区上杉 1-17-20　第六銅谷ビル 5 階
TEL：070-2636-3141
Email：y-ono@tokuyama.co.jp

音熱環境開発力(株)

〒001-0923 札幌市北区新川三条 20 丁目 1-20
TEL：090-8031-7331
Email：info@onnetsukankyo.co.jp

パラマウント硝子工業(株)仙台営業所

〒980-0014 仙台市青葉区本町 2 丁目 1 番 8 号　第一広瀬ビル 4 階
TEL：080-1228-4987
Email：watanabej@nittobogrp.com

旭ファイバーグラス(株)

〒101-0045 東京都千代田区神田鍛冶町 3-6-3　神田三菱ビル 7F
TEL：090-1888-6658
Email：m-ikeda@afgc.co.jp

石油連盟　東北石油システムセンター

〒980-0014 宮城県仙台市青葉区本町 2 丁目 3-10　仙台本町ビル 12 階
TEL：090-6620-0102
Email：y.kawadai@sekiren.gr.jp

パナソニック　エコシステムズ(株)

〒486-8522 愛知県春日井市鷹来町字下仲田 4017
TEL：050-3787-1820
Email：hayashi.yoshihide@jp.panasonic.com

(株)市ヶ谷出版社

〒102-0076 東京都千代田区五番町 5
TEL：03-3265-3711
FAX：03-3265-4008
Email：desk@ichigayashuppan.co.jp

鎌田紀彦　Norihiko Kamata
1947年　岩手県盛岡市生まれ
1971年　東京大学工学部建築学科卒業
1977年　東京大学大学院博士課程修了
1978年　室蘭工業大学建築工学科助教授
2004年　室蘭工業大学建築工学科教授
2015年　室蘭工業大学名誉教授

現在
室蘭工業大学名誉教授
一般社団法人　新木造住宅技術研究協議会（新住協）代表理事
高断熱・高気密住宅の第一人者であり、地域の工務店、設計事務所と高断熱住宅の設計・施工を重ね、現場に精通。「良質な住宅をより安価に」をモットーに新住協の指導等でも活躍。

[監修・執筆]　鎌田紀彦（室蘭工業大学 名誉教授）
[執筆]　　　　松留愼一郎（職業能力開発総合大学校 教授）
　　　　　　　鈴木信弘（1級建築士事務所 鈴木アトリエ）
　　　　　　　佐藤　勉（駒沢女子大学 准教授）
　　　　　　　会沢健二（新住協 常務理事）
　　　　　　　松留菜津子（一般社団法人　木を活かす建築
　　　　　　　　　　　　　推進協議会）
　　　　　　　久保田淳哉（新住協 理事）

燃費半分で暮らす家　増補版──新住協の家づくり──

2017年 1月18日　初版印刷
2017年 1月27日　初版発行

監修・執筆	鎌　田　紀　彦		
発 行 者	澤　崎　明　治		
企画・編修	澤崎　明治	装幀・デザイン	加藤　三喜
編修補佐	鈴木　洋子	イラスト	佐藤　勉
〃	中村　直子	トレース・DTP	丸山図芸社
庶　務	恩田　伸子	印刷製本	大日本法令印刷

発行所　株式会社 市ヶ谷出版社
　　　　東京都千代田区五番町5（〒102-0076）
　　　　電話　03-3265-3711（代）
　　　　FAX　03-3265-4008
　　　　ホームページ　http://www.ichigayashuppan.co.jp

©2017　　　　　　　　　　　　　　ISBN978-4-87071-606-3